本书系 2019 年度教育部人文社会科学研究青年基金项目
"在家庭中培育和践行社会主义核心价值观研究——传统家训教化资源的当代启示"
（项目批准号：19YJC710001）的最终成果

安丽梅 著

传统家训与中国古代社会教化

THE TRADITIONAL PARENTAL INSTRUCTION AND THE SOCIAL EDUCATION IN ANCIENT CHINA

社会科学文献出版社
SOCIAL SCIENCES ACADEMIC PRESS (CHINA)

安丽梅

女，1990年8月出生，山东阳信人，中共党员，中国人民大学法学博士、政治学博士后。现为中国人民大学马克思主义学院讲师、硕士研究生导师，主要从事中国古代思想政治教育理论与实践、中国特色社会主义文化建设等方面的研究。在《教学与研究》《思想理论教育导刊》《思想教育研究》等期刊上发表学术论文近30篇，主持国家社科基金青年项目一项、教育部人文社会科学研究青年基金项目一项、中国博士后科学基金面上一等资助项目一项。

本书系中国人民大学马克思主义学院图书出版资助成果；中国人民大学马克思主义研究基地图书出版资助项目成果

序

靳　诺

"风俗之厚薄，不惟其巨，其端恒起于一身一家。"家庭是社会的基本细胞，是人生的第一所学校。党的十八大以来，以习近平同志为核心的党中央高度重视家庭文明建设，围绕注重家庭家教家风建设召开了一系列重要会议，明确指出要把家庭文明建设放在精神文明建设的全局中来看待，站在治国理政的高度来对待，突出了家庭文明建设在文化传承、社会建设、国家进步中的重要意义。家庭的文明程度往往与家训的传承和延续结合在一起。"人必有家，家必有训"，家训作为一种以家庭为范围的训示教诫，是传统社会指导、规约家庭成员的行为准则。我国古代社会形成并流传了卷帙浩繁的家训作品，这些传统家训受到人们的广泛重视，其内容之丰富、涉及之广泛、影响之深刻是世界各国文化所不具备的，在我国教育史、文化史上占有十分重要的地位，成为中华民族极具特色的宝贵文化遗产。站在"两个一百年"的历史交汇点，传承和弘扬传统家训，对于培育优秀家风，推进家庭和社会建设，以及实施文化传承工程，具有较高的学术价值和现实意义，这无疑也是我们身上肩负的重要使命。《传统家训与中国古代社会教化》一书的编写出版正当其时。

本书立足中华优秀传统文化的继承与发展这个主题，聚焦

"传统家训在古代社会教化中的作用"这一核心问题，梳理了传统家训所包含的古代社会主流意识形态的重要内容以及呈现的多样化方式，总结了传统家训在治理家庭、维护统治方面的重要教化功能，提出了在新时代转化和改进传统家训的内容与形式，进而塑造社会主义家庭文明新风尚的发展路向。全书既有宏观把握又有微观分析，既有理论考辨又有实践检视，既蕴含着宽阔的历史视野又贯穿着强烈的现实关怀，形成了一个文化立场鲜明、问题意识突出、理论分析深入的逻辑整体，体现了习近平总书记提出的推动中华优秀传统文化创造性转化和创新性发展的基本态度。总的来看，本书体现出三个方面的特点。

第一，理性的文化态度。在家国同构的传统社会，家训在家庭宗族中有效倡行了孝老爱亲、敦亲睦邻等道德准则，教养出高情远致、忠君爱民的古圣先贤，促进了家国整合机制的巩固。可以说，传统家训作为国家法的重要补充，发挥着维护家族稳定、调节社会秩序和促进国家长治久安的作用，但同时也存在与当今时代不相适宜的内容。本书坚持以科学与理性的态度审视鉴别传统家训中优秀和落后的成分，既肯定传统家训中关于治国齐家、为人处世、读书治学等方面的积极内容，又强调对传统家训坚持取其精华、舍其糟粕的立场，推动家训文化的创造性转化和创新性发展。

第二，详尽的文献占有。我国历史上以家训为名的著述在南北朝就已出现，之后绵延不断，直至晚清民国。本书搜集了浩如烟海的家训文献，包括内含传统家训的古代丛书、史书，以及聚焦传统家训研究的历史文献，研究了中国古代政治史、教育史、社会风俗史、家庭宗族史等相关文献，进而整理出那些在古代社会教化中发挥重要作用，并可供当前家庭和社会建设所借鉴的家训条目，资料占有详尽、全面，为深入探究传统家训与古代社会教化提供了有力支撑。

第三，鲜明的现实导向。传统家训维系了家族共同体的团结与稳定，敦化了社会习俗与道德风尚，为我们今天的家庭家教家风建设乃至整个社会的精神文明建设提供了有益借鉴。本书探讨家训思想及其教化实践，始终坚持古为今用、推陈出新的原则，深入挖掘和精准提炼传统家训的内容精华和表现形式，结合新时代的新要求和新任务赋予传统家训以正确的内容导向和具有时代特色的教育方式，建构起新时代家训的教育模式，呈现出厚重的现实关怀。

当然，传统家训文化是一个宝库，还有许多优秀资源亟待整理和发现，需要学界同仁的共同努力。本书作者安丽梅曾是我在中国人民大学指导的思想政治教育专业博士研究生。她在求学期间踏实勤奋、为人真挚，毕业后努力工作、追求进步。传统家训是她从硕士起就一直关注和聚焦的研究内容，本书有她的博士论文基础，又补充了近年来习近平总书记关于注重家庭家教家风建设的系列重要讲话精神，以及学界相关研究成果，重新建构了理论框架。这一框架有不少具有价值性的研究成果，但由于一些前沿性研究领域尚处于探索或空白阶段，有些观点阐释有待进一步深入。希望安丽梅博士能够潜心治学、砥砺前行，为中国古代思想政治教育史的研究不断增砖加瓦，作出贡献。

（作者为中国人民大学党委书记）
2021年6月18日

目 录

绪 论 …………………………………………………………… 001

第一节 选题缘由与研究意义 …………………………………… 001
  一 选题缘由 …………………………………………………… 002
  二 研究意义 …………………………………………………… 005

第二节 研究视角与研究对象 …………………………………… 007
  一 研究视角 …………………………………………………… 007
  二 研究对象 …………………………………………………… 008

第三节 研究综述 ………………………………………………… 009
  一 多学科视域下传统家训研究综述 ………………………… 010
  二 思想政治教育学科视域下传统家训研究综述 …………… 024
  三 传统家训已有研究成果的简要评析 ……………………… 029

第四节 研究内容、研究方法与创新之处 ……………………… 030
  一 研究内容 …………………………………………………… 030
  二 研究方法 …………………………………………………… 032
  三 创新之处 …………………………………………………… 035

第一章　传统家训是古代社会教化的重要载体……037

第一节　传统家训概述……037
一　传统家训的概念释义……037
二　传统家训的基本类型……047
三　传统家训的主要特征……053

第二节　传统家训与古代社会主流意识形态的关系……058
一　古代社会主流意识形态的概念……058
二　古代社会主流意识形态规定了传统家训的教化理念……063
三　传统家训促进了古代社会主流意识形态的深入传播……066

第三节　传统家训在古代社会教化中的地位……068
一　家在我国古代社会中具有重要地位……068
二　家庭教育家族教育是古代教育体系的重要环节……075
三　传统家训本质上是一种家庭德育、家族德育……078
四　传统家训成为古代社会教化的重要载体……079

第四节　传统家训的教化功能……080
一　治理家庭……081
二　教育子女……083
三　维系家族……085
四　维护统治……088

第二章　传统家训教化功能的理论基础与国家支撑……090

第一节　传统家训教化功能的理论基础……090
一　天人合一的天人观……090
二　性待教而善的人性观……097
三　重义轻利的义利观……100
四　仁爱和谐的人我观……103

目 录

第二节　传统家训教化功能的制度支持…………………… 106
 一　聚族而居的家族制度……………………………… 106
 二　重视家族教化的教育制度………………………… 108
 三　强调德才兼备的选官制度………………………… 110
 四　维护家长权的家长制……………………………… 113
 五　自给自足的经济制度……………………………… 114

第三节　传统家训教化功能的法律保障…………………… 116
 一　古代法律维护了等级有序的亲属关系…………… 116
 二　古代法律强化了孝为核心的家族伦理…………… 119
 三　家法族规得到国家法律的认可和支持…………… 121

第三章　传统家训对古代社会主流意识形态的全面性体现………… 124

第一节　反映了古代国家指导思想………………………… 124
 一　坚持儒家思想的指导地位………………………… 124
 二　反映了通俗化的儒家思想………………………… 128
 三　反映了生活化的儒家思想………………………… 131

第二节　彰显了古代核心价值观…………………………… 133
 一　彰显了国家社会层面的价值原则………………… 134
 二　彰显了日常生活层面的价值规范………………… 139

第三节　体现了古代思想道德内容………………………… 142
 一　体现了儒家修身观………………………………… 142
 二　体现了儒家治家观………………………………… 147
 三　体现了儒家处世观………………………………… 151
 四　体现了儒家报国观………………………………… 154

第四章　传统家训对古代社会主流意识形态的生活化传播………… 160

第一节　注重采用多样化的教化形式……………………… 160
 一　以说理引导、训诫斥责为主的对话形式………… 160

二　以散文著作、诗歌格言为主的书面形式……162
　　三　以楹联碑刻、意义物品为主的实物形式……168
　　四　以祠堂聚会、实践锻炼为主的活动形式……170
第二节　注重运用生活化的教化方法……173
　　一　循理化之、积诚感之的日常训诫法……173
　　二　以身作则、率先垂范的身教示范法……176
　　三　奖以劝善、罚以惩恶的奖惩激励法……178
　　四　父祖提倡、子孙践行的家风熏陶法……181
　　五　撰写修订、刊刻重刻的文本制定法……184
第三节　注重开展日常化的教化仪式……186
　　一　以自觉制约、遵制设约为主的制约仪式……187
　　二　以家约、族约、乡约宣讲为主的宣讲仪式……189
　　三　以庆生礼、冠笄礼、嫁娶礼为主的庆典仪式……192
　　四　以寝祭、墓祭、祠堂祭祀为主的祭祀仪式……194

第五章　传统家训对古代社会教化的规范化保障……198
　第一节　自上而下的倡导机制……198
　　一　帝王倡导各阶层开展家训教化……199
　　二　各级官僚在理论和实践上引领家训教化……202
　　三　地方官与乡绅协力推进乡约宗约教化……205
　第二节　自下而上的实施机制……207
　　一　家长在个体家庭中自觉加强道德教化……208
　　二　族长在家族组织中主动开展族规教化……210
　　三　师长在家塾义学中直接传播主流规范……213
　第三节　家训教化的具体机制……216
　　一　家范劝导约束机制……217
　　二　族规警戒责罚机制……219
　　三　家礼熏陶感染机制……223

第六章　传统家训的历史评析与当代价值 226
第一节　传统家训的历史评析 226
一　传统家训的积极作用 226
二　传统家训的消极影响 235
第二节　传统家训的当代价值 238
一　家、家训在当代中国的地位 238
二　传统家训为社会主义核心价值观培育提供经验借鉴 241
三　传统家训为新时代公民道德建设提供资源支撑 246
第三节　传统家训在新时代的创造性转化 250
一　传统家训创造性转化的基本内涵 250
二　传统家训创造性转化的原则与路径 253

参考文献 258

后　记 276

绪　论

思想政治教育史研究是深化思想政治教育基础理论研究、应用理论研究、比较研究的资源基础。中国古代有着丰富的思想政治教育理论活动与实践活动，在促进古代主流意识形态传播下行的过程中积累了丰富的经验。有必要借鉴古代思想政治教育的精华，为当前社会主流意识形态的有效传播提供经验借鉴。传统家训是我国古代思想政治教育的重要载体，在传播古代社会主流意识形态方面发挥了重要作用。以古代社会主流意识形态传播的有效载体——传统家训为研究的逻辑起点，有利于深入研究古代社会主流意识形态是如何通过家庭、家族实现民间化、生活化的，从而为当前的思想政治教育提供资源支撑和经验借鉴。

第一节　选题缘由与研究意义

意识形态教育或意识形态教化是思想政治教育的主要内容。新时代背景下进一步巩固马克思主义在意识形态领域的指导地位，巩固全党全国人民团结奋斗的共同思想基础，有效培育和践行社会主义核心价值观，加强新时代公民道德建设，需要进一步加强意识形态教育。我国自古以来就有重视意识形态教化的传统，强调端正人心、思想引导的重要性。在古代意识形态教化的诸多载体中，传统家训适应了我国古代社会家国同构的社会结构、自给自足的经济形态和伦理政治化的政治特色，成为古代社会教化的重要载体。从意识形态教化的视角下对其深入研究有利于丰富中国古代思想政治教育理论史和实践史，也有利于为社会主义核心价值观的培育和践行，为新时代公民道德建设提供资源支撑和经验借鉴。

一 选题缘由

意识形态是反映并维护一定阶级利益，由思想理论、价值观念、宣传策略等因素构成，具有引导、服务、凝聚等功能的思想理论体系。在一定社会居于主导地位、对社会发展起着重要作用的意识形态可被称为国家意识形态、官方意识形态、主流意识形态等。社会主流意识形态的理论阐释与有效传播是意识形态工作的重要内容。在当代中国，"意识形态工作已经成为对党、对国家、对民族的前途命运带有根本性、战略性和全局性意义的重要工作"①。做好意识形态工作事关党的前途命运，事关国家长治久安，事关民族凝聚力和向心力。加强主流意识形态的理论创新、理论阐释与宣传教育，增强主流意识形态的说服力、吸引力、凝聚力，增强全党全国人民对于社会主流意识形态的认同与践行，对于实现中华民族伟大复兴的中国梦，有着重要的意义。同时，意识形态又无时无刻不在影响着人们的思想方式、行为方式、生活方式。社会主流意识形态既存在于特定的思想理论领域，又以其强大的辐射力扩展到政治、法律、经济、文化、艺术、日常生活等各领域，生活在意识形态影响下的个体，"就人们的精神生命和思想生命来讲，随时随地与社会的意识形态进行着思想的变换和交流"。②

新形势下意识形态工作的建设面临一定的挑战。改革开放以来，随着社会主义市场经济的深入推进，国有经济、集体经济、非公有制经济成分并存，利益主体渐趋多元化，反映不同利益群体的思想观念呈现多元化特征，表明人们思想活动的活跃，思维意识的提升，但其也在一定程度上冲击了主流意识形态的权威性；随着网络化、信息化、数据化时代的到来，人们得以接触到多元化的思想观念，这加深了不同群体之间、不同个体之间的思想交流，有利于丰富人们的精神生活，但也在一定程度上冲击了民众对主流意识

---

① 秦宣：《意识形态工作是党的一项极端重要的工作——学习习近平总书记8·19重要讲话体会之一》，《前线》2013年第9期。
② 刘建军：《社会大气层——对意识形态概念的新思考》，《思想政治工作研究》2010年第6期。

形态的认同；我国在社会转型期产生的如贫富分化、贪污腐败、道德滑坡等问题，也在一定程度上影响着人们对当代中国马克思主义的认同。我国主流意识形态是世界意识形态体系的组成部分，不同意识形态之间必然相互影响、相互渗透。一方面，在经济全球化的进程中，由于发达资本主义占主导，客观上资本主义生产方式、意识形态、价值观念等必然对我国社会主义意识形态构成挑战，冲击着人们的社会主义信念。另一方面，随着国际范围内综合国力竞争日趋激烈，文化软实力和国际意识形态斗争日趋复杂，世界思想文化交流交锋呈现新的态势，各种反对马克思主义、社会主义、共产主义的声音不绝于耳。此外，我国意识形态宣传教育的方式方法也有需要改进的地方。在以上多种因素影响下，新自由主义、民主社会主义、历史虚无主义、文化保守主义、消费主义、拜金主义等社会思潮不时露头，一定程度上对坚持和巩固马克思主义在意识形态领域的指导地位构成了挑战。

主流意识形态肩负的历史使命、面对的复杂挑战，决定了当前必须加强意识形态建设，增强国家意识形态的说服力、吸引力和凝聚力。加强意识形态建设，离不开对主流意识形态的理论创新与理论阐释。面对意识形态领域出现的重大理论问题和现实问题，面对社会生活领域出现的新现象、新问题，既需要"不断推出有理论深度、有社会影响、有创新价值的理论成果，丰富社会主义意识形态理论体系，使社会主义意识形态具有强大的说服力、战斗力、吸引力"[①]，又要做出相应的理论阐释。党的十八大以来，我们党围绕新时代坚持和发展什么样的中国特色社会主义、怎样坚持和发展中国特色社会主义这个重大时代课题，进行了艰辛的理论探索，形成了习近平新时代中国特色社会主义思想，在理论创新方面进一步坚持和巩固了马克思主义在意识形态领域的指导地位。

加强我国意识形态建设，既需要与时俱进，实现理论创新；同时也需要加强宣传教育，促进主流意识形态的传播下行，促进马克思主义真正地落地生根，为广大人民群众所认同和践行。"社会主义是一个很好的名词，但是

---

① 张雷声：《论社会主义社会主流意识形态》，《马克思主义研究》2008年第4期。

如果搞不好，不能正确理解，不能采取正确的政策，那就体现不出社会主义的本质。……空讲社会主义不行，人民不相信。"① 我们一直强调坚持和巩固马克思主义在意识形态领域的指导地位，而马克思主义在一定程度上未能广泛地深入人心，一方面马克思主义作为科学的理论体系，与现实生活有一定的距离，理论与现实的差异影响了人们对主流意识形态的认知；另一方面，存在"马克思主义研究传播和社会心理接受认同之间没有很好对接的问题"②。也就是说，我们的意识形态建设强调了意识形态思想理论的体系化，却在一定程度上忽视了意识形态内容与民众日常生活的契合，在一定程度上忽视了宣传教育的落细、落小、落实。"意识形态所表达的实质关系是利益关系，群众的心理是重经验判断，人民群众只有从利益满足和情感归属中才能实现对主流意识形态的广泛认同"③。然而在当前民众易于从情感上接受马克思主义的条件不多，"经历过新旧社会对比的人，容易从生活体验和朴素感性上接受马克思主义，经历革命战争洗礼的人，容易从实践经验和革命意志上认同马克思主义……在今天，长期和平建设和不断扩大的对外开放的环境，使那种易于从情感上接受马克思主义的条件已不复存在"④。

如何增强民众对主流意识形态的认同和践行，进而巩固马克思主义在意识形态领域的指导地位，巩固全党全国人民团结奋斗的共同思想基础成为国家意识形态建设的突出问题。思想政治教育作为传播主流意识形态的重要载体和途径，需要从国家意识形态建设的高度，积极在理论上和实践上探索主流意识形态传播的有效路径和方式方法。中国古代有着丰富的思想政治教育理论活动与实践活动，在促进古代主流意识形态传播下行的过程中积累了丰富的经验。古代思想家政治家们不仅使儒学理论与血缘亲情、日常生活相融合，将儒家思想熔铸在民众现实生活中，化为民众"日用而不知"的生活

---

① 《邓小平文选》第二卷，人民出版社，1994，第313~314页。
② 刘友女：《结构视域下中国主导意识形态研究》，复旦大学出版社，2015，第4页。
③ 孔德永：《当代我国主流意识形态认同建构的有效途径》，《马克思主义研究》2012年第6期。
④ 侯惠勤：《马克思主义的意识形态批判与当代中国》，中国社会科学出版社，2010，第474页。

方式,而且采取了生活化、多样化、制度化的传播方式,促进了古代儒家思想的民间化。有必要借鉴儒家思想民间化的经验,当然这种借鉴是方法论意义上的,而不是"儒化马克思主义"或者主张"以儒治国"。

教化视域下传统家训本质上是一种家庭德育、家族德育。其训诫内容以儒家思想为指导涵盖修身、治家、处世、报国多个层面,核心内容以伦理道德训诫为主;训诫方式既包括面对面的口头训诫,也包括时空分隔的书面训诫,既包括实物形式,也包括活动形式;训诫方法上既注重日常训诫、家礼熏陶,也注重家法族规的警戒惩罚、家训文本的制定修订。自先秦时期我国就有关于家训的记载,宋元明清更是达到了鼎盛时期。传统家训之所以能够一直存在于我国古代社会,不仅是因为获得了国家支撑,有着开展家族教化的制度条件,更源于其本身具有的意识形态教化功能。传统家训从产生之初,就带有传播社会主流意识形态的色彩,在以后的历史发展过程中逐渐形成了系统化的家族教化体系,成为古代社会主流意识内化为个人意识的中介,实现了古代社会教化的家庭化家族化。作为古代社会主流意识内化为个人意识的中介,传统家训有效促进了主流意识形态内容的具体化、传播的生活化、组织运行的柔性化,既培育了个体品德、规训了家庭伦理、淳化了社会风气,又有效促进了民众对古代国家意识形态的认同与践行,因而成为开展古代社会教化的重要载体。本书旨在研究意识形态传播问题,以古代社会主流意识形态传播的有效载体——传统家训为研究的逻辑起点,希望通过深入研究古代主流意识形态是如何通过家庭、家族实现民间化、生活化的,为当前意识形态的传播提供经验借鉴。

二 研究意义

立足意识形态教化的研究视角,展开对传统家训的深入研究具有重要的理论意义和现实意义。

深化中国古代思想政治教育理论史和实践史的研究。中国古代思想政治教育理论与实践是思想政治教育史的重要组成部分。深入探讨中国古代思想政治教育的学科界限、研究范式、研究对象、研究内容等学科史基础问题,不仅可以深化思想政治教育史的研究，还可以在推陈出新的基础上推进学科发展的成熟，增进学术共同体的学科史意识。中国古代思想政治教育史研究目前已经取得了一定进展，但是也存在着对其重视程度不够、学科界限不清晰、研究范式不完善、研究内容有待深化等问题。立足意识形态教化的研究视角，坚持辩证唯物主义和历史唯物主义的基本原则，采用"小切口、深分析"的研究路径，探讨传统家训在古代社会教化中的地位与功能，分析其教化功能得以有效发挥的理论基础与国家支撑，研究其传播古代主流意识形态的基本路径与方式方法、组织体系与基本机制、历史作用与消极影响等问题，既有利于拓宽思想政治教育史的研究视野，克服学界关于"思想政治教育史就是中国共产党思想政治教育史"的狭隘认识，又有利于深化中国古代思想政治教育微观领域的研究，从而为全面开展中国古代思想政治教育历史研究提供文献基础和分析范式，扎实推进中国古代思想政治教育的理论与实践研究。

为开展新时代思想政治教育实践活动提供资源支撑和经验借鉴。一方面，传统家训作为古代社会教化的重要载体，蕴含着丰富的德育资源，其中的修身观、治家观、处世观与当前公民道德建设中的个人品德、家庭美德、社会公德在内容上具有契合之处。深入挖掘传统家训中的优秀德育资源，能够为当前社会主义家庭文明建设、新时代公民道德建设提供资源支撑。另一方面，传统家训适应了我国古代社会家国同构的社会结构、自给自足的经济形态和伦理政治化的政治特色，成为古代核心价值观培育的重要载体。深入挖掘传统家训培育古代核心价值观的基本途径、教化策略、教化形式、教化方法、教化仪式、教化机制等资源，坚持扬弃继承、古为今用的原则，积极探索新时代在家庭中培育和践行社会主义核心价值观的行之有效的基本途径与策略方法，有助于引导我国4亿多家庭把我们提倡的核心价值观与人们的日常生活联系起来，让人们在日常实践中感知它、领悟它，切实在日常家庭生活层面落细、落小、落实社会主义核心价值观。

在微观层面推进中华优秀传统文化的创造性转化和创新性发展。党的十八大以来，以习近平同志为核心的党中央高度重视优秀传统文化的传承和发展,"中华文明延续着我们国家和民族的精神血脉,既需要薪火相传、代代守护,也需要与时俱进、推陈出新"。党的十九大报告再次强调要"结合时代要求继承创新,让中华文化展现出永久魅力和时代风采"。在历史发展过程中传统家训渐趋形成了系统化的教化实践和多样化的学理化成果,成为以活动形态和文本形态存在的文化现象。当前推进中华优秀传统文化时代化,同样需要实现优秀传统家训文化的创造性转化和创新性发展。在对传统家训的思想内容、价值观念、方式方法、功能作用、教化模式深入探讨的基础上,依据一定的指导思想和基本原则,结合时代要求,通过对传统家训形式和内容的创造性转化,促进其创新性发展,既有利于传统家训本身在新时代发挥活力,也能够从微观层面推进优秀传统文化的创造性转化和创新性发展。

第二节 研究视角与研究对象

研究视角是研究对象确定的前提,研究对象的明确则是研究内容进一步深化的基础。本书主要从意识形态教化的视角对传统家训展开研究,将传统家训界定为古代社会教化的重要载体,重点研究汉初至清末民初这一时期的家训理论和家训实践。

一 研究视角

从学科属性而言,本课题属于思想政治教育学科的研究;从学科研究领域而言,本课题属于中国古代思想政治教育史方面的研究,相应的本书主要从思想政治教育视域出发确定研究视角。思想政治教育的主要任务在于传播和灌输主流意识形态,从而增进全社会成员对主流意识形态的认知认同和切实践行。可以说,意识形态教育或意识形态教化是思想政治教育的主要内容,在这里"意识形态"是指在思想领域占统治地位的思想理论体系,也就是指社会主流意识形态。新时代背景下为了进一步巩固马克思主义在意识形态领域的指导地位,巩固全党全国人民团结奋斗的共同思想基础,有效培育和践行社会主义核心价值观,加强公民道德建设需要进一步加强思想政治教育。

我国自古以来就有重视社会教化的传统，强调端正人心、引导人们思想的重要性。孔子在《论语》中指出，"政者，正也"，许慎注"正"为"从止，一以止"，《说文系传》进一步解释为"从一从止，一以止"。也就是说，只有"定于一"，才能止乱。"定于一"是指实现国家政治、经济、思想、社会等各领域的大一统。当国家政权巩固、社会经济平稳发展时，实现思想上的"定于一"就显得尤为重要。为了端正人心，古代历代统治者均认识到教化方略的重要性，认为"圣人之道，不能独以威势成政，必有教化"（《春秋繁露》）。也就是将社会教化上升为国家治国方略，主张通过理论创新、理论阐释和理论传播增进人民对社会主流意识形态的认知认同和切实践行。传统家训适应了我国古代社会家国同构的社会结构、自给自足的经济形态和伦理政治化的政治特色，成为古代社会教化的重要载体。

基于此，本书主要从意识形态教化的研究视角出发，选取传统家训这一古代社会教化的有效载体，深入研究传统家训是如何将社会主流意识形态有效传播和灌输给各社会成员的，以期为当前意识形态教育提供资源支撑和经验借鉴。

二 研究对象

从以往的研究来看，传统家训主要集中出现于文献学、伦理学、教育学、历史学等领域，主要将传统家训作为静态的治家教子格言语录进行研究。研究视角规定了研究对象的重点，界定了研究对象的范围。意识形态教化视角下传统家训有着特定的内涵与范围。

意识形态教化是指将社会主流意识形态通过一定的方式方法传播和灌输给社会成员，从而使人们内化于心外化于行，以此实现各种社会关系的和谐有序、国家的长治久安。从该视角出发，传统家训就不仅仅表现为古代有识见的家长们写作的治家教子的多种体裁的文本，还是意识形态教化中的一项教化活动。也就是说，传统家训在内涵上是指古代家长对家人的训示教诫，这种训示教诫既以文本形态的学理化成果展现出来，又以实践形态的教化活动表现出来。无论是静态的文本还是动态的教化活动，都有着共同的作用，即向家人族众传播和灌输主流意识形态。

对传统家训研究,还需要明确其时间范围、空间范围和民族范围。恩格斯在《家庭、私有制和国家的起源》中指出,随着家庭和私有制的产生,国家应运而生。我国古代自"夏传子,家天下"以来开始进入阶级社会,也就产生了国家①。在奴隶社会中国家意识形态尚未形成成熟的思想理论体系,经过了春秋战国时期思想理论的丰富发展,到了汉初儒家思想正式被确立为古代国家意识形态的指导思想。在此后两千多年的封建社会中儒家思想基本处于指导地位。主流意识形态教化活动的开展首先需要确定意识形态内容,传统家训意识形态教化活动的开展同样需要确定意识形态内容。儒家思想作为我国古代封建社会时期稳定的主流意识形态,是传统家训意识形态教化的内容前提和基础。因而本书对传统家训的研究在时间范围上为汉初思想大一统之后直至清末民初,在空间范围上,主要集中于黄河流域和长江流域,在民族范围上主要集中于汉族,少数民族也有涉及。

第三节　研究综述

传统家训历史悠久、源远流长。古代学者主要从校雠学(文献学)的角度研究传统家训,表现为对各种家训文献材料的汇编整理、编纂出版。近代以来文献学、历史学、社会学、教育学、文学等学科在探讨家族宗族治理、教育思想、文学思想时会涉及对特定家训文献的研究,研究特点为零散、单一。新中国成立后至改革开放前学界多从批判的角度研究传统家训,且成果较少。改革开放后,随着党和国家对传统文化和家庭的重视,随着各学科思想理论体系的日趋成熟,文献学、教育学、伦理学、历史学、社会学、文学等学科逐渐展开对传统家训的研究,家训研究日渐繁

---

① 范文澜在《中国通史》中认为,"由于夏朝实行帝位世袭制度,自禹至桀十七帝(十四世)世系分明,制度益趋巩固,形成了一个高出众小邦之上的原始政治机构,也就成为中国历史上第一个朝代"。

荣。20世纪八九十年代对家训的研究集中于个案研究，尤以《颜氏家训》突出，著作方面主要集中于家训文献资料的汇编。进入21世纪以来，随着公民道德建设的推进，传统家训与公民道德建设研究逐渐增多，这一时期思政学科发展势头明显，有多篇关于家庭道德建设、公民道德建设的文章出现，相关硕博学位论文在这一时期也逐渐增多。党的十八大以来在落细落小落实社会主义核心价值观、加强社会主义家庭文明建设的背景下，传统家训研究迎来了新的繁荣期，表现为期刊论文猛增，著作增多，研究点与社会主义核心价值观、当代家风建设相契合。这些成果为家训研究向更深层次、更宽领域拓展提供了基础。

一 多学科视域下传统家训研究综述

传统家训作为一种文化现象为多个学科所关注，以下主要从文献学、教育学、历史学以及社会学、心理学、文学等视角展开论述。

（一）文献学视域下传统家训研究综述

关于家训的研究，古代学者多从文献学的角度对家训文献进行汇编整理、编纂刊刻、注释校释；近现代学者对家训的文献学研究则有了新的时代特色，表现为对家训文献的系统汇编整理、校勘考证、今注今译等。根据研究需要，本部分着重从家训文献的汇编整理与点校今译两个方面概述。

1. 家训文献的汇编整理

家训，即家中长辈对晚辈、父祖辈对子孙辈的训示教诫，这种自发产生的训示教诫逐渐从口头训诫演化为文献训诫。在我国家庭训诫、家族教化的历史发展过程中逐渐形成了内容丰富、形式多样的家训文献。① 这些家训文

---

① 先秦时期就有关于家庭训诫理论与活动的记载，如《尚书》《诗经》《易经》《国语》《战国策》等典籍中部分记录了关于家庭训诫的理论方法与实践活动；在历代的史书典籍中，如《史记》《汉书》《后汉书》《隋书·经籍志》《宋史·艺文志》等正史也有对家训内容与活动的记载；《颜氏家训》《帝范》等专门的家训文献则为家训理论与实践的研究提供了直接的文献材料。当然这些记录基本是对帝王将相、名臣名儒、文人士绅的家训记载，普通百姓的家训活动与理论记载较少。历代关于家训的歌谣民谣、家谱、地方志等资料则为我们研究民间家训提供了丰富的资料。

献既包括专门性的家训诗文著作,也涵盖历代经史典籍中关于治家教子的训示教诫。为了更好地发挥家训的教化功能,古今学者注重对家训文献的汇编整理。

古代学者对家训文献的汇编表现为古代类书、丛书中的家训文献汇编与专门的家训文献整理。我国自古就有文献编纂的传统,有着种类繁多的丛书、类书、史书等,在这些丛书、类书中有对家训文献的专门整理。《隋书·经籍志·子部·儒家类》有《诸葛武侯集诫》二卷;在《集部·总集类》中有《众贤诫集》、《诸葛武侯诫》一卷、《女诫》等。《艺文类聚》是我国现存最早的一部官修类书,唐欧阳询等人奉敕编纂,《艺文类聚·卷二十三·人部七·鉴诫》援引了《尚书》《易经》《战国策》《论语》,以及隋唐之前家训书信、散文内容。《太平御览》属于百科性质的类书,宋李昉等人奉敕编纂,《太平御览·人事部九十九·鉴诫上》记载了先哲的智慧言论,部分包含了家长对家人的训示教诫,这些训示教诫同样属于家训内容。《千顷堂书目》按经、史、子、集排列,广泛搜集明代著作,兼及宋、辽、金、元著作,是研究明史和古籍版本的一部重要工具书,在卷一中收录《易经》相关内容,卷十一、卷十五中收录多部家训。《崇文总目·小说类》收录《颜氏家训》七卷、《温公家范》一卷、《开元御集诫子书》一卷、《六诫》一卷、《卢公范》一卷、《诫子拾遗》四卷、《家学要录》二卷、《先贤诫子书》二卷、《古今家诫》一卷、《诫文书》一卷、《正顺孝经》一卷、《孝感义闻录》一卷、《家诫》一卷、《中枢龟镜》一卷等多部家训。《古今图书集成》是我国古代最大的一部类书,由清陈梦雷等奉命编纂,蒋廷锡审订。《古今图书集成·明伦汇编·家范典》收集了历代关于治家教子的言论和纪事,并划分为祖孙部、父母部、父子部、母子部、教子部、乳母部、嫡庶部、出继部、养子部、女子部、姑媳部、子孙部、兄弟部、姊妹部、嫂叔部、妯娌部、叔侄部、姑侄部、夫妇部、媵妾部、宗族部、外祖孙部、甥舅部、母党部、翁婿部、姻娅部、妻族部、中表部、戚属部、奴婢部,共30类,每类下列汇考、总论、艺文、纪事、杂录、外编六项,其中艺文与纪事是主要内容,艺文主要记录家训言论,纪事则主要记录家训活动。

除了各种类书、丛书中的家训文献，我国古代也有着专门的家训文献汇编。梁元帝萧绎的《金楼子》卷二中即有"戒子"一章，采集了东方朔、杜恕、马援、陶渊明、颜延之、向朗等人的诫子之言，开创了汇集前人家训的先河，但尚未独立成家训专书。宋代开始出现了专门的家训总集。北宋中叶孙景修编纂了我国第一部家训总集《古今家诫》，该书辑录了自西周至北宋父训、母训的相关内容。司马光《温公家范》共十二卷，辑录了历代治家教子言论，《文献通考·经籍考》指出："其自序，首《易·家人》，明以大经大训。凡后世上自公卿，下至匹夫匹妇，一言一行与经训合者，莫不纂集，以垂法於将来。於是既总述治家之要，又门分而事别之，由祖若父若母，由子若女若孙，由诸父若兄若弟若姑姊妹，由夫若妻，由舅姑若妇，由妾若乳母，终焉。门有其事，事有其法。呜呼！可谓备矣。"南宋刘清之辑录了家训总集《戒子通录》，该书作为一部历代教子言论汇集，摘录了南宋以前经书史传中代表性家训内容，涉及修身、治家、处世等各个方面，共八卷。明代秦坊所编《范家集略》六卷，分身范、程范、文范、言范、说范、闺范，自周、秦以及明代，凡前贤格言懿行，汇为一帙。清代以来家训的汇编辑录数量剧增。《传家宝全集》由清人石成金所作，是一套关于家庭生活的百科全书。《五种遗规》包括《养正遗规》《教女遗规》《训俗遗规》《从政遗规》《在官法戒录》五种，是清人陈宏谋"道德救时"的重要体现。陈宏谋从古代经史典籍中辑录名人先贤嘉言懿行，汇编成册，普及大众。其中《养正遗规》《教女遗规》《训俗遗规》的汇编辑录明显属于家训的内容。《课子随笔钞》由清人张师载辑，阐明了中国历史上名人教子的态度和方法。此书共六卷，其内容有诸葛亮《诫子书》、《颜氏家训》、《范仲淹家训》、邵雍《诫子孙》、司马光《温公家范》、金敞《家训纪要》、朱用纯《朱子治家格言》等。该书不仅对著名家训文献进行汇编整理，而且在每篇家训文献开头加以评析。清张文嘉《齐家宝要》，该书依据《书仪》《朱子家礼》诸书，酌为古今通礼：曰《居家礼》，曰《童子礼》，曰《义学约》，曰《师范》，曰《家诫》，曰《家规》，曰《宗讲约》，曰《乡约》，曰《社约》，曰《冠礼》，曰《昏礼》，曰《丧礼》，曰《祭礼》，"每门前引经传及新定仪注,间有附论,折衷颇为详慎"。阎敬铭编的《有诸己斋格言丛书》、张承燮编的《东听雨堂刊书》、吕本中著的《童蒙训》、贺瑞麟所编的《养蒙书十种》《福永堂汇钞》《海儿编》等书,也具有家训丛编的性质。

2. 家训文献的点校今译

从卷帙浩繁的经史古籍中梳理汇编各类家训文献并进行点校、注释、训释、今译,是研究家训的首要工作,也是文献学的重要使命。我国对于古往今来家训文献的汇编整理、点校今译开始于改革开放后,此前文献学集中于对《颜氏家训》音韵、语词、引书等的训释以及成书时间、作者生平的考证。20世纪80年代以来关于传统家训文献的汇编整理、注释校义等研究成果逐渐增多。

在汇编整理方面,新中国成立以来大型类书、丛书的编纂为全面掌握家训文献提供了材料基础。《中国丛书综录》《丛书集成初编》《丛书集成续编》《中国古籍总目》《中国古籍善本书目》等大型类书丛书汇编了各类家训文献。《中国丛书综录》收集家训文献117种,《丛书集成初编》收录家训文献19种,《中国古籍总目·子部·礼教之属》收录家训文献多部,《中国基本古籍库》收录53种。尽管各类丛书存在分类不当、收录不全等缺陷,但是综合、甄别各种丛书类书的家训文献则有利于全面把握家训文献。

在训释点校、今注今译方面,自1988年出版《历代家训选注》《历代家训选》家训汇编注释著作,到2017年约有50部家训汇编注释著作。在这些著作中根据体例、内容的差异,又可分为三类。一是对古今家训文献的系统汇编,并有简单的注释。如陈明主编的《中华家训经典全书》(新星出版社,2015),该书共收录家训文献69部,基本涵盖了各个朝代、各种类别。值得一提的是,随着各类型家训文献的挖掘整理,家训系列丛书相继出现,郭超等人主编的《传世名著百部》(1999)专门收录了《颜氏家训》《袁氏世范》《温公家范》《朱子治家格言》《郑板桥家书》《曾国藩家书》《双节堂庸训》等家训著作;成晓军主编了《帝王将相家训》《名臣名儒家训·上下》《慈母家训》(2008)系列;郭齐家、李茂旭主编了四卷本的《中华传世家训经典》(2009);李金旺主编了《清代十大名臣家书》(2012)。二是目前已出版了从家谱、戏曲小说、墓志铭中析出的家训文献著作。上海图书馆编的《中国家谱资料选编·家规族约卷》（上海古籍出版社，2013）极大丰富了家训文献尤其是我国古代平民家训的文献资料，王利器辑录的《元明清三代禁毁小说戏曲史料》（上海古籍出版社，1958）部分汇编了我国古代小说戏曲中的家训文献，拓宽了我国古代家训文献的范围。三是编者在汇编整理的基础上对家训内容进行分类和解析。丁晓山编著的《中国古代家训精选》（中国国际广播出版社，1995），精选数十种古代家训，分为上中下三篇，大体以古人"修身齐家治国平天下"为顺序，上篇为修身方面的内容，下列读书、品德、自立三个类目；中篇为齐家方面的内容，下列父子、兄弟、夫妻、亲友、教子、理家六个类目；下篇为处世方面的内容，下列做人、做事、做官、识人、知世五个类目。翟博主编的《中国家训经典》（海南出版社，2002），选编古今名人家训300余篇，内容涉及修身、齐家、治国、平天下、立德、立言、立功、读书作文、婚姻家庭、待人接物等诸多方面。当然这还不算专门对《颜氏家训》《曾文正公家训》《朱子治家格言》等家训名篇名著的注释训释图书，如果再加上对个案家训的注释训释，其数量将更为可观。①

（二）教育学视域下传统家训研究综述

20世纪以来随着教育学理论在我国的传播与发展，传统家训的研究也日趋成熟，表现在两个方面：一是在中国古代教育史尤其是中国古代德育史的研究中，深入挖掘传统家训的教育资源并进行评析；二是运用教育学理论分析个案家训或者整体家训的教育内容。

中国古代教育史方面，一般把传统家训看作古代家庭教育的主要形式和

---

① 学界对传统家训的个案研究要早于对传统家训的整体汇编整理，早在20世纪初就有学者对《颜氏家训》进行训释考证，如1909年李详的《颜氏家训补注》（《国粹学报》1909年第4期）一文，考证了《颜氏家训》部分引文的详细出处，援引资料丰富。此后关于《颜氏家训》的引文考证、成书时间考察、选文译注、全书译注等的论著相继出版。代表性著作为王利器1980年出版的《颜氏家训集解》[1993年出版《颜氏家训集解》（增补本）]，该书详尽收录了历代关于《颜氏家训》的训释，并有作者的评注，是研究《颜氏家训》的经典文本。

基本文献来源,在论述古代家庭教育时以家训文献为基本材料进行系统分析。马镛的《中国家庭教育史》(湖南教育出版社,1997)一书是从教育学角度研究传统家训的代表性著作,该书以家训文献为基本文本材料,论述了自先秦至明清帝王、官僚、理学家、文学家、科学家等群体的家庭教育思想,涵盖道德、知识、技能等教育内容,具有较高的文献资料整理价值,但是较少涉及平民家教思想。党明德、何成主编的《中国家族教育》(山东教育出版社,2005)同样以古代家训文献为基本文本,论述了中国古代家族教育的相关因素与发展脉络,深入分析了不同阶层、不同地域、不同人物的家庭教育内容。

中国教育史研究著作涉及对古代家庭教育的传统家训内容的研究。这些论述又分为两类。一是在中国教育思想通史研究中,多以代表性人物为研究主线。在对各个思想家的教育思想的论述中,基本会对颜之推的教育思想进行系统论述,而颜之推的代表性教育作品即为《颜氏家训》。此外,司马光的《温公家范》、朱熹的《朱子家礼》、曾国藩的《曾文正公家训》等是研究中国古代教育思想的基本文献。二是专门的家庭教育的论述。陈学恂主编的《中国教育史研究(秦汉魏晋南北朝分卷)》(华东师范大学出版社,2009)专门论述了两汉时期家庭教育的类型、内容、方法、影响,以及魏晋南北朝时期家族的教化活动。李国钧、王炳照总主编的《中国教育制度通史》论述了我国古代各个时期的家庭教育状况、制度及演变,其中着重论述了作为古代家庭教育重要表现形式的传统家训的发展状况与教育内容。王炳照、李国钧、阎国华总主编的16卷本的《中国教育通史》(北京师范大学出版社,2013),深入详细地论述了我国古代官学教育、私学教育、蒙学教育的发展状况与思想理论,有利于从宏观上系统把握古代教育的实践发展与理论内容。深入了解古代家庭教育在整个教育体系中的地位和作用,是开展传统家训研究的基础。

运用教育学理论分析传统家训的教育资源,并探讨家训教育资源对当代家庭教育、德育的启示,是教育学视角下传统家训研究的又一重要内容。学者们一般从教育理论基础和实践基础、教育功能、教育内容、教育方法、教育作用等方面挖掘传统家训的教育资源，并据此分析对当代我国（家庭）教育的现实意义。杨威、关恒系统论述了传统家训得以延续、产生的社会历史条件与动力基础，"传统家训文化有其赖以产生与延续的社会历史条件，更有其长期稳定发展的内在动力"，其社会历史条件具体表现为稳定、延续的农耕经济，"家国同构"的血缘政治，儒家思想的价值规定等，其内在动力则在于实践动力、需要动力和精神动力等。[1] 明确传统家训的教育功能是深入挖掘其教育思想内容、方式方法的理论前提，教育学领域多将传统家训纳入家庭教育体系中，认为家训作为古代家庭教育的重要形式，在传授科学技术、开展文化教育、开展道德教化，知识技艺传承、经史典籍传承、传统美德弘扬，培育个体品德、规训家庭伦理、纯化社会风气等方面发挥了重要作用。传统家训"不论是对提高教化对象的独立生存能力、促进家族共同利益的实现，还是对推动教育科学事业的发展、凝聚民族精神、加速经典文化世俗化的进程，都发挥着无与伦比的作用"[2]。在教育内容方面，多集中于对传统家训德育资源的探讨，"家训是古代的一种家庭伦理教科书，其中包含着非常丰富的家庭道德教育思想。古代家训中以德为'本'、以德为'富'、以德为'要'的家庭德育定位，以及倡导早期德育，强调道德化育的家庭德育思想，对于当前的独生子女家庭德育具有积极意义"[3]，"以德修身、以德齐家、以德治国是中国古代家训文化中德治思想的重要内容，而修身进德、养育人的道德良心与高尚品质则是齐家治国的基础"[4]。除此之外，环境伦理教育[5]、美学教育[6]、艺术教育[7]、医学教育[8]等教育思想也是传统家训教育资源的重要内容。在教育方法方面，戴素芳专门从实践方法论的角

---

[1] 杨威、关恒：《传统家训文化存在与存续的合理性探究》，《中州学刊》2006年第8期。
[2] 郭长华：《传统家训的文化功能论略》，《河南社会科学》2008年第4期。
[3] 段文阁：《古代家训中的家庭德育思想初探》，《齐鲁学刊》2003年第4期。
[4] 周铁项：《家训文化中的德治思想及其现代审视》，《史学月刊》2002第7期。
[5] 参见王长金《传统家训的环境伦理教育》，《北京林业大学学报》（社会科学版）2005年第2期。
[6] 参见陈水根《曾国藩家训诗文书法美育思想述论》，《江西教育学院学报》（社会科学版）1998年第2期。
[7] 参见蒋明宏、蒋文婷《〈颜氏家训〉中的艺术教育思想》，《重庆社会科学》2014年第4期。
[8] 参见陈晓林《浅谈〈颜氏家训〉的医学思想》，《中医药文化》2009年第2期。

度总结了传统家训的教育方法,"知行统一、严爱殷责、因材施教、循序渐进的原则,既重视环境熏陶又倡导道德自觉,既有亲情感化、又有法规约束,既讲典范诱导、又讲言传身教的方法"①。在当代意义方面,则集中于对当前我国家庭教育、德育的经验借鉴。

(三)历史学视域下传统家训研究综述

历史学,又称历史科学、史学,是"研究和阐述人类社会历史发展过程的学科"②,中国古代史、中国近现代史和世界史都属于历史学的研究范围。中国古代史涵盖范围广泛,包括中国古代政治思想史和政治制度史、中国古代经济思想史和经济制度史、中国古代社会风俗史、中国古代家族史、中国古代家训史等内容。中国古代家训史文献是研究传统家训发展脉络的直接资料,中国古代政治史、经济史等方面的研究则为传统家训的研究提供了丰富的历史支撑。

中国古代家训史的研究。20世纪80年代以来,随着王利器《颜氏家训集解》(中华书局,1980)一书的出版,传统家训的汇编整理、译注解读开始增多,为中国家训史的研究提供了厚实的文献材料。徐少锦、陈延斌在主编《中国历代家训大观》(中国广播电视出版社,1993)的基础上,撰写了《中国家训史》(陕西人民出版社,2003)一书。该书遴选了从先秦到清末二百多位历史人物,将他们教诲家人子弟的基本原则、理论观点、方式方法,在个案分析的基础上进行分类归纳和整理,清晰勾勒了古代家训发展的历史脉络与演变规律,深入分析了传统家训的历史意义,是中国家训史研究的代表性著作。徐梓的《家范志》(上海人民出版社,2010)、马镛的《中国家庭教育史》(湖南教育出版社,1997)、朱明勋的《中国家训史论稿》(巴蜀书社,2008)等著作对于从整体上把握传统家训的发展脉络具有重要参考价值。此外,王长金的《传统家训思想通论》(吉林人民出版社,2006)、戴素芳的《传统家训的伦理之维》(湖南人民出版社,2008)等著作对于把握传统

---

① 戴素芳:《论传统家训伦理教育的实践理念与当下价值》,《学术界》2007年第2期。
② 郑天挺、吴泽、杨志玖主编《中国历史大辞典》上卷,上海辞书出版社,2000,第775页。

家训的思想内容具有重要价值。家训不仅指家长对家人的训示教诫,同时也包括族长对族人的警戒惩罚。族长进行家族教化的理论依据在于成文的和习惯法性质的家法族规,因而家法族规成为家训的重要内容。费成康主编的《中国的家法族规》(上海社会科学院出版社,1998)论述了中国古代家法族规的发展历程,得出了我国古代家规是有着准法律意义的自治法地位的结论。

中国古代家族史的研究。传统家训发挥功能的主要空间为中国古代的家,而中国古代的家不同于现代意义上的个体家庭,有着更为复杂和深刻的历史底蕴。中国古代家族史的研究为理解我国古代的家进而深刻把握传统家训的具体场域提供了史料基础。20世纪20年代学界就开始了对中国家族、宗族的研究,吕思勉的《中国宗族制度小史》(1929)、陶希圣的《婚姻与家族》(1936)、高达观的《中国家族社会演变》(1944)开启了近代对中国古代家族史的研究进程。1949年以来关于家族发展的研究著作逐渐增多,常建华的《宗族志》(上海人民出版社,1998)一书认为我国古代宗族经历了世官世禄宗族制、士族宗族制、科举制下祠堂族长宗族制的演变过程,研究了我国古代宗族的构成要素——祠堂、族谱、族学、族田,以及其机构与组织。冯尔康等著的《中国宗族史》一书,依据宗族领导权掌握在何种社会身份的集团手中,宗族的内部结构及其成员的民众性,宗族生活中宗法原则是强化、削弱还是变形的原则,将中国宗族社会划分为5个时期:先秦典型宗族制时代,秦唐间世族、士族宗族制时代,宋元间大官僚宗族制时代,明清绅衿富人宗族制时代,近现代宗族变异时代。① 张国刚主编的《中国家庭史》(广东人民出版社,2007)、徐杨杰的《中国家族制度史》(人民出版社,1992)等也是研究古代家族发展的代表性著作。中国古代家族发展的历史脉络、演变规律与传统家训的发展脉络、演变规律有着深刻的一致性。

中国古代政治思想史和政治制度史的研究。传统家训以"整齐门内,提撕子孙"为宗旨,主要目的在于实现家族成员的社会化。开展家族教化的指

---

① 冯尔康等:《中国宗族史》,上海人民出版社,2009,第20~24页。

绪 论

导思想则是古代主流思想观念,亦即古代社会占主导地位的思想理论。尽管中国政治史与传统家训的研究密切相关,但对于二者的内在关联学界并未进行深入的研究,基本是在宽泛意义上指出传统家训与古代儒家思想的相互促进关系,笼统地谈论古代制度对传统家训功能发挥的支撑意义。在政治思想史方面,吕思勉的《中国政治思想史》、陶希圣的《中国政治思想史》、萧公权的《中国政治思想史》等著作,是研究中国古代政治思想的代表性著作。了解中国古代政治思想、主流意识形态的发展状况与发展脉络,有利于深入把握中国古代国家意识形态与传统家训思想内容的内在关联。在政治制度史方面,研究中国古代的君主专制制度、基层管理制度①、选举制度②、职官制度、法律制度③等,有利于深入把握传统家训功能得以发挥的制度支撑。

中国古代经济思想史与经济制度史的研究。经济在社会发展过程中起着决定性的作用,我国古代经济的发展对传统家训的存续与发展同样有着决定性的意义,把握中国古代经济发展脉络与相关制度,是了解传统家训产生根源、发展变化的条件基础。尽管学界认识到我国古代的经济形态、生产方式、经济政策、土地制度对传统家训存续与发展的影响,"传统社会后期的家训十分重视田界的确定,反映出传统社会后期土地产权制度的确立对家庭经济观念的影响;家训肯定工商业作用的训条越来越多,体现了富民阶层的崛起对家庭经济观念的影响;家训同居析财和分居析产思想的矛盾与并存,表明其时经济观念变化对家庭伦理观念的冲击"④,但对其仍需深入分析。传统家训的产生发展有着深刻的经济根源,了解我国古代的经济政策、经济形态、土地制度、赋役制度、租佃制度、继承制度等内容,是把握传统家训

---

① 萧公权的《中国乡村——论19世纪的帝国控制》一书,是研究我国古代基层管理体系的力作。该书以清代乡村治理为研究对象,分析了清代乡村管理组织、管理举措以及控制效果。
② 我国不同朝代的选举制度,如察举制、九品中正制、科举制等无不强调以德为先、德才兼备的选举标准,这就为家训重视德教提供了职业发展的制度保障。
③ 瞿同祖的《中国法律与中国社会》详细探讨了古代家族、婚姻与法律的内在关联,古代法律中体现的宗亲法原则,阐明了古代法律儒家化的特色。
④ 杨华星:《从家训看中国传统家庭经济观念的演变》,《思想战线》2006年第4期。

发展演变规律的基础条件。

中国古代社会阶层史研究。家训是在家庭、家族、家塾中存在的。每个家庭、家族、家塾在社会中的地位是不同的，研究家训还应该明确家的特殊性、等级性，以便更深入地了解家训的特殊性，从而从众多家训模式中分类归纳家训的教化规律。李治安、孙立群在《社会阶层制度志》中认为，"秦以降两千年间社会阶层等级结构是以皇帝、皇室贵族及异姓贵族、官僚士人、平民、奴婢贱民诸等级自上而下排列组合成的"[①]；平民阶层则包括庶民地主、寺院地主，自耕农、佃农、雇工，商人，手工业者；奴婢贱民阶层包括奴婢、杂户、官户、乐户。冯尔康的《中国社会结构的演变》（河南人民出版社，1994），葛承雍的《中国古代等级社会》（陕西人民出版社，1992），南开大学历史系中国古代史教研室编写的《中国古代地主阶级研究论集》（南开大学出版社，1984），刘泽华的《士人与社会》（天津人民出版社，1988），毛汉光的《两晋南北朝士族政治之研究》（中国学术著作奖励委员会，1966），蒙思明的《元代社会阶级制度》（哈佛燕京学社，1938），李季平的《唐代奴婢制度》（上海人民出版社，1986），经君健的《清代社会的贱民等级》（浙江人民出版社，1993）等著作为研究我国古代社会等级状况提供了文献资料。通过研究中国古代社会阶层发展史，可知家训并非理论意义上的存在于一切家庭、家族之中，而是在帝王贵族、官僚士绅家族中率先发展起来，并带动平民家训的发展，而贱民家庭不存在意识形态教化意义上的家训，贱民家庭是依附于王室贵族、官僚士绅家族的，是带有依附性质的家庭，因而其家训活动的开展主要是在上层家族的教化互动中进行的。于是可以得出一个基本的结论，即一般意义上的家训主要是指帝王贵族、官僚士绅家训，贱民阶层的家训依附于这些家族的家训而存在，平民家训是存在的，但是在家训文献资料保存与研究热度方面依然需要加强。

（四）社会学、心理学、人口学、文学视域下传统家训研究综述

社会学是把社会当作一个整体，通过人们的社会行为和社会关系研究社

[①] 李治安、孙立群：《社会阶层制度志》，上海人民出版社，1998，第67页。

绪 论

会的结构、功能、发生、变化规律的综合性社会科学。① 目前社会学对传统家训的研究集中于社会整合、民俗学、人口学等方面。在社会整合②方面，刘欣的《宋代家训与社会整合研究》（云南大学出版社，2015）一书，通过论述宋代家训的表现形式、社会功能、主客体变化，深入探讨了宋代家训的社会整合问题。萧公权在《中国乡村——论19世纪的帝国控制》（联经出版事业股份有限公司，2014）中认为，19世纪的中国农村通过乡约宣讲、乡饮酒礼、地方祭祀、书院社学义学等方式，有效实现了清王朝对广大乡村的思想控制。在这里萧公权提出了一个重要观点，即从社会整合的视角探讨传统家训的重要内容——乡约，认为乡约作为古代思想控制的重要方式，有利于实现对广大乡村的社会整合。社会整合视角下传统家训其实是作为民间社会控制的手段而存在的，是一种民间文化控制。"宋代的家训家范作品，已经从私人话语转化为社会话语，或者说统治者的文化霸权不仅深入到社会精英阶层，而且深入到了基层，并为基层社会所认同"③。民俗学方面，研究了传统家训中蕴含的丧葬观④、士族风俗⑤、嫡庶风俗⑥、礼尚风俗⑦等内容，认为传统家训有着重要的民俗学价值。以《颜氏家训》为例，"由于颜之推特殊的生活时代以及特别的生活经历，使他有机会接触到南北不同地域的不同民间风俗，在《颜氏家训》中以南北不同风俗为载体教育子孙为人之法、处世之道，成为颇有特色的家训，爬梳其中的南北风俗对于研究魏晋

---

① 彭克宏主编《社会科学大词典》，中国国际广播出版社，1989，第302页。
② 社会整合是指调整或协调社会中不同因素的矛盾、冲突和纠葛，使之成为统一体系的过程，在这个过程中，社会各个相离而有关系的单位，通过相互顺应，遵守相同的行为规范而达到团结一致，形成一个均衡的体系。社会整合理论与社会学的发展有密切的关系。——参见彭克宏主编《社会科学大词典》，中国国际广播出版社，1989，第308页。
③ 杨建宏：《宋代家训家范与民间社会控制》，《船山学刊》2005年第1期。
④ 参见刘欣《宋人遗训中的丧葬观及其终极关怀》，《云南社会科学》2011年第4期。
⑤ 参见顾向明、王大建《〈颜氏家训〉中南北朝士族风俗文化现象探析》，《郑州大学学报》（哲学社会科学版）2006年第4期。
⑥ 参见唐长孺《读〈颜氏家训·后娶篇〉论南北嫡庶身分的差异》，《历史研究》1994年第1期。
⑦ 参见钱国旗《在礼与情之间——〈颜氏家训〉对礼俗风尚的论述和辨正》，《孔子研究》2011年第4期。

南北朝的民俗有着重要的学术价值"①。在人口学方面,关于古代人口的分析方法与结论,为研究中国古代的家提供了翔实的资料支撑,是开展家训研究的基础性材料。据梁方仲编著的《中国历代户口、田地、田赋统计》,"在我国长达数千年的历史上,除少数朝代家庭户的平均规模出现过高和过低的记载外,多数朝代家庭户的平均规模都略高于5人,大致在5.17～5.38人之间波动。当代民间学者的社会调查也表明,旧中国家庭户的平均规模在5人左右"。《汉书·地理志》等古籍文献资料的人口统计也证实了这一点。人口学的研究成果为研究古代家庭规模、家族规模以及家训开展的组织条件提供了扎实的资料基础。

20世纪80年代以来文化心理学逐渐成熟,文化心理学是"研究对习俗刺激的因袭反应的科学"②,文化心理一般是指在不同文化环境和自然环境影响下形成的群体性心理。在5000多年的历史文化发展中,我国逐渐形成了特定的民族文化心理,同时在家训教化的影响下也形成了不同特色的家文化心理。研究传统家训教化下形成的家文化心理与以往形成的民族文化心理的发展演变、内容特色,以及二者之间的联系与区别,是文化心理学视域下传统家训研究的重要内容,但是从心理学角度研究传统家训思想,目前学界主要集中于对《颜氏家训》的研究。吴凤岗的《中国家庭教育与儿童青少年的心理发展》中对《颜氏家训》的心理学思想有所阐述;杨鑫辉的《中国心理学思想史》中,也专门阐述了《颜氏家训》的及早施教、严慈结合和以身作则的家庭教育原则。刘建榕等人分析了《颜氏家训》中的教养观念、教养方式、对不同子女的态度以及惩罚方式,并分析了对当前家庭教育的启示,"对孩子既不能一味体罚,更不能纵容溺爱,而是将慈爱与严厉相结合;树立父母的威望,结合时代特点,将社会期望内化为家庭的教养目标,培养孩子尊老爱幼的传统美德;对孩子的错误及不良行为,要适当地采

---

① 庄廷兰:《论〈颜氏家训〉的民俗学价值》,《山东社会科学》2010年第11期。
② J. R. Kantor:《文化心理学》,王亚南等译,云南人民出版社,1991,第10页。

用惩罚,同时从认知上加以矫正,保证孩子的健康成长"①。李孟辉等人则分析了《颜氏家训》的学习心理观,"颜之推这种对学习过程的精辟论述,可分成观察学习、自我体认和自我作为三个相互联系的阶段或机制"。学习的心理条件是指"有效学习所必须具备的心理因素,具体包括智力与非智力因素。学习的成功是由智力和非智力因素的共同作用来决定的,主要表现在学习的认知过程和意向过程两个方面"。"学习不仅要坚定意志,惜时如金,乐此不疲,还要能克服种种困难,利用各种时机,持之以恒地勤学苦读",其论述的学习方法基本上包括"博学、勤学、眼学、好问切磋、行之"。②

传统家训有着丰富多样的著述形式与文体形式,部分家训文献蕴含着一定的文学思想。文学领域多从训诂学、音韵学、修辞学等视角出发展开对传统家训的研究。在各种研究视角中,传统家训的修辞学研究对深入了解传统家训对古代社会主流意识形态内容的通俗化有着辅助性的作用。有学者专门从修辞学的角度分析了《颜氏家训》的语言说服力,"实用智慧、美德、善意、声誉、文风、身份角色以及'精神家园'的建构这些修辞人格的主要构件在增强《颜氏家训》修辞力及使其成为一部经久不衰的经典上都起着不可忽视的作用"③。康世昌在《汉魏六朝"家训"研究》(花木兰文化出版社,2009)中论述了汉魏六朝家训的文体、体裁,论述了汉魏六朝家训情感真挚、内容充实、立意美善的情意表现,并分析了其理论表现:命名字、叙自身经历、引圣贤言论谚语、评论古今人事、叙家风、抄书、叙生平事迹以为诫。文学方面的研究有利于了解家训文献的各种体裁、语言风格等。

---

① 刘建榕、刘金花:《〈颜氏家训·教子〉的家庭教育心理学思想探析》,《心理科学》1998年第4期。
② 李孟辉、王斌林:《〈颜氏家训·勉学〉学习心理思想探析》,《当代教育论坛》2007年第7期。
③ 陈承雄:《彰显修辞人格,传万世家训——西方修辞学视角下的〈颜氏家训〉修辞人格研究》,《集美大学学报》(哲学社会科学版)2015年第1期。

二 思想政治教育学科视域下传统家训研究综述

在传统家训的史料汇编日趋完善、历史研究逐渐深入、教育研究深入展开,以及社会学、心理学、文学研究的各角度广泛展开的背景下,思想政治教育学方面的研究逐渐展开。学界注重深入挖掘、分析传统家训的思想政治教育资源,探讨传统家训对我国公民道德建设、社会主义核心价值观生活化、个体品德培育的当代启示。

(一)传统家训蕴含的思想政治教育资源

从学科属性来说,传统家训研究属于中国古代思想政治教育史研究。中国古代思想政治教育史研究多集中于对古代德育思想、德育实践的研究,进而影响到传统家训的研究范式。学界一般注重挖掘传统家训蕴含的德育内容、德育方法等德育资源,以下从这两方面重点介绍。

传统家训蕴含的德育内容。学界一般认同传统家训的核心内容为在家庭、家族中开展的德育训诫,涵盖了立身处世、治家教子等思想内容。陈延斌对此作了深入分析,他认为"传统家训虽然涉及领域极其广泛,但核心始终是围绕着治家教子,修身做人展开的",具体内容包括父慈子孝、兄友弟恭、亲睦齐家,正身率下、严谨治家,勤劳简朴、应世经务,端蒙养、重家教,夫妇之道,和睦乡邻、讲究人道,以及一些处理主仆关系的伦理要求。[1] 也有学者着重探讨了传统家训蕴含的廉政教育[2]、诚信教育[3]、自立教育[4]、敬畏生命的教育[5]等内容。王长金则对家训的思想政治教育资源作了进一步补充,他认为家训"内容除为人处世、齐家立业等训诫外,还涉及环境伦理的教育,培养了家庭成员的人文主义思想"。他认为传统家训的环境伦理内容包括爱护万物生灵,爱护室内环境,保护生态环境:重视水利设

---

[1] 陈延斌:《论传统家训文化与我国家庭道德建设》,《道德与文明》1996年第5期。
[2] 肖群忠、吕莹莹:《传统家训中的"廉洁""廉政"道德及其时代价值》,《学术交流》2017年第1期。
[3] 宣璐、余玉花:《传统家训文化中的诚信教育及当代启示》,《中州学刊》2015年第6期。
[4] 马婷:《古代家训自立教育的启示》,《内蒙古师范大学学报》(教育科学版)2005年第6期。
[5] 王长金:《论传统家训敬畏生命的理念》,《宁波大学学报》(人文科学版)2005年第5期。

施及水源的保护,强调农业种植以时,保护荫木村树,主张惜物节用。① 闫爱民则将传统家训的内容概括为伦理道德的教诲,谋生技能的传授,文化知识的获取,处世哲学的告诫。②

传统家训蕴含的德育方法。对于传统家训中的教化方法,佘双好认为主要包括慈严相济、以身示范、因材施教、循序渐进、注重环境等方法③;陈延斌、徐少锦认为,传统家训既采用选择良好的外界环境的方法,又重视启发内在自觉性的方法;既采用道德激励的方法,又重视法规约束的方法;在各种家训形式与方法中,贯穿着正身率下、典型引导的方法④。郭长华则认为传统家训有着不同于一般德育的教化方法,表现为"养正于蒙、爱教结合、严慈相济、事理交融、潜移默化、因材施教等"⑤。此外,值得一提的是符得团等人认为,传统家训作为古代个体品德培育的重要方式,其方法具有一定的特殊性,包含日常训诫、家风熏陶、制作利用家训、家法惩戒等方法⑥。由此看出,传统家训主要通过家人之间的血缘亲情与朝夕相处的优势,重视家长的日常训诫、身教示范、环境濡染熏陶等方法的运用。

(二)传统家训与儒家思想的关系研究

20世纪90年代有学者研究了传统家训与儒家思想的关系问题,认为"在中国长期的封建社会中,儒家思想能够在人们的思想道德领域中确立根深蒂固的统治地位,除了它本身适应了封建统治的需要和一般民众的心理、习俗外,对它的着力宣扬传播,是一个十分重要的原因"⑦。张艳国明确提出,传统家训是传统社会中社会意识形态的家庭化,是社会意识形态内化为

---

① 王长金:《传统家训的环境伦理教育》,《北京林业大学学报》(社会科学版)2005年第2期。
② 闫爱民:《中国古代的家教》,商务印书馆,2013,第36~131页。
③ 佘双好:《我国古代家庭教育优良传统和方法探析》,《武汉大学学报》(社会科学版)2001年第1期。
④ 陈延斌、徐少锦:《中国家训史》,陕西人民出版社,2003,第12~14页。
⑤ 郭长华:《传统家训的教化特色初论》,《教育理论与实践》2010年第12期。
⑥ 符得团、马建欣:《古代家训培育个体品德探微——以〈颜氏家训〉为例》,中国社会科学出版社,2012,第219~275页。
⑦ 马玉山:《"家训""家诫"的盛行与儒学的普及传播》,《孔子研究》1993年第4期。

个人意识的中介,"作为中国传统文化组成和体现的传统家训,它在文化的播射力中体现了一种伦理的巨大力量,通过这种伦理的超常力量,社会成员自觉地接受传统文化的教化,接受以统治阶级的思想、意志占主导地位的社会意识形态的统治"。"传统家训是中国传统文化的通俗化,它以一种通俗易懂的传播形式,将博大精深、玄奥缜密的中国传统文化传递给社会成员。"①

古代社会主流意识形态为传统家训提供了明确的价值导向与内容规定。在古代社会主流意识形态与儒家思想的关系问题上,学界一般认为儒家思想是我国古代封建社会的主流意识形态。家训起源于上古时期普通百姓父子相传、口耳相授的生产生活实践,是伴随着以血缘相系的家庭形成而产生的。从文字记载的历史看,尧舜时期就有了家训,《尚书》《周易》《诗经》中所反映的家训内容,对后世家训有着特别重大的影响,是以著述形式出现的中国家训的直接源头。然而真正意义上的、有着明确的价值导向的家训则产生于我国古代大一统思想确立后。"虽然早在距今三千年前的西周时期,就有周公教诫儿子伯禽注重德行修养、礼贤下士等有文字资料记载的家训,然而,作为真正意义上的居'家'之'训'的全面而系统的家训则是进入封建社会以后才出现的,而对中国社会生活发生影响的家训应该说是在汉代统治者'罢黜百家,独尊儒术',即儒家思想占统治地位以后,并且后世所有有影响的家训著作中无不贯穿着占'独尊'地位的儒家思想观念。"② 传统家训在教化内容、方式方法、运行机制上无不受到儒家思想的感染影响,强调以礼治家,德教为先,"中国家训文化正是取得官方地位的儒家文化与民间家庭文化相结合的产物。一方面,家训著作多为官僚政客、文人雅士所为,他们是官方意识形态的代表。另一方面,家训又与家庭生活的实际相联系,通过通俗易懂、妇孺皆知的训诫形式用儒家思想来规范人们的行为。所以,家训成为家庭成员稳定的行为准

---

① 张艳国:《简论中国传统家训的文化学意义》,《中州学刊》1991年第5期。
② 陈延斌:《论传统家训文化对中国社会的影响》,《江海学刊》1998年第2期。

则，也是形成家庭风范、培护固定文化心理的工具。从根本上说，家训的思想内涵就是以儒学为主体的社会意识形态在家庭领域和家庭关系上的体现，就是儒家学说的具体化"①，在古代治家教子、培育个体品德、纯化社会风气方面发挥了重要作用。

传统家训促进了儒家思想的有效传播。家训作为家庭教育的教科书，使儒家思想社会教化的领域有所拓宽和深入，推动了儒学的民间化进程。"家训是家庭教育的规范形式，它以儒家伦理思想为核心，又与家庭的实际生活相结合，从而推进了儒家思想向切近大众生活的日用之学的改造。"② 传统家训通过以下方式促进了儒家思想的民间化。一是实现儒家思想内容的规范化、条目化，增强操作性。宋元以来随着平民家族组织的发展，操作性强、规定具体、条目明确的家法族规成为家训的主要代表形式，"在走向实用性的过程中，也将约束的形式由内在转向了外在"③。二是帝王、士大夫对家训民间化的积极推动。我国古代帝王"通过亲自创作家训文本、参与家训实践、表彰孝门义族、将家训法制化等方式，推动了古代家训的普及与发展，为家训的发展作出了巨大贡献"④，盛唐士大夫家训则"通过规范儒学基本理念、构建社会道德以及对为官以德的要求来传播和普及儒学，为儒学的社会化提供了有利条件"⑤。三是竞相刊刻自家和名人家训，"特别是宋明以来许多大家族家庭竞相刊行本族家训及历代名士的家训范本，通过家训载体使得儒学得到了更大社会范围的传播"⑥。此外一些家训著作也成为童蒙教科书，有力促进了儒家思想的传播。

（三）传统家训的个体品德培育机制研究

传统家训作为古代社会教化的重要载体，在古代个体品德培育过程中发

---

① 赵忠祥：《家训文化与古代意识形态建设及有益启示》，《学术论坛》2005年第3期。
② 赵忠祥：《家训文化与古代意识形态建设及有益启示》，《学术论坛》2005年第3期。
③ 李佳芯：《近现代国家权力下的修身教育——基于家训与修身教科书的文本分析》，《教育学术月刊》2015年第3期。
④ 程时用：《历代帝王与我国传统家训的发展》，《河南社会科学》2010年第2期。
⑤ 赵小华：《论唐代家训文化及其文学意义——以初盛唐士大夫为中心的考察》，《贵州社会科学》2010年第7期。
⑥ 陈延斌：《论传统家训文化对中国社会的影响》，《江海学刊》1998年第2期。

挥了重要作用。学界多以个案研究为基础，在综合个案研究的基础上分析传统家训的个体品德培育机制。首先分析了古代个体品德培育的价值目标与实现理路。"注重个体品德培育是中国古代道德教育的特点，先秦儒家为古代个体品德培育提供的价值目标是理想人格，而理想人格的基本内涵又是由仁、义、礼、智、孝悌等基本道德规范所规定的。理想人格这一价值目标的实现首先基于道德教育所达到的个体道德自觉，同时又离不开道德规范内化为个体的道德意识并外化为惯常道德行为的双向过程。"① 其次，在分析了古代个体品德培育的价值目标与实现理路的基础上，有学者以《颜氏家训》为分析文本，探讨了《颜氏家训》对古代个体品德培育的具体化机制。"《颜氏家训》是中国家训之祖，古代家庭道德教育之所以有效，就在于以其为代表的古代家训作为将一般道德规范和价值原则渡向个体品德的逻辑和实践中介，通过采取与人们的日常生活密切相关的生活化、生动化和形象化文化表达方式，成功地实现了对以儒家思想为指导的个体品德培育基本道德规范的具体化。"② 符得团、马建欣在《古代家训培育个体品德探微——以〈颜氏家训〉为例》一书中，以《颜氏家训》为切入点，研究了传统家训将古代主流价值观念贯彻到个体中去的基本方式方法。该书旨在"明确家训在古代个体道德品质培育中的作用，探究和解析家训采取什么样的文化载体、通过哪些途径、凭借何种手段、以什么样的活动方式展开，从而成功培育了古代个体品德等一些理论和实践问题"③。该书通过分析古代个体品德培育的基本道德规范，认为《颜氏家训》实现了对个体品德培育基本道德规范的生活化、生动化、形象化，并且注重长上日常训诫、家训制定昭示、家训门风熏陶、家法惩戒警示等方式和途径的运用，有效培育了古代个体品德。最后，分析了古代家训培育个体品德的方式和途径。"古代家训作为儒

---

① 陈晓龙、赵兴虎：《古代个体品德培育的价值目标及实现理路》，《甘肃社会科学》2011年第5期。
② 符得团：《〈颜氏家训〉对古代个体品德培育基本道德规范的具体化》，《甘肃社会科学》2011年第5期。
③ 符得团、马建欣：《古代家训培育个体品德探微——以〈颜氏家训〉为例》，中国社会科学出版社，第201页。

家文化走下圣坛而广被民间的中介和桥梁，是我国个体品德培育发展史上最具特色的教育范式，其作用的发挥表现在它不仅通过家长的耳提面命等日常训诫使道德伦理进入了寻常百姓人家，借助于制作和修订家训昭示子孙进退容止，而且经由累世传承积淀成持守家训门风的传统风尚。"①

三 传统家训已有研究成果的简要评析

古代文献学集中于对传统家训文献的汇编整理，表现为大型类书丛书中的家训、家法、族规的汇编辑览，以及专门的家训文献汇编整理，也有对《颜氏家训》等个案家训的资料考证、内容解读，但后者并未形成家训研究的主流。近代文献学经历了选译、全译《颜氏家训》等个案家训，汇编辑览整体家训，今注今译、考证诠释传统家训的研究历程。文献学对于传统家训的汇编整理、校注训释为教育学、社会学、伦理学、法学等学科的家训研究提供了丰富的材料基础。

教育学对传统家训的研究，有着明显的学科特色，即通过着重分析传统家训的教育目的、教育主体、教育客体、教育内容、教育方法、教育环境等内容，深入挖掘传统家训的德育、智育、美育等教育资源。这对于系统把握传统家训的思想资源有着重要的理论意义，对于当前家庭教育的改善有着重要的借鉴意义。当前教育学视野下传统家训的研究也存在着研究内容有待深化、研究视野有待拓展、研究方法有待与时俱进等问题。

中国家训史的研究为系统把握传统家训的发展脉络、基本特征、演变规律提供了直接的材料基础。中国古代家族史宗族史、中国古代政治思想史与制度史、中国古代经济思想史与制度史、中国古代社会阶层史等的研究是从多角度开展家训研究的文献材料。深入理解传统家训的发展演变，仅仅从家训史的角度研究是不够的，还需要结合中国古代家族发展、经济政治实践与理论、法律实践和法律制度、社会阶层状况等社会历史背景展开研究，探寻传统家训与多种因素的相互影响相互作用。

---

① 马建欣：《古代家训培育个体品德的方式和途径》，《甘肃社会科学》2011年第5期。

社会学视野下的传统家训的社会整合研究、民俗研究等已取得一定成果，但是在研究深度方面依然有待加强。从文化心理视角研究传统家训是把握家训思想的重要抓手，但是目前将中华民族文化心理与传统家训结合起来的研究非常薄弱。文学领域的传统家训研究相对社会学、心理学而言更为成熟一些，但是多集中于《颜氏家训》等个案研究，整体研究有待加强。

21世纪以来思想政治教育学逐渐将研究领域向传统家训拓展，并取得了一定的研究成果。思想政治教育学视野下传统家训研究，多集中于对其中蕴含的思想政治教育资源的挖掘整理，也着重探讨了传统家训的个体品德培育机制，与儒家思想的关系问题，以及对当前公民道德建设、社会主义核心价值观生活化、现代家风建设的时代启示等。尽管家训研究日趋繁荣，然而在中国古代思想政治教育史研究中，较少出现对传统家训的理论阐述，反映出中国古代思想政治教育史研究有待完善和加强，反映出将传统家训研究纳入中国古代思想政治教育史研究中的必要性。

第四节　研究内容、研究方法与创新之处

一　研究内容

我国古代注重运用意识形态教化等柔和的手段传播国家意识形态，以此增进民众对古代国家意识形态的认知认同和切实践行。传统家训作为古代社会主流意识内化为个人意识的中介，在获得国家理论、制度、法律、经济等方面的支持后，通过一定的方式方法、运行机制向广大民众宣传、灌输了社会主流意识形态。因此本课题要解决的核心问题是传统家训作为古代社会教化的重要载体，是通过何种途径、方式方法、运行机制开展意识形态教化，进而增进个体对古代社会主流意识形态的认同与践行的。具体研究内容主要分为以下四个部分。

第一部分为第一章，主要阐明传统家训在古代社会主流意识形态教化

中的地位和功能。通过层层论证(从古代社会结构特征和教育特征来看,我国古代是家本位的社会,家庭教育家族教育在古代教育体系中占据着重要位置,传统家训作为古代家庭教育家族教育的重要载体,从教化目标、教化主体、教化内容等方面可以看出其本质上是一种家庭家族德育,是古代社会教化的重要载体),指出传统家训是我国古代社会教化的重要文本载体和活动载体,具有治理家庭、教育子女、维系家族、维护统治的教化功能。

第二部分为第二章,主要探讨传统家训教化功能得以有效发挥的理论基础和国家支撑。传统家训教化功能的发挥具有形而上的理论支撑,儒家天人合一的天人观论证了家训教化的可能性问题,性待教而善的人性论论证了家训教化的策略方法,重义轻利的义利观阐明了家训教化的价值取向,仁爱和谐的人我观则规定了家训教化内容和方式的整体基调。传统家训教化功能的发挥还具有现实性的制度支持,聚族而居的家族制度为家训教化活动提供了有序的家庭环境和家族环境;重视家庭教育和家族教育、重视道德教化的古代家教制度,为家训教化活动提供了直接的制度保障;强调德才兼备的选官制度直接影响着传统家训的教化目标,也间接影响着其教化内容;以法律、习俗规定下来的父家长制确立了父家长教化家人族众的主体地位;各阶层家庭经济上的自给自足为家训教化活动的开展提供了有力的经济保障。传统家训教化功能的发挥还有着一定的法律保障,表现为古代法律维护了等级有序的亲属关系,强化了孝为核心的家族伦理,认可家法族规的合理性,从而为家训教化提供了有序的家庭环境和家族秩序。

第三部分为第三章、第四章、第五章,也是本书的主体部分,分别从内容阐释、方式方法、运行机制上深入研究了传统家训是如何实现古代主流意识形态的有效传播的。第三章指出在古代社会教化过程中,作为文本载体的传统家训通过对古代社会主流意识形态的全面性体现,具体表现为对古代国家指导思想、核心价值观、思想道德内容的全面性体现,实现了古代社会主流意识形态的通俗化、生活化、具体化。第四章指出作为活动载体的传统家训通过多样化的教化形式、生活化的教化方法、日常化的教化仪式,将家训教化内容切实贯彻到家人族众的视听言动和衣食住行等日常生活中,从而有效促进了古代社会主流意识形态的生活化传播。第五章则深入研究了传统家训的运行机制,指出传统家训逐渐形成了自上而下的倡导机制、自下而上的践行机制和施行教化的具体机制,这些机制保证了传统家训教化活动的持久运行。在规范化的运行机制的作用下,实现了对古代社会主流意识形态的传播。

第四部分为第六章,深入分析了传统家训在古代社会教化中的积极作用和消极影响,以及时代启示、现代转化问题。根据以上章节的分析,结合我国古代具体教化例证,可以得出传统家训有效促进了古代社会主流意识形态的民间化、促进了古代主流价值观的生活化、促进了古代道德教化的有序运行的结论。但是传统家训毕竟有着阶级和时代的局限,也有着消极的一面。在以上分析的基础上,本书认为传统家训能够为当前社会主义核心价值观的培育和践行、新时代公民道德建设等方面提供有效的资源借鉴;同时,应顺应时代发展潮流,遵循一定的原则路径、通过一定的方式方法实现传统家训的创造性转化和创新性发展。

二 研究方法

文献分析法。文献分析法是人文社会科学重要的分析方法。传统家训作为过去发生的实践活动和理论活动,主要以文献的形式记载下来。研究历史上存在的家训现象,不能不借助文献分析的方法。文献分析的前提是文献的搜集,一是通过翻阅今人汇编整理的传统家训资料,有选择地查阅历代正史、地方志、家谱、家训汇编辑录,通过"中国哲学书电子化计划""国学导航""中华经典古籍库"等电子数据库查阅相关家训文献,以此尽可能全面地整理出传统家训的文献范本。二是搜集与家族教化相关的中国古代政治史、中国古代哲学史、中国古代教育史、中国古代社会风俗史、中国家庭史、中国家族史等方面的资料,为综合分析传统家训与古代意识形态教化之间的关系做好知识储备。三是搜集与家训意识形态教化研究相关的现代文献。现代家训文献内容多而杂,既包括对传统家训的研究综述，又包括对传统家训的个案分析与整体分析；既包括伦理学、教育学、文献学等对传统家训的分学科研究，又包括跨学科的综合分析。搜集现代家训文献资料，有利于了解目前学界对传统家训的研究现状与研究进展、理论观点与研究方法，也为开展传统家训的意识形态教化模式研究提供了资料借鉴。

在完成文献查阅之后，就需要对搜集的家训文献及相关文献进行分析。首先是对搜集的文献进行分类。对于传统家训文献范本，主要依据社会职位、家庭身份、教化内容、效力范围等进行分类；对于与传统家训教化相关的中国古代政治、哲学、教育、风俗、家族等内容，则打破既定的类别归属，依据家训开展教化的具体运作重新归纳整理，分门别类；对于现代家训文献研究成果，既根据不同学科对传统家训的研究进行归纳，又通过对归纳的内容进行进一步的分析，进行二次分类，以实现对众多现代家训文献的系统把握。其次是坚持内容分析与内容综合相统一。研究传统家训与社会主流意识形态传播问题，不仅需要分类整理与系统分析家训文本，也要对中国古代政治、哲学、教育、家庭教育、家族发展、土地赋役、户籍等问题有一定了解，这样才能从宏观层面把握传统家训与古代社会教化之间的种种关联，也才能更为深刻地了解传统家训意识形态教化模式的方式方法和运行机制。因而坚持分析与综合的方法在本研究中就显得尤为必要。最后，坚持以辩证唯物主义和历史唯物主义为理论基础，以联系的、发展的、矛盾的观点对相关各类文献进行理论分析。

大数据分析法。文献分析法是本书的主要分析方法，运用大数据技术进行数据统计分析对本研究而言、对思想政治教育学科研究而言同样重要。目前，思想政治教育研究方法处于传统人文社会科学研究范式阶段，研究者们"主要采用哲学思辨法、经典文献法、经验总结、历史研究、比较研究、跨学科研究等研究方式进行研究"[①]。可以说思想政治教育研究"基本上是囿于

---

① 余双好：《思想政治教育科学研究现状、特点及发展趋势探析》，《思想理论教育导刊》2009年第10期。

借鉴其他学科的常用方法，主要表现为定性研究多定量研究少，经验问题研究多理性分析研究少，静态描述多动态分析少，宏观研究多微观研究少等"①。加强对研究内容的定量研究、理性分析、动态分析对于目前思想政治教育而言、对于本研究而言非常必要。理论来源于实践，又随着实践的发展而不断发展创新。研究方法同样应该随着实践的发展而有所进步与更新。当前"互联网+"、云计算、电子商务的广泛发展标志着大数据时代的来临。大数据将成为下一个观察人类自身社会行为的"显微镜"，这个新的"显微镜"将扩大人类科学的范围，推动人类知识的增长与研究范式的变革。思想政治教育学术共同体应站在时代前沿，抓住大数据带来的发展机遇，促进思想政治教育研究方法与理论内容的科学化发展。以大数据技术对本书相关内容进行数据统计分析，无疑会增加论述科学性和说服力。

大数据时代的海量信息为研究传统家训提供了资源支撑，大数据不仅将历史书籍数据化，而且对其进行语言转换，包括繁简转换、中外文的转换等，便于我们迅速获得更加全面的信息。大数据时代的先进技术为本研究提供了技术支持，运用大数据技术能够有效快速地对本研究中出现的各种概念、关键词进行搜索与频次分析、关联分析。② 大数据时代的思维方式促进了笔者对本课题的深入研究。大数据时代提倡整体分析、包容性分析与相关性分析的思维方式，这些恰恰契合本研究主题。传统家训与古代社会主流意识形态传播问题的研究，不仅需要平面的、因果性的分析，还需要整体性的、相关性的分析方式，这也是打通古代家族教化与社会主流意识形态传播通道的重要方式。因此在本研究中，笔者重视运用大数据技术，通过查阅电子期

---

① 刘建军、朱建婷：《思想政治教育学科建设与发展研究综述》，《思想理论教育导刊》2009年第2期。
② 如对古代"家"概念的研究，大数据技术将会快速搜索出历代文献典籍中的各种用法，全面而且出处明确；对各类用法进行分类归纳整理，将得出对中国古代"家"的基本认识。同时通过大数据技术也能对与"家"相关联的语词进行分析，如"户""室"等，"户"与我国古代的法律、土地占有等问题相关联，于是从古代户籍、法律、土地占有等方面研究古代的家，有助于从社会历史层面了解我国古代"家"的深刻内涵。

刊、电子报纸、电子图书、多媒体、各类数据库①等数据资源，搜索与本研究相关的资料文献，运用词频统计技术、语词关联技术等手段，尽可能把握与研究相关的更多的资料，以期实现对传统家训意识形态教化的动态的、整体的分析。

三 创新之处

研究视角的新颖。在研究视角方面，本课题属于中国古代思想政治教育史方向，从社会主流意识形态及其教化的高度和视角来研究我国传统家训的价值。与以往侧重于对传统家训的文献资料梳理、伦理道德资源挖掘、历史脉络梳理、修辞用法研究等相比，具有一定创新性。

研究内容的创新。一是提出并论证了"传统家训是古代社会教化的重要文本载体和活动载体"这一观点。在这之前有学者提出"传统家训是儒家思想的通俗化""是社会意识内化为个人意识的中介"，具体来说这种理解是把传统家训理解为一种家训文本，这种静态的家训文本是社会意识内化为个人意识的一种文本载体。而本书中不仅将传统家训理解为古代社会教化的文本载体，而且着重理解为一种活动载体，也就是说传统家训通过家训制定活动和家训教化活动发挥了治理家庭、教育子女、维系家族、维护统治的教化功能，有效实现了古代社会主流意识形态的传播。二是提出并较深入探讨了传统家训教化功能的理论基础和国家支撑。在这之前，学界对儒家思想的理论基础和古代国家的各项制度是有着丰富的研究的，但是没有学者将传统家训教化功能与儒家理论基础和古代国家制度问题联系起来，探讨儒家思想是如何在理论基础层面，古代相关制度是如何在国家层面，保障传统家训教化功能的实现的。笔者初步研究了它们之间的关系问题。比如，人我关系论是儒家思想的理论基础，儒家主张仁爱和谐的人我观，这就为传统家训伦理化的教化内容和柔性化的教化策略提供了理论支撑；在国家支撑方面，主要是指

---

① 在古籍数据库中，除"中华古籍数据库""国学导航"等，"中国哲学书电子化计划"作为一个线上开放的电子图书馆，不仅将古代重要典籍转换为电子数据，而且提供了词频搜索、文本检索功能，为研究者快速全面找到相关内容提供了极大的便利。

古代国家制度支撑，传统家训以培养孝子顺孙、节妇义夫为教化目标，同时考量德才的选官制度则强化了这种教化目标。三是提出并较深入论证了"传统家训全面体现了古代社会主流意识形态的内容"这一观点。以往的研究更多的停留在家训内容是家训内容、古代社会主流意识形态是古代社会主流意识形态层面，很少有学者将二者联系起来研究。这既是因为将二者联系起来需要对家训内容和古代社会主流意识形态有一个比较全面的了解，也是因为研究视角的不同。本书提出了传统家训全面体现了古代社会主流意识形态的指导思想、古代核心价值观、古代思想道德体系的内容。四是提出并较深入地分析了"传统家训的教化机制"这一问题。在以往的家训研究中，即使是在教育学视角下，也没有相关的资料探讨过传统家训的运行机制问题。本书从传统家训教化活动的教化主体和组织体系出发——对教化主体主要是从职业身份和血缘身份进行研究，对组织体系主要是从职业领域和家族领域进行研究，认为传统家训是通过自上而下的倡导机制、自下而上的践行机制以及具体的教化机制促进了主流思想的有效传播。

支撑资料的全面性。除了正史记载，本书注重从歌谣民谣、家谱、地方志、碑刻、墓志铭等材料，以及"中国哲学书电子化计划""国学导航"等电子书库中搜集家训资料，资料支撑方面具有全面性。

第一章 传统家训是古代社会教化的重要载体

传统家训是我国古代社会中家长、族长、师长在家庭、家族、家塾中对家人族众的德育训诫,是中国古代思想政治教育的重要组成部分。传统家训在将古代主流意识形态内化为个人意识、外化为个人行为,增进民众对社会主流思想的认同与践行的过程中发挥了重要的教化功能,是古代社会教化的重要文本载体和活动载体。

第一节 传统家训概述

不同学科视域、研究视角下家训的定义不同,对其特征的分析也有不同的角度。本节首先分析了"家"的一般性释义,继而从思想政治教育的角度界定了传统家训的概念,并着重分析了传统家训的基本类型与主要特征,以从立体的角度把握传统家训的丰富内涵。

一 传统家训的概念释义

"传统家训"由"传统""家""训"三部分组成,"传统"界定了时间范围,"家"确定了空间范围,"训"则规定了训诫主客体、内容和方式等具体问题,三者的共时态融合构成了家训的基本涵义。从思想政治教育的角度考察,"传统家训"是我国古代封建社会中家长、族长、师长在家庭、家族、家塾中以儒家思想为指导,以礼治为主、惩罚为辅,对家人、族人、子弟的训示教诫,旨在培养孝子贤孙、节妇义夫以保家、兴家,培养好百姓以维系社会稳定,本质上是一种家庭德育、家族德育。

(一)"家"的文字学释义与基本形态

从文字学角度考察,"家"从宀从豕,从豭得声,读音 jia,为形声会意字,基本字义为人之居、人之聚。从古文献学角度考察,中国古代的家有两层涵义,一是主要以血缘和姻缘关系为基础,以父母妻子为核心,人口在 5 人左右,同居共财共爨的个体家庭,二是涵盖上至高祖、中至三从兄弟、下至玄孙,以族长、族谱、祠堂、义田、义学、义冢为结构的系统化的家族组织。

1. 家的文字学释义

《甲骨文编》收录"家"的甲骨文字形 20 种[①],其上半部分由房屋之形构成,意为居住之地,下半部分的写法笔者暂分为象形派和抽象派。象形派似乎是从事物的侧面描述,主要由一身一耳两足一尾构成,但是身躯和耳较为庞大,足、尾较短。在古代能够处于"房屋"之下的动物主要为六畜之中的猪、马、牛、羊、狗五种,鸡为两足禽类率先排除。通过短尾、短足、庞大的身躯和耳朵可判断"家"的下半部分为豕。"家"下半部分的抽象写法也多为一身一耳两足。在"家"的甲骨文的诸多字形中有两点值得注意,一是关于"家"的下半部分,有的字形在其肚下多了一笔,是为豕的生殖器,表明为牡豕,是雄性的象征,与古代生殖器崇拜、祖先祭祀有关;二是有的字形为房屋与豕相连,可通过家牲房屋结构解释。人厕与猪圈相连、合用表明家庭形态的进步,表明个体家庭生活的稳定与常态化,家居生活稳定之后自然就追求生活的实用性,时至今日在我国部分农村地区人厕与猪圈相连、合用的房屋结构依然存在。《金文大字典》收录"家"的金文字形近 50 种,从诸多金文字形来看,在商周时期"家"的基本字形已经固定,为上下结构,由形象逼真的"宀"和"豕"构成,故从宀从豕。《金文大字典》明确指出"家"的本义是指"人们身体住所的房屋宫寝"[②]。

许慎注"家"为"居也,从宀,豭省声",为形声字。"宀"指"交覆

---

① 中国科学院考古研究所编辑《甲骨文编》,中华书局香港分局,1978,第 315 页。
② 戴家祥:《金文大字典》,学林出版社,1995,第 907 页。

深屋也",即居住的场所,由是家的基本字义为"居也",并从"豭"得声,是为形声字。也有学者认为该字为会意字。朱骏声认为许氏对"家"的定义基本准确,"未可轻义也。宀豕之义甚显,许不谓会意者,必有所受断,非肊说省声之字"①。对于"家"的字形、字义探讨,古代文字学家围绕许慎对"家"的注解,集中于两个方面,一是"家"是从"豭"得声还是声义兼得,二是家是否从宀,入宀部。在字音方面,"家"从"豭"得声,宋代的《集韵》、元代的《韵会》、明代的《正韵》均标为居牙切,在《康熙字典》中与宋明以来读音相同,注音加。在字形方面,"家"由"宀"和"豕"两部分构成,一说为形声字,另一说为会意字,笔者认为该字应为形声兼会意字。在古代文字学中,"豭""豕""亥""象"等皆为"豕"之意,不同学者对家的字形探讨始终围绕着"家"与"豕"的关系,基本认可"豕"作为古代六畜之一的地位,承认"豕"在古代农耕社会、家居生活中的重要性。在字义方面,许慎的概括极为简练,将其界定为"居也";段玉裁则将其具体化,强调是从"豕之居"演化为"人之居";戴侗则认为"家"为"人所合""三人聚门下"② 之义。无论是人之居的家,还是聚于门下的家,其基本释义始终离不开"豕"的存在,"豕"既是古人生存食物之必需,是生活稳定、家庭财富的象征,又是祭祀物品,有着更为深刻的精神意义。"家"在我国古代不仅是人居、人聚的场所,还有着更为丰富深刻的内涵。

2. 家的基本形态

家为同居、共财、共爨的个体家庭。 我国古代的个体之家主要是以姻缘和血缘关系为基础,以父子关系为轴心,同居、共财、共爨的社会组织形式。有夫有妇是家产生的先决条件,"有天地,然后有万物,有万物然后有男女,有男女然后有夫妇,有夫妇然后有父子"(《易经·序卦》)。"家"首先是夫妇居住之场所,《尔雅·释宫》曰"户牖之间谓之扆,其内谓之家",在门窗之间的屏风之内即为家,为夫妇居住之家。先秦时期"家"多

---

① (清)朱骏声:《说文通训定声》,中华书局,1984,第455页。
② (宋)戴侗:《六书故》,上海社会科学院出版社,2006,第611页。

与"室"通用,"宜尔室家、乐尔妻帑"(《诗经·小雅·常棣》)。但二者又有区别,由于古代父系传承的原因,"家"多指"夫家","室"多指妻子之家,"丈夫生而愿为之有室,女子生而愿为之有家"(《孟子·滕文公下》)。其次,"家"以父子关系为轴心。我国古代以私有制和男性继承为基础,因而其家庭形态并非真正意义上的一夫一妻制家庭,还带有男性的统治、对妇女而言婚姻的不可解除性等弊端,因而在家庭人际关系上夫妇关系让位于父子关系,"家"也多称"夫家",主张"夫为善于家"(《荀子·王制》)等。也正由于古代对于父子血统关系的强调,为保证血脉传承、财产继承、地位继承的纯正,收养行为并不被赞扬,即使收养也有严格的规定,收养关系并未构成古代"家"的基础。最后,古代之"家"为共同居住、财产共有、共同生活的组织形式。男性尊长为家长,拥有绝对的家长权,家庭的饮食起居、财产分配、教育娱乐等一切活动主要由男性家长决定,父子关系、夫妻关系、兄弟关系更多的是上下垂直关系。

一般来说,我国古代的家的规模与结构是稳定的。从家的规模来说,个体家庭的人口数在5人左右,《汉书·食货志上》记载,"今农夫五口之家,其服役者不下二人",说明汉代农户家庭人数为5名左右。据我国历代户口资料记载,"除少数朝代家庭户的平均规模出现过高和过低的记载外,多数朝代家庭户的平均规模都略高过5人"[1]。多数家庭主要指平民百姓家庭,这些家庭的人口数量占据了古代社会的绝大多数;少数家庭主要指社会上层家庭,如王室贵族家庭、官僚士大夫家庭以及富商家庭等,他们的家庭人口数一般超过5口;鳏寡孤独等家庭的人口数则一般在5口之下。在家庭结构上,普通家庭多以父母妻子为主,也有以父母妻子兄弟为主的大家庭。在重视孝道教化的古代社会,奉养父母是立身处世的根本,反映到家庭结构上则以"父母妻子,共相养恤"[2] 为特征,农夫需"上父母,下妻子"[3],士大

---

[1] 梁方仲编著《中国历代户口、田地、田赋统计》,中华书局,2008,第385页。
[2] 《文渊阁四库全书》第888册,台湾商务印书馆,1986,第281页。
[3] (宋)朱熹著,朱杰人等主编《朱子全书》第6册,上海古籍出版社、安徽教育出版社,2010,第312页。

夫阶层更是提倡"父母妻子与同居"①。以父母妻子兄弟为主的同居共财共爨的大家庭，多指父母在而兄弟同居；也有父母去世兄弟仍同居者，《后汉书·独行列传》记载，缪彤"少孤，兄弟四人，皆同财业"；还有与从兄弟同居者，《后汉书·蔡邕传》记载，蔡邕"与叔父从弟同居，三世不分财"。与兄弟、从兄弟及其妻子同居共财共爨的家庭形态在古代其实较少，尽管有政令提倡、孝道观念影响，但就实际生活需要与经济状况而言，也会出现"今士大夫以下，父母在而兄弟异计，十家而七矣。庶人父子殊产，亦八家而五矣"②的情形，父母妻子兄弟乃至从兄弟的家庭结构并未构成古代个体家庭的主流形态。人口数在5人左右，以父母妻子为核心的家庭结构构成了我国古代社会最普遍最广泛的社会组织形式。

家为血脉传承、层次分明的家族组织。古代社会重视血脉传承，"从时间上无限扩展父母与子女的关系"③，视已故祖先、在世父祖、后代子孙为一体，个体家庭逐渐聚集为上至祖先、中及自身、下至子孙的家族。族为凑聚之意，"谓恩爱相流凑也。生相亲爱，死相哀痛，有汇聚之道"④，族的聚集则以血缘关系为基础，以父系九族为范围，"亲亲，以三为五，以五为九，上杀、下杀、旁杀，而亲毕矣"（《礼记·丧服小记》）。个体家庭一般以父母妻子为主体，上至父亲，下至子女，若各往上、下推一代，则家庭人际关系就扩大为祖父、父、己、子、孙五代人，这就是"以三为五"；若在此基础上再扩大两代，家庭人际关系扩大为涵盖高祖、曾祖、祖父、父、己、子、孙、曾孙、玄孙九代人，这就是"以五为九"。因此家族一般来说是本宗上至高祖、中至三从兄弟、下至玄孙的群体，又称为本宗九族，若为亲属服丧，也是在此范围之内，"上极四代，旁亲四等，每服有降。自五代以往，则是九族之外，谓之同姓而已"⑤。本宗九族依据服丧轻重和丧期时

---

① （汉）班固撰《汉书》第1册，中华书局，2012，第76页。
② （梁）沈约撰《宋书》第4册，中华书局，1974，第2097页。
③ 洪元植、林海顺：《"家的发现"与儒学中"家"的特殊性》，《中国人民大学学报》2017年第3期。
④ 王云五主编《四部丛刊正编》第22册，台湾商务印书馆，1979，第63页。
⑤ 《文渊阁四库全书》第604册，台湾商务印书馆，1986，第237页。

间的不同又称为五服，以五服关系确认家族范围。民间个体家庭基本以五服为范围确认家族范围，官府法律也以五服为依据审理案件，"照得审理案件，凡有同姓亲属，则应查明服制，方可按拟罪名"①。五服之外的同姓亦称为族人，比普通人之间的关系要近一些。②

以血缘亲疏为依据，古代社会还逐渐形成了以族长、族谱、祠堂、义田、义学等为主的家族组织，形成了组织化、规范化、制度化的运行系统。儒家强调家在国家治理中的重要作用，"天下之本在国，国之本在家"（《孟子·离娄上》），认为家的稳定是国家长治久安的基础。不同阶层家的规模与形态有所区别，却有着相似的治理结构，均为系统化的家族组织。在以农业为主的古代社会，农民阶层占了人口总数的大多数，农民之家主要表现为个体小家庭，但并非分散无序，而是以血缘为纽带，以族长、族谱、祠堂、义田、义学、义冢为基本结构聚族而居的家族组织。因而在古代诸多村落，往往同姓家族聚居，有着较强的凝聚力和向心力。贵族官僚、文人士大夫阶层在人口数量上占据少数，但在社会上却有着重要的影响力，是治国平天下的主体，因而尤为注重齐家。其家族结构与平民家族结构类似，但更加完善、有序，表现为族长权利与义务更加明确，祠堂的祭祀、议事等功能更加完善，族规家范修订、刊刻更为规范，义田、义学运转更为普遍等。

（二）传统家训的基本释义

通过对我国古代"家"的探讨可以确定传统家训的空间范围，除此，还需对"训"作一番考察，解决传统家训的训诫对象、内容和训诫方式的问题，而后通过对"家训"的概念探讨界定"传统"的范围，由此确定"传统家训"的基本释义。

"训"意为"说教也，从言川声"，段玉裁注为"说教者、说释而教之，必顺其理，引申之凡顺皆曰训"，《徐曰》"训者，顺其意以训之也"，《正

---

① 《台湾文献史料丛刊》（第7辑·福建省例下），台湾大通书局，1987，第870页。
② 张东荪在《理性与民主》中也表达了这一观点，认为古代的家族实际上是由同姓同宗的个体小家庭组织而成，"中国的社会组织是一个大家庭而套着多层的无数小家庭。可以说是一个'家庭的层系'"。

第一章 传统家训是古代社会教化的重要载体

韵》"诲也",《字汇》"导也",《玉篇》"诫也"。"训"的基本意义为训导、教导、训诲、训诫,表示教导的活动,但训的主体、内容、方式不同。在训的主体方面,一般为上对下、尊对卑、长对幼的训导,如圣王对天下、皇帝对臣民、官僚对百姓、师长对子弟、父祖对子孙、兄对弟、夫对妻的训导,有"先王遗训""先圣遗训""师保之训""过庭之训""义方之训""祖考遗训"等说法。此外还有下对上、子对父的劝导,一般称为"谏诤","伊尹乃明言烈祖之成德,以训于王"(《尚书·伊训》),"太保乃作《旅獒》,用训于王"(《尚书·旅獒》)。在训的内容方面,涵盖生产技术、生活经验、文化知识、社会规范等各个方面,从国家治理和家族治理的角度而言又以社会主流规范为核心内容。古代社会主流规范的文本载体为儒家经典典籍,以"十三经"为核心,其中蕴含了先贤圣王的训格、训范、训辞。训诫的方式是不同的,有引导、训诫、训斥、责罚之分。要达到"训"的良好效果,首要在于尊重训诫对象的情感意志,遵循其内在的身心发展规律,引导其逐渐形成正确的思想和行为,在此基础上依据具体的情况采取不同的方式进行教导。由此笔者认为"训"意为训导主体依据训导对象的身心发展规律和一定社会的要求,通过训导、训诫、训斥等方式帮助对象掌握生存生活所需知识、引导对象形成正确的思想和行为。

通过对"家""训"二字的概念考察,可知"家"在我国古代是指以父母妻子为核心结构、人口在5人左右、同居共财共爨的个体家庭,以及由同姓同宗、五服之内的个体家庭以族谱、祠堂、义田、义学、义冢等机构组织起来的家族组织,"训"则规定了训导的主体客体、内容、方式。由此可以得出,在以伦理本位为基本特征的古代社会①,"家训"既指在个体家庭中父母对子女、祖辈对孙辈、长对幼、夫对妻的训导,又指在家族中族长对族人、父祖辈对子孙辈、长辈对幼辈的训诫;训诫内容涵盖生产生活的方方

---

① 我国古代社会以伦理本位为基本特征,这也得到了学术界的较为普遍的认同。梁漱溟在《中国文化要义》中认为中国人"就家庭关系推广发挥,以伦理组织社会",旗帜鲜明地提出"中国是伦理本位的社会"这一命题;韦政通在《伦理思想的突破》中也认为"在中国,社会与伦理是重叠的,为了显示传统社会的特殊性,往往称之为伦理社会"。

面面，既包括生产技术、生活经验，又包括文化知识、社会规范，但核心内容以伦理训诫为主；训诫方式刚柔并济、礼刑并用，以言语训导、礼义教化、家法惩罚为主，训诫目的在于教导子孙，维系和促进家庭、家族发展。

从历史发展的角度来看，"家训"是一种自觉的训诫活动，表现为家长自觉地、主动地开展训诫活动，并形成了系统化的针对个体家族的言行规范体系，这种规范体系或表现为口耳相传的训辞，或表现为家训文本。在人类进入文明社会之前，就产生了群婚制、对偶婚制等不同形态的家庭，也就有了对有血缘关系之人传授渔猎耕作经验、习俗禁忌等生活常识的需要。进入文明社会之后，随着私有制的产生和国家的发展、家庭形态的逐渐完善，向家人传授生存生活经验逐渐从自发状态走向自觉状态。尧舜时期就有尧造围棋教子丹朱的记载。西周时期我国逐渐形成了较为成熟的家训教化内容体系，以西周王室家训为主，其基本特征为父祖辈对子孙辈的治国经验、立身处世方式的训导，而训诫内容来源于尧舜等圣王的教诲，以德教为主。此时的家训已是一种自觉地、主动地向家人进行训诫的活动，但仍未达到成熟形态。随着古代大一统国家的建立，思想上大一统的实现，以及造纸术、印刷术的发展，家训内容不再单纯地以圣王之教、当时主流思想为主，而是出现了集祖上遗训、圣王之教、社会规范、个人生活经验于一体的个性化思想内容。承载这些治家教子内容的有文本、碑刻、楹联等载体，其中又以文本载体为主，如享誉至今的《颜氏家训》。《颜氏家训》作为我国历史上第一部系统化的仕宦家训，标志着家训已形成了系统化的价值规范体系和行为规范体系，标志着家训文本形态的成熟。因而，家训实际上是以系统化的言行规范体系为核心的自觉的训诫活动。

通过以上对"家训"的界定，可知作为自觉的训诫活动，家训从西周时期就已产生，如周公对子伯禽、其侄成王、其弟康叔的训诫，可以说"周公开传统家训之先河"①。在历史发展进程中，家训活动逐渐发展完善，明清时期实现了全社会的普遍化。家训活动作为我国独特的文化现象，存在于西周

---

① 徐少锦：《周公开传统家训之先河》，《学海》1999年第4期。

以来的各个历史时期。"传统"相对于"近现代"而言，近代以来我国家训也出现了新的特色，因而可将"传统"的时间范围界定为西周至清末。综上，传统家训是指存在于西周至清末各个社会历史时期，在个体家庭和相应的家族中父祖辈对子孙辈、夫辈对妻辈、长辈对幼辈、族长对族人的自觉的训导、训诫、训示、责罚，以系统化的具有家族特色的价值规范体系和行为规范体系为内容，以德育训诫为核心，旨在保家、兴家。

（三）意识形态教化视域下传统家训的概念界定

研究旨趣、研究视角的不同，决定了对同一概念的不同理解。不同研究视角下传统家训也有着不同的定义。文献学、历史学角度下，一般将家训理解为一种家庭教育文本，"传统家训是我国家庭教育所特有的一种文献形式"[1]。伦理学视角下多将家训视为指导家人思想、行为的言行准则，又以道德规范为核心，"家训（又称庭训、庭诰、家诫、家范等），是父家长垂诫训示子孙后代，用以规范家人行为、处理家庭事务的一种言行准则"[2]。教育学视角下则将家训视为一种家庭教育，核心是家庭道德教育，如陈瑛认为"家训主要指在伦理道德方面，父祖对子孙、家长对家人、族长对族人的直接训示、亲自教诲，也包括兄长对弟妹的劝勉，夫妻之间的嘱托"，"家训的中心是道德训诫，即家庭道德教育，它与学校道德教育、社会道德教育共同组成道德教育系统，并在其中处于基础与起始的地位，起着社会道德与个人道德双向互动的中介作用"[3]。文化学学者则认为应该从整体意义上理解传统家训，将其理解为传统家训文本和训诫活动的结合体。如郭长华认为家训"是一个有着多层意蕴的文化学范畴，既是指家庭教化实践的学理化成果，表现为理论著述、家规、祖训等，又是指长辈对少辈耳提面命般的具体教化实践"[4]；徐梓也持类似观点，认为宜从动态与静态相结合的角

---

[1] 佘双好：《我国古代家庭教育优良传统和方法探析》，《武汉大学学报》（社会科学版）2001年第1期。
[2] 曾凡贞：《中国传统家训起源探析》，《广西右江民族师专学报》1998年第4期。
[3] 陈瑛主编《中国伦理思想史》，湖南教育出版社，2002，第441页。
[4] 郭长华：《传统家训的文化功能论略》，《河南社会科学》2008年第4期。

度理解家训概念,"家范有两重含义,一是指近似成文法的文献,二是指训诫活动本身。作为训诫活动的家范,是文献形式的家范的基础,后者可以看做是前者的升华,是前者发展到一定阶段的产物"①。

思想政治教育作为阐释和传播社会主流意识形态的载体,本质上是一种意识形态教育,目的在于促进社会成员的社会化与政治化。社会主流意识形态反映了国家意志,对人的思想和行为有着深刻的影响,"离开了对个人意识的教化和同化,国家意识形态的其他功能实际上是无法实现的"②。从国家意识形态教化的视角来看,传统家训有着明确的价值导向和教化目的,具有鲜明的意识形态传播色彩。在此意义上而言,真正意义上的、有着明确的价值导向的家训产生于我国古代大一统思想确立后。汉代作为政治上大一统的国家,也实现了思想上的大一统,确立了"罢黜百家,独尊儒术"的国家方略,儒家思想也就成了贯穿整个封建社会的主流意识形态。"虽然早在距今三千年前的西周时期,就有周公教诫儿子伯禽注重德行修养、礼贤下士等有文字资料记载的家训,然而,作为真正意义上的居'家'之'训'的全面而系统的家训则是进入封建社会以后才出现的,而对中国社会生活发生影响的家训应该说是在汉代统治者'罢黜百家,独尊儒术',即儒家思想占统治地位以后,并且后世所有有影响的家训著作中无不贯穿着占'独尊'地位的儒家思想观念。"③

由此可以得出,思想政治教育视域下传统家训是指,在"大一统"思想确立的封建社会,兼具政治身份和家族身份的家训文本制定主体和家训活动教化主体积极在个体家庭、家族组织、家学族塾中对家人族众的训示教诫,本质上是一种家庭德育、家族德育。其训诫内容以古代社会主流意识形态的指导思想即儒家思想为主,涵盖了修身、治家、处世、报国多个层面的内容,核心内容以伦理道德训诫为主;训诫方式既包括面对面的同一时空的

---

① 徐梓:《家范志》,上海人民出版社,1998,第28页。
② 李朝祥:《嬗变与整合:公民政治意识和国家意识形态》,世界图书出版广东有限公司,2013,第50页。
③ 陈延斌:《论传统家训文化对中国社会的影响》,《江海学刊》1998年第2期。

口头训诫，也包括时空分隔的书面训诫，既包括意义物品等实物形式，也包括祠堂聚会等活动形式；训诫方法既注重日常训诫、家礼熏陶，也注重奖惩激励、家训文本的制定修订等；训诫仪式包括制约仪式、宣讲仪式、庆典仪式和祭祀仪式等。在此意义上而言，传统家训是古代社会主流意识内化为个人意识的中介，是古代社会教化的文本载体和活动载体。

二 传统家训的基本类型

传统家训类型多样，以下从家训主体的社会职业、家庭身份以及家训的效力范围三个方面探究传统家训的基本类型。

（一）按照社会职业划分

士农工商是我国古代主要的职业划分类型，集职业身份与政治身份于一体。士大夫阶层是管理者阶层[①]，农民百工商贾为平民阶层，刑徒奴婢、倡优胥吏等贱民阶层则依附于士大夫或者商贾阶层。士阶层涵盖王室、官僚群体和尚未进入官僚群体但具有功名身份的秀才举人等士人群体，他们作为古代主流意识形态的建构者、阐释者和传播者，是借助家训文本和家训教化活动传播主流意识形态的主要倡导者和积极践行者，形成了王室家训、官僚家训。平民阶层是社会中的大多数群体，在自发开展家训活动的基础上，受到士阶层家训的影响，其家训活动也渐趋系统化、规范化，体现出社会各阶层各安其职、各守其分的基本特征。

王室家训。王室家训的训诫主体为帝王、皇后、各诸侯王等，据此可划分为帝王家训、皇后家训、诸侯家训。帝王家训为帝王训诫皇子、皇后、妃

---

① 自战国后，我国逐渐由宗法分封制演变为君主专制制度下的官僚政治体制，士成为官僚的主要来源，社会地位优越，也就成为四民之首。在以儒家思想为主流意识形态指导思想的封建社会（儒家思想是封建地主阶级维护自己阶级利益的思想工具），各级官僚是认同儒家思想的，是儒家思想的阐释者、宣传者和践行者，在这一意义上可称之为儒者。《汉书·艺文志》记载"儒家者流，盖出于司徒之官"，司徒是指夏商周三代专门负责教化的官员，《尚书·舜典》记载帝王命令契担任司徒一职，传民五教，"帝曰：'契，百姓不亲，五品不逊。汝作司徒，敬敷五教，在宽'"。司徒的主要职责在于掌管教化，儒者即源出司徒，自古就有着重视教化的传统。也即坚持儒家思想指导地位的儒者，重视对社会的教化。

嫔、宗亲、外戚的教化活动，以对太子的训诫为中心。为培养太子具备担任未来国君的素质，古代帝王非常重视对太子的训诫，唐太宗对太子李治在日常生活中时时训示教诫，"遇物必有诲谕"①，并专门作《帝范》勉励太子以此作为参照，修正自己的言行。对其他诸子亲王的训诫也是帝王家训的重要内容，如康熙尤为重视教子活动，平常在宫中时时教诲皇子，有《庭训格言》传世。对皇后、妃嫔、宗亲、外戚的训诫也是帝王家训的重要内容，如宋太宗赵光义因皇后在自己坐的车上使用镶金边的黑色车帷，直言近日宫中用度不足，皆由皇后奢侈所致②；宋仁宗赵祯告诫贵妃"勿通臣僚馈赠"③。皇后在家训活动中也有一定的地位，所谓"妇主中馈"，明成祖之妻仁孝文皇后为训示"皇太子及诸王"，专门作《内训》，效果甚佳。④ 帝王之叔伯兄弟的家训活动也有着各自的特色，如作为文王之子、武王之弟的周公，就重视对儿子、弟侄的训诫，在其子去鲁国赴任时，告诫其子要谦虚谨慎，"无以国骄人"，劝导胞弟康叔吸取殷亡教训，要明德慎罚，不使百姓"湎于酒"（《尚书·酒诰》），劝谏其侄成王勤政无逸等。由此可以看出，王室家训重视日常生活中对皇室成员言行的训诫、约束，既有对立身修德的要求，又有治国理政经验的传授，体现了一般性与特殊性的统一。

官僚家训。在传统家训活动中，士大夫阶层是最为活跃的群体。该阶层作为齐家治国的重要群体，在维护和传播社会主流意识形态方面发挥着示范带动作用，成为传统家训活动的主要群体。士大夫"泛指官吏与乡绅，与庶民百姓相对而言"⑤，多为有文化知识的有位者，是阐释和传播社会主流意识形态、开展家训活动的主要群体。官僚家训具有以下基本特征。一是士大夫阶层内部有着尊卑等级的区别，形成了上行下效的家训模式，即在中上层士大夫阶层家训活动的影响下，下层士大夫阶层积极效仿，主动加强家族

---

① 《全唐文》第 1 册，山西教育出版社，2002，第 74 页。
② 《丛书集成初编》第 3868 册，中华书局，1985，第 1359 页。
③ （宋）邵伯温、邵博撰，王根林校点《邵氏闻见录：邵氏闻见后录》，上海古籍出版社，2012，第 15 页。
④ 《文渊阁四库全书》第 709 册，台湾商务印书馆，1986，第 722 页。
⑤ 龚延明：《中国历代职官别名大辞典》，上海辞书出版社，2006，第 32 页。

训诫。朱熹为具有影响力的士大夫阶层代表，尤为重视家训教化作用的发挥，专门撰写适用于大多数家族、具有普遍性的《朱子家礼》。当时士大夫阶层和后世诸多家族常以《朱子家礼》中规定的家族生活仪式为指导开展家训活动。二是士大夫阶层有着多重身份，家训内容也体现着多样性的要求，士大夫相对于君而言是臣，因而在家训内容方面强调忠君报国；相对于民而言是官，家训内容以志在圣贤、恪尽职守、清廉务实为主；相对于家人而言是家长，家训内容以德育训诫、礼义教化、家学传承、生活经验、职业经验为主，旨在维系家族秩序，保家、兴家。三是在训诫特色方面，士大夫家训既重视劝导教导，又注重惩罚约束，体现了身为社会管理层的忧患意识。

平民家训既是自发向子孙传授生活生产经验、训诫子孙做好人的结果，又受到帝王和士大夫群体治家教子、传播社会主流意识形态的深刻影响，是自发治家教子与接受社会教化的统一。平民家训有着不同于帝王、士大夫家训的特色。一是平民家训以农民阶层为主，在内容上提倡耕读传家，以勤于耕织、按时完粮纳税为本业。二是平民家训还包括商贾家训。在古代社会，商人并非社会的治理者，大部分商贩群体属于平民阶层，巨商富贾多通过子孙入仕跻身官僚群体而脱离平民阶层范围。商贾家训除了一般的家族训诫活动外，其特色在于职业道德的训诫，坚持利缘义取、诚信公平的经商观。三是平民阶层多生活在聚族而居的家族组织中，形成了以族长为核心的家族教化系统。古代教育水平的不发达决定了少数人是文化知识的掌握者和传播者，平民阶层主要为受众群体。族长既是一个家族的管理者，也多为受过教育的读书人阶层，有一定的文化知识，因而在接受社会教化的过程中能够顺利地、较快地掌握社会主流规范要求，并以自身在家族中的权威教化族人。

（二）按照家庭身份划分

在古代社会中国人的情感表现为一种制度性、伦理性的情感，而非单一性的自然情感。为了维系伦理性的情感，在古代家庭和家族中，同样贯彻着尊卑、长幼、性别的规范要求，体现在家训活动中，表现为以祖辈、父辈、夫辈、兄辈为训诫主体，此外母亲身为家中长辈，也作为训诫主体而存在。

父训。古代的家以父子关系为轴心,以父尊子卑为家庭基本秩序,而父与子的关系又以血缘关系为纽带,进一步拓展为父祖辈对子侄辈的训诫,包含祖对子孙、父对子、父对侄、父对甥的训诫。在个体家庭或家族中,父家长一般由家中老者长者担任,若家中有祖、父、己三代,则家长为祖父,若家中有曾祖、祖、父、己四代,则家长为曾祖,以此类推,以家中男性年长者为家长。父家长在家中拥有对子孙的教育权、婚配权,对家庭财物的处置权,对家中事务的处理权等,在家中有无上的权威。因而父祖对子孙、父对子、父对侄、父对甥的训诫既有天然的血缘情感维系,又有后天家长权威的威慑,相对于兄训、夫训、母训而言,是传统家训活动的主要部分。

母训。我国历来重视母教在传统家教中的重要地位。"家庭教育的问题,尤其是母教最为重要。有母教,才有家庭教育;家庭教育的败坏,影响了整个社会教育的败坏。"① 在关于传统母训的史料记载中,多为某某母家训,如《孟母家训》,也有加上母亲姓氏的,如《欧阳修母郑氏家训》《苏轼母程式家训》,较少以女性名字记载训诫活动,除《敬姜家训》《郭筠家训》以女性名字命名外,基本以上述两类记载为主。这反映出母训的训诫对象主要为其子女,训诫内容的理论化工作则由其子侄进行,通过系统总结撰述,传之后代。而孩子将其母的教化经验予以总结,表明母亲教导的成功,反映出母亲自身有一定的学识修养、品德素养。传统母训与其他家训活动并无大的区别,同样注重对子孙的道德训诫,教化子孙修身慎行、明道理做好人,但也体现了更加注重身教、借助父家长的权威开展教化的特色。

兄训。长幼关系是我国古代家中又一重要的人伦关系,以"长幼有序"为基本原则处理家中同辈人之间的关系。长幼关系首先是指一家之中亲兄弟姐妹之间的关系,其次指一族之中堂兄弟姐妹、二从、三从兄弟姐妹之间的关系,即五服之内长幼关系。长幼之间有着明确的相处模式,即兄长处于尊的位置,在家训活动中兄长有着对弟弟妹妹训诫的权利与义务,由于古代男

---

① 南怀瑾讲述《孟子与滕文公、告子》,东方出版社,2016,第162页。

尊女卑且女性较早出嫁，姐姐在家训活动中的记载较少。当一家之中父亲亡殁后，兄长便成为父家长，正所谓"长兄如父"，劝诫约束诸弟思想和言行的家训活动成为传统家训的重要组成部分。

夫训。在男尊女卑的古代社会，夫妇关系有着一定的差别，体现为"夫为妻纲"的基本要求，在家训活动中丈夫是训诫主体，妻子则处于客体的位置，以夫对妻的训诫为基本模式。同时夫妻关系并未形成家庭关系的主轴，男女结为夫妻的重要意义在于"合二姓之好，上以事宗庙，而下以继后世也"（《礼记·昏义》），因而夫妻关系在家庭人际关系中并未占据核心位置，而是从属于父子、兄弟关系，反映到家训活动中，夫训处于次要位置。

（三）按照适用范围划分

我国古代的家既指个体家庭，又包括由同姓同宗、五服之内的个体小家庭组成的家族，还拓展为教化家人子弟文化知识的家塾。因而根据适用范围，传统家训又可划分为庭训、族训和塾训。

庭训。庭训指在同居共财共爨的个体家庭中父母对子女的训诫，葛洪在《抱朴子·自叙》中说自己"年十有三，而慈父见背。夙失庭训"；有时也拓展为祖对孙的教导，《太平御览·文部十七·著书上》记载孙盛"年老还家，性方严，有轨宪，虽子孙班白而庭训愈峻"。庭训的训诫内容涉及生活生产、立身处世的方方面面。康熙尤为重视日常家庭生活中对诸皇子的教导训诫，其子雍正对康熙家训活动的记载即为《庭训格言》。从《庭训格言》的内容可以分析，其主要为劝诫教导诸子修身立德、勉学成人、志在圣贤、为政以德等，核心仍以德教为主。在训诫方式上，既有孙盛"大怒"教子孙、严以治家的方式，又有康熙等劝导约束的方法。

族训。我国自西周至明清以来形成了宗法家族、世家大族、官僚家族和平民家族等不同的家族形态。各家族由同姓同宗、一般为五服之内的个体小家庭组成，各家族组织有序。随着历史发展，古代各形态的家族凝聚力日渐增强。族训教化则是增强家族凝聚力的重要方式，族训活动是一族之中的训诫活动，一般以族长为主体，族长有时又称宗长、家长，一些大的家族还设有房长①。为实现训诫活动的针对性，在族长的管理下由房长负责各房的族人教化，由是族训可理解为在一族之中族长训诫族人的活动，在一些大的家族中则形成了族长训族人、房长训房人、家长训家人的教化体系，以族长为教化核心。族训活动一般定期在祠堂中展开，以族长或族内贤达人士依据祖训、主流意识形态以及家族实际情况制定的族规族训为标准，奖善惩恶，"当于善良则同为扶植而使知劝勉，奸恶则同为屈抑而使知惩戒"②。相对于庭训而言，族训在方式上侧重惩罚约束，教化范围拓展到宗族中。

塾训。《礼记·学记》记载"古之教者，家有塾，党有庠，术有序，国有学"，在这里"塾"的意思是"门侧之堂"（《尔雅·释宫》），即将家中门侧之堂设置为教学的地方，《通典·礼十三·大学》注为"古者仕焉而已者，归教于闾里，朝夕坐于门侧之堂，谓之塾"，后来家塾逐渐演变为在一族之中聘请老师教化族中儿童的场所。在家族设立的家塾中，师长教化族中子弟的训诫活动称为塾训。塾训是古代私学的一种，属于家族私学，侧重于儒家经典教育，内容易懂，旨在传授做好人的道理，"教以正容体，齐颜色，顺辞令。务在朴厚醇谨，事事循规蹈矩。必先孝弟，内事父母，外事师长，侍立终日，不命之坐，不敢坐。平居虽甚热，在父母长者之侧，不得去巾袜缚绔，衣服惟谨。行步出入，毋得入茶酒店肆。市井里巷之语，郑卫之音，毋经于耳；不正之书，非礼之色，毋经于目"③。从传统家训教化整体

---

① 陈其南为厘清古代家族结构，提出了"房"的概念，指出子对父的关系为"房"，根据诸子均分的原则原先的家庭分裂为不同兄弟为主体的房，是父属家族的次级单位，不同的房又随时间的发展而分裂为新的房支。房分的原则与实际生活中分家的意义不同，房分代表的是宗祧的观念，"分房的基本道理在于同属一父之诸子彼此之间必须分立，而在系谱意义上各自独立成一系"（陈其南：《房与中国传统家族制度》，《汉学研究》1985 年第 1 期），该观点为多数学者所认同，借助"房"的概念有助于理解古代家族结构。不同层次的个体家庭从属于各自归属的房，子辈的房则附属于父辈，个体家庭成为家族的初级单位，房是家族的次级单位，个体家庭与房共同构成了家族。由此以血缘亲疏、辈分高低为标准，以五服关系为范围，我国形成了以个体家庭 - 房 - 家族为脉络，家有家长、房有房长、族有族长的结构形态。
② 上海图书馆编，周秋芳、王宏整理《中国家谱资料选编·家规族约卷》上册，上海古籍出版社，2013，第 285 页。
③ 《文渊阁四库全书》第 142 册，台湾商务印书馆，1986，第 594～595 页。

而言，塾训可以看作对庭训、族训的补充，重点是阐明儒家伦理思想，增强子弟的理论认知，促进子弟在日常生活中的道德践行。

三 传统家训的主要特征

传统家训在历史发展中渐趋成熟和完善，成为古代社会教化的有效载体，具有鲜明的教化特色。

（一）家训主体层次化

传统家训是一个复杂的概念。作为一种文本形态，有必要分析写作、修订家训文本的人群特征，也就是需要分析家训文本写作、修订的主体，本书称之为"家训制定主体"。传统家训也是一项治家教子的实践活动，有必要分析开展、实施家训活动的人群，本书称之为"家训教化主体"。对二者加以区分是有必要的。一是有助于准确理解家训一词使用的不同语境，当论述主语为"家训制定主体"时，表明家训呈现一种文本形态，当论述主语是"家训教化主体"时，表明家训呈现一种活动形态。二是有助于从动态和静态相结合的角度全面把握传统家训的主要特征。通过分析家训制定主体的特征，可以看出他们主要为具有文化知识优势能够写作修订家训、具有经济实力能够保存家训文本、具有政治职责需要传播主流意识形态的社会管理者阶层，具体化为帝王、官僚士大夫、乡绅等职业群体；通过分析家训教化主体的特征，可以看出他们首先包括社会管理者阶层，他们依据自我制定或祖上遗传或其他家族优秀的家训文本开展家训活动，同时还包括广大平民百姓，百姓主要依据社会上流行的家训文本开展治家教子的活动，具体化为家长、族长、师长等血缘群体。

从治国理政角度而言，传统家训以帝王、官僚、乡绅为主要制定主体。通过分析传统家训文本的作者，可以看出家训文本的写作和修订主体以帝王、官僚士大夫、乡绅为主。首先，这一阶层具有文化知识优势，能够写作、修订家训文本；其次，这一阶层多具有经济优势，能够解决自身和本家族的生存发展问题，有时间写作、修订家训文本，也能够以其经济实力保存历代本家族家训文本；但这还不足以支撑历代社会管理者普遍写作家训文本，这一阶层基本上属于社会管理者阶层，具有传播社会主流意识形态的职业要求，他们作为古代社会主流意识形态的代表，自然成为家训文本制定的主体。这也反映出我国自古以来治国理政的一个重要策略，即采取自上而下的倡导方式，引领社会习俗。

从家族内部教化而言，传统家训以家长、族长、师长为教化主体。与学校教育、社会教育相比，家族教化在我国古代意识形态教化系统中有着非常重要的位置，"所谓治国必先齐其家者，其家不可教而能教人者，无之。故君子不出家而成教于国"（《礼记·大学》），由此上至帝王将相下至平民百姓皆重视家族教化。传统家训的教化主体融入社会等级性因素，是涵盖了各职业阶层的教化活动，从内部教化主体而言主要以血缘亲疏为依据，划分为家长、族长和师长。首先，在个体小家庭、房支众多的家族中，各房房长、各家家长被赋予了管理、教化的权利与义务，"凡为父母当教训子孙"[①]。其次，在家族组织中，族长"总治一家大小之务"[②]，在家训教化方面承担起教化族众的职责，表现为组织族谱、族规制定，定期"检点一应大小之务"[③]，训诫族人遵守族规国法，俨然一族之君。最后，师长是在家塾义学中直接传播主流规范的教化主体。在传统家训活动中，童蒙教育也是其重要组成部分。不少家长和族长认识到"延师训子，此蒙养之要务"[④]的重要性，故多在家设立家塾、聘请师长教子识字、学习文化知识。而且家族中随着历史发展也会逐渐出现贫富分化的情形，对于有志于学却无力读书的同族子孙，不少族人设立义塾义馆，使同族子孙皆可接受教育。

（二）家训内容伦理化

传统家训既是一种自发的教化活动，又受到一定社会环境的影响，具有自觉性的特征。作为一种自觉的教化活动，传统家训的教化内容是对一定社

---

① 上海图书馆编，周秋芳、王宏整理《中国家谱资料选编·家规族约卷》上册，上海古籍出版社，2013，第398页。
② 《续修四库全书》第935册，上海古籍出版社，2002，第272页。
③ 《续修四库全书》第935册，上海古籍出版社，2002，第273页。
④ 上海图书馆编，周秋芳、王宏整理《中国家谱资料选编·家规族约卷》上册，上海古籍出版社，2013，第48页。

会主流意识形态的反映。自汉武帝实施"罢黜百家，独尊儒术"政策以来，儒家思想从"显学"上升为国家意志，成为我国封建社会的主流意识形态，"统治阶级的思想在每一时代都是占统治地位的思想"①。儒家思想主张以德治国，以德治家，以德修身，兼以刑罚为辅助。儒家思想主张的"德"主要表现为以"仁爱"思想为原则协调身与心、自我与他人、个人与社会、人与自然的关系，具体表现为认同"父子有亲、君臣有义、夫妇有别、长幼有序、朋友有信"，并将"仁爱"思想推己及物，与自然和谐相处。在国家政权的支持下儒家思想逐渐实现制度化、生活化，渗透到国家治理、社会运行、家族管理中。传统家训同样受到儒家思想的影响，"谱之载家规非具文也，自古圣经贤传及汉唐以来诸大儒之嘉言懿行，展卷皆可以得为人之道，兹特撮其大纲明白易晓者立为规条，俾后嗣子孙知所法戒"②，在教化内容上，具有明显的伦理化特色。

传统家训治家教子的基本原则为以礼法齐家，即以儒家伦理规范辅以家规惩戒对家人族众进行教化。正人需先正己，家长具备高尚的德行是治家教子的基础，"凡为家长，必谨守礼法，以御群子弟及家众"③。因而传统家训首要教化内容为修身立德，而修身立德的第一对象为家长，在家长的身教示范下劝诫教导家人族众勉学成人、志在圣贤、修养身心。在复杂的家族人际关系处理上，主张父慈子孝、兄友弟恭、夫义妇顺、族人互助，又着重强调子媳对父母公婆等长辈的孝顺尊敬，弟对兄的恭敬，妻对夫的顺从，族人对族长的尊敬。在亲亲尊尊的原则下维系家族秩序，营造和谐氛围。当出现纠纷时，传统家训主张息事宁人，"可让则让，可解则解"④，戒争讼，旨在维护和谐的家族秩序。在家族经济管理上，主张勤劳节俭。在为人处世上，主张诚信待人、与人为善。在物我关系上，主张以

---

① 《马克思恩格斯选集》第1卷，人民出版社，2012，第178页。
② 上海图书馆编，周秋芳、王宏整理《中国家谱资料选编·家规族约卷》上册，上海古籍出版社，2013，第188页。
③ 《续修四库全书》第951册，上海古籍出版社，2002，第114页。
④ 上海图书馆编，周秋芳、王宏整理《中国家谱资料选编·家规族约卷》上册，上海古籍出版社，2013，第109页。

仁爱之心对待自然，强调爱护环境、珍惜资源、爱惜物命。以德育训诫为核心，是传统家训的重要特征。

（三）家训方式生活化

我国古代的家与国有着类似的治理方式，但也有着各自的特色。古代治国方式大体包括仁义、礼制、法令、刑罚四种，又"仁义礼制者，治之本也，法令刑罚者，治之末也"①，强调"道之以德，齐之以礼"（《论语·为政》），重视礼义教化，"先之以仁义，示之以敬让，使民迁善，日用而不知也"②，主张先仁后法，先教后刑。在礼义教化中，古代尤为重视与人们的日常生活的联系，"孝弟忠信，人伦日用间事，播为乐章，使人歌之，仿周礼读法，遍示乡村里落，亦可代今粉壁所书条禁"③，强调将人伦应用到日常生活间。在传统家训活动中，同样坚持以礼法齐家，并充分运用了家人族众之间血缘亲情、朝夕相处的优势，注重采用生活化的教化方式，以"委曲默为转移之法"达到"渐渍化导"之效④。

传统家训生活化的教化方式主要表现在以下几个方面。一是在日常生活中就发生的事情时时训诫教诲，往往以小见大、深入浅出。如李世民在吃饭时教诫李治"凡稼穑艰难，皆出人力，不夺其时，常有此饭"；在李治乘船时，教育李治"舟所以比人君，水所以比黎庶，水能载舟，亦能覆舟"⑤。二是注重运用生活化的教化形式。如定期唱诵家规族范、通过展示父祖的意义物品训诫子孙、以家训诗歌词曲教化子孙等。三是以生活仪式进行教化。传统家训将人伦规范应用到日常生活中的典型方式在于生活化的教化仪式。日常礼仪以及人生重要的出生礼、成人礼、婚礼、丧礼、祭礼等仪式逐渐平民化，自朱熹《朱子家礼》问世以来尤为普遍，并且成为士庶家礼仪式的通则，"洪武元年令凡民间嫁娶，并依朱文公《家礼》行"⑥。家用日常之

---

① 《续修四库全书》第1187册，上海古籍出版社，2002，第664页。
② 《续修四库全书》第1187册，上海古籍出版社，2002，第664页。
③ 《文渊阁四库全书》第702册，台湾商务印书馆，1986，第261页。
④ 《续修四库全书》第951册，上海古籍出版社，2002，第181页。
⑤ （唐）吴兢撰，杨宝玉编《贞观政要》，北京燕山出版社，1995，第140页。
⑥ 《续修四库全书》第790册，上海古籍出版社，2002，第322页。

礼,"不可一日而不修",冠婚丧祭礼、乡饮酒礼以及相见礼等亦有明确的规定,在家人族众的日常应用中达到了"谨名分、崇敬爱"① 之效。

(四)家训目标德育化

传统家训的直接目标在于培养贤且智的子孙,贤子孙主动践行家族规范有利于维护家族秩序,智子孙则自强不息积极实现自我价值从而光耀门楣,促进家族发展。子孙居家处世,首要在于积德行善,做个贤子孙,个体要不断修养身心,涵养仁、义、礼、智四善端,具备孝悌忠信、礼义廉耻等品德,"就日用常行之中,所见所闻之事,日积月累,成就一个好人"②。涵养内在的善性,培养适应家族发展需要与社会主流规范的美德,既有利于个体的立身处世,又有利于"整齐门内"③,因而成为传统家训的首要育人目标。在强调德育教化的同时,加强子弟的知识学习,促进子孙的智力发展,是传统家训的又一目标。"蒙以养正,圣功也"(《易经》),端蒙养、重家训是我国自古以来的优良传统,在王室贵族、官僚士绅、富商巨贾家中,往往设有家塾,延师以教子;在平民百姓家中,则往往设有义塾,"塾师修仪供给祠中公备,各生供给自备",如有"资质异颖、出类超群者,力不能自备供给,量与膏火之资"④。

传统家训的间接目标在于培养德才兼备的国家人才,德行敦厚则易认同并主动践行道德、法律等社会规范,从而有利于稳定社会秩序;有才能则积极创造价值从而促进社会国家发展。端正人心、淳化风俗⑤是古代社会意识形态教化的根本目标,传统家训希冀"于国家所以崇化导民"⑥,在培养贤子孙的同时也为国家培养好百姓打下了思想基础。传统家训强调"人之存

---

① 《文渊阁四库全书》第142册,台湾商务印书馆,1986,第530页。
② 《续修四库全书》第951册,上海古籍出版社,2002,第168页。
③ 王利器撰《颜氏家训集解》,中华书局,2014,第1页。
④ 上海图书馆编,周秋芳、王宏整理《中国家谱资料选编·家规族约卷》上册,上海古籍出版社,2013,第54页。
⑤ 朱熹认为风俗"使人皆知善之可慕而必为,皆知不善之可羞而必去也",参见(宋)朱熹著,朱杰人等主编《朱子全书》第20册,上海古籍出版社、安徽教育出版社,2010,第625页。
⑥ 《文渊阁四库全书》第142册,台湾商务印书馆,1986,第530页。

心忠厚者，必立言忠厚。立言忠厚者，必作事忠厚"①，主张心、言、行的一致。在心、言、行方面的具体要求则细化为在家孝顺父母，在外恭顺尊长；在家尊敬兄长，在外尊敬长上；在家和睦宗族邻里，在外与人为善等。正所谓"孝者，所以事君也；弟者，所以事长也；慈者，所以使众也"（《礼记·大学》）。在培养好百姓的同时，传统家训也注重提升子孙的能力智力水平，通过父兄教诲、延师教子等方式，传授子孙读书方法、科学知识、文学艺术、从业技能，解答子孙面临的知识困惑、人生难题等。在德与才的关系上，传统家训与古代社会立德树人、德育为先的教育宗旨相一致，同样强调立德为先，重在培养贤子孙、好百姓。

第二节 传统家训与古代社会主流意识形态的关系

传统家训作为古代思想政治教育的重要组成部分，在传播社会主流意识形态方面发挥了重要的作用，古代社会主流意识形态则规定了传统家训的教化理念。

一 古代社会主流意识形态的概念

一般意义上来讲社会主流思想反映和代表了社会上大多数人的思想观念和价值取向，是社会性和政治性的统一。我国古代社会主流意识形态涵盖了奴隶社会和封建社会的时间范围，奴隶社会时期社会主流意识形态尚未系统化、理论化、体系化，自西汉"罢黜百家，独尊儒术"以来，封建社会时期形成了理论化、体系化、系统化的成熟的社会主流意识形态。

（一）社会主流意识形态概念

从描述性的角度来看，意识形态是一个中性的概念，是反映并维护一定

---

① 上海图书馆编，周秋芳、王宏整理《中国家谱资料选编·家规族约卷》上册，上海古籍出版社，2013，第277页。

阶级利益，由思想理论、价值观念、宣传策略等因素构成，具有引导、服务、凝聚等功能的思想理论体系。社会主流意识形态作为一种意识形态，从其起源和功能的角度来看，是一定社会的主流思想意识，具有阶级性和社会性、理论性和实践性、时代性和历史性的基本特征。

从起源的角度来看，社会主流意识形态是随着阶级和国家的产生而产生，反映并维护统治阶级利益的思想理论体系。在人类社会初期，随着生产力的发展，剩余产品、社会分工相继出现，在社会分工中占有优势的一部分人分配到更多的剩余产品，分配的不平等促进了私有制的产生，"分工和私有制是相等的表达方式，对同一件事情，一个是就活动而言，另一个是就活动的产品而言"①。伴随着私有制的产生，社会逐渐分裂为两大对立的阶级，即统治阶级和被统治阶级，两大阶级利益上的矛盾冲突和解决，形成了国家。"国家是社会在一定发展阶段上的产物；国家是承认：这个社会陷入了不可解决的自我矛盾，分裂为不可调和的对立面而又无力摆脱这些对立面。而为了使这些对立面，这些经济利益互相冲突的阶级，不致在无谓的斗争中把自己和社会消灭，就需要有一种表面上凌驾于社会之上的力量，这种力量应当缓和冲突，把冲突保持在'秩序'的范围以内；这种从社会中产生但又自居于社会之上并且日益同社会相异化的力量，就是国家。"② 国家作为阶级矛盾不可调和的产物，反映和维护的是经济上占统治地位的阶级的利益。为了维护阶级利益和实现有效的阶级统治，统治阶级不仅建立了各类国家机器，也重视在思想上为阶级统治做辩护。于是论证阶级统治的合理性和价值性，论证服从阶级统治的必然性的思想理论、价值观念以及宣传策略等的理论体系随之产生，反映并维护统治阶级利益的主流意识形态也就产生了。

从功能的角度来看，社会主流意识形态是统治阶级为维护政治秩序和社会稳定建立的具有辩护、解释和引导功能的思想理论体系。"以观念形式表

---

① 《马克思恩格斯选集》第 1 卷，人民出版社，2012，第 163 页。
② 《马克思恩格斯选集》第 4 卷，人民出版社，2012，第 186~187 页。

现在法律、道德等等中的统治阶级的存在条件（受以前的生产发展所限制的条件），统治阶级的思想家或多或少有意识地从理论上把它们变成某种独立自在的东西，在统治阶级的个人的意识中把它们设想为使命等等；统治阶级为了反对被压迫阶级的个人，把它们提出来作为生活准则，一则是作为对自己统治的粉饰或意识，一则是作为这种统治的道德手段。"① 社会主流意识形态的产生在于维护政治秩序和阶级利益、促进国家社会的发展，因而产生了理论阐释与思想引领的功能。在理论阐释方面，意识形态理论家们将维护和适用于本阶级利益的思想理论体系上升为适用于全体社会成员的思想观念，"赋予自己的思想以普遍性的形式，把它们描绘成唯一合乎理性的、有普遍意义的思想"②，重在阐释统治阶级使用政治权力的合法性；在理论传播方面，充分发挥家庭、社会、学校教化机构的作用，将社会主流意识形态有序传播到社会大众中去，积极促进社会主流意识形态的大众化，增进大众对社会主流思想的认同与践行。

（二）我国古代社会主流意识形态的一般释义

考察我国古代社会主流意识形态，首先需要解决的问题在于我国古代是否存在国家。从唯物史观的角度考察，随着生产力的发展和私有制的产生，国家产生。夏代是我国从原始社会进入文明社会的第一个国家，自夏开始产生了具有国家政权、政治机构、政治体制等的国家实体。③ 那么自夏开始，我国也就产生了维护国家秩序的社会主流意识形态。

不同生产方式下，社会主流意识形态的内容有所不同，"物质生活的生

---

① 《马克思恩格斯全集》第 3 卷，人民出版社，1960，第 492 页。
② 《马克思恩格斯选集》第 1 卷，人民出版社，2012，第 180 页。
③ 范文澜在《中国通史》中认为，"由于夏朝实行地位世袭制度，自禹至桀十七帝（十四世）世系分明，制度益趋巩固，形成了一个高出众小邦之上的原始政治机构，也就成为中国历史上第一个朝代"。由于古今话语体系的不同，现代语境下的"国家"与古代语境下的"国家"并不相同，与古代对应的国家概念应为"王朝"。也就是说，夏朝是我国进入文明社会之后的第一个国家，而不能说夏朝是我国进入奴隶社会后的第一个国家。还应注意，近代国家的基本特征为树立民族自主之政权；承认列国并存，彼此交互之关系；尊法律、重制度，而不偏赖人伦道德以为治；扩充人民参政权利。从这一角度来说，我国古代并不存在现代意义上的国家。

产方式制约着整个社会生活、政治生活和精神生活的过程"①。就我国而言，夏代是我国从原始社会进入阶级社会的第一个时期，为奴隶制社会；春秋战国时期随着生产力的进一步发展，井田制瓦解，地主制生产关系随之产生，我国由此进入封建时期；近代以来，地主制经济瓦解，新民主主义经济和社会主义公有制经济关系产生，我国进入近现代时期。夏商时期，"文物制度尚在草创之中，学术思想殆亦方见萌芽"②，况且文献亦不足。因而中国古代系统化的政治思想理论"至早只能以周代为起点"③，确切而言为东周时期，该时期处于奴隶制与封建制的过渡时期，诸子百家思想繁荣。至公元前221年，秦始皇废分封、立郡县、车同轨、书同文，地主制经济正式确立，中国进入封建社会时期。政治上的大一统带来思想上的大一统，"别黑白而定一尊"④，秦崇尚法家思想，"以吏为师"，却不过十数年而亡。汉武帝采纳董仲舒建议"罢黜百家，独尊儒术"，儒家思想自此从"显学"走向"独尊"，成为中国古代封建时期的社会主流意识形态。

从广义上而言，我国古代社会主流意识形态是涵盖奴隶制时期和封建制时期的社会主流思想内容的。然而夏商西周时期处于我国古代社会早期，文物制度、学术思想、政治思想尚未完善，且文献较少，社会主流意识形态体系缺乏系统性。经过春秋战国百家争鸣，"大一统"⑤概念产生。随着经济、政治条件的成熟，实现思想上的大一统也逐渐走上历史日程。汉初董仲舒适时提出要以儒家思想为指导，实现国家思想领域的统一，以巩固和维护政治秩序、社会稳定、国家发展。自汉至清末，儒家思想成为我国封建时期社会主流意识形态。

从狭义上而言，我国古代社会主流意识形态着重指封建时期的意识形

---

① 《马克思恩格斯选集》第2卷，人民出版社，2012，第2页。
② 萧公权：《中国政治思想史》，中国人民大学出版社，2014，第1页。
③ 萧公权：《中国政治思想史》，中国人民大学出版社，2014，第1页。
④ （汉）司马迁撰《史记》，中华书局，2011，第217页。
⑤ "大一统"概念首次出现于《春秋公羊传·隐公元年》："元年春，王正月。元年者何？君之始年也。春者何？岁之始也。王者孰谓？谓文王也。曷为先言王而后言正月？王正月也。何言乎王正月？大一统也。"

态，秦在两千多年的封建社会中时限太短，其推崇的"以吏为师"的思想主张对后世影响较小，而儒家思想自汉初被确立为社会主流意识形态，尽管受到佛、道思想的冲击，却始终能够居于社会主流意识形态的地位。因此我国古代社会主流意识形态可大致理解为以儒家思想为指导的思想理论体系。

本书是在狭义上理解古代社会主流意识形态的，将其定义为自汉至清末在社会发展中居于主导地位的思想理论体系，即以儒家思想为指导思想的古代思想理论体系。

（三）我国古代社会主流意识形态的基本内容

夏商周时期我国产生了特定环境下的社会主流意识形态，被称为先秦时期社会主流意识形态。随后，在长达两千多年的封建社会中，我国逐渐形成了以儒家思想为指导的社会主流意识形态。

先秦时期可分为上古时期、夏商西周时期和春秋战国时期等阶段。夏商西周的社会主流意识形态具有不同的内容。夏尊天命，"夏道尊命，事鬼敬神而远之，近人而忠焉。先禄而后威，先赏而后罚，亲而不尊；其民之敝：蠢而愚，乔而野，朴而不文"（《礼记·表记》）。天命是指无法解释、人力无法改变的抽象的力量、事物，一方面指自然规律、社会历史发展规律，另一方面指已经形成的社会秩序，人在这样的社会秩序中很难改变自身的地位。以天命解释各种事物容易形成神秘性，却有利于增强统治者的权威性和神圣性。商敬鬼神，"殷人尊神，率民以事神，先鬼而后礼，先罚而后赏，尊而不亲；其民之敝：荡而不静，胜而无耻"（《礼记·表记》），以鬼神解释社会生活生产中的一切，解释社会秩序。既然一切都可以用"天""鬼神"解释，就不需要教民以智，而是重在以身示范，"化之不示其所以化之之道"①。周吸取殷亡教训，认识到"皇天无亲，惟德是辅"（《尚书·蔡仲之命》），而百姓的思想状况也不是一直不变的，"民心无常，惟惠之怀"（《尚书·蔡仲之命》），于是主张"明德慎罚""敬德保民"。春秋时期周天子式微，诸侯势力崛起，在思

---

① （唐）韩愈著，钱仲联、马茂元校点《韩愈全集》，上海古籍出版社，1997，第132页。

想方面"冲破西周天帝与天子观念的藩篱,转向世俗、实际和人"①,直至孔子、老子出现以前,系统化的政治思想还未形成。战国时期诸子百家争鸣,各诸侯国纷纷成立具有独立政权的邦国,不同邦国之间奉行儒墨法道等不同的政治思想。

秦建立后,我国政治体制由分封制走向郡县制,由贵族分权改为君主专制,社会主流意识形态的内容也由此发生变化。在经过秦实行法家思想的政治实践却短命而亡,以及汉初儒道思想的争论后,汉初逐渐确立了"罢黜百家,独尊儒术"的政策,儒家学派取得正统地位。魏晋南北朝时期佛道思想虽然兴盛,隋唐佛学进一步发展,却始终没有撼动儒学作为社会主流意识形态的地位。萧公权认为,秦汉以后社会主流意识形态具有以下发展趋势,"(一)儒家思想由拥护封建制度一变而拥护专制政体,成为二千年中之正统学派。(二)儒家势盛,而法墨同归失败。(三)儒道二家随社会之治乱,互为消长"②。

在两千多年的封建社会中,儒家思想基本处于意识形态领域的指导地位,渐渐形成了以儒家思想为指导的思想理论体系。笔者认为,这一思想理论体系具体可以从三个方面来理解:一是古代社会主流意识形态的指导思想,即儒家思想;二是指古代核心价值观,表现为"三纲五常",即"君为臣纲,父为子纲,夫为妻纲"和"仁义礼智信";三是指古代思想道德体系,主要包括儒家修身观、治家观、处世观、报国观等内容。

二 古代社会主流意识形态规定了传统家训的教化理念

意识形态教化是实现人的社会化与政治化的重要方式。传统家训作为一种家庭家族教化活动,既有着治理家庭、教育子女、维系家族的主观目的,又有着阐释和传播当时主流思想观念,促进家人社会化与政治化、维护社会统治的客观要求。家训教化活动是一定时空环境下的训诫活动,受到当时主

---

① 刘泽华:《中国政治思想通史·先秦卷》,中国人民大学出版社,2014,第7页。
② 萧公权:《中国政治思想史》,中国人民大学出版社,2014,第8页。

流思想观念的影响，"家庭之教，又必原于朝廷之教。朝廷之教以道德，则家庭之教亦以道德。朝廷之教以名利，则家庭之教亦以名利"①。陆桴亭认为建文时期忠义观念之所以深入人心，在于父兄之教是朝廷之教的缩影，在朝廷教化理念影响下加强了父兄之教，通过严厉的父兄之教促成了主流思想的渗透下行，"盖当时朝廷重名节，励清修，其教甚严。苟子弟居官不肖，则累及父母，累及宗族，故孩提之时，倘或不肖。则父兄必变色而训之"②。朝廷之教的内容是古代官方意识形态的代表，其目标、内容、方式影响和规定着家庭之教的目标、内容、方式。

　　古代社会主流意识形态规定了传统家训的教化目标。同一社会不同阶级之间有着不同的价值规范体系与行为规范体系，我国古代社会亦如是。在官僚士大夫阶层与百姓阶层之间有着不同的社会规范内容，具有阶级性与社会性的主流意识形态则在一定程度上调解了不同阶级之间思想观念的差异，反映了社会上大多数成员的思想和行为要求。家人族众具有一定的技艺才能还不足以在社会上立足，还需具备为社会所认可的社会规范知识，需要具备遵守这些社会规范的意识。传统家训的教化目的在于教化家人族众成人成才，社会主流意识形态在宏观上规定了传统家训的教化目标，传统家训则依据古代主流思想的要求确立了立德树人的教化理念，设计了层次性的教化目标。古代主流意识形态重视伦理教化，认为是否有德是人与动物区别的本质特征，具备特定的品德是个人立身处世的前提，立德树人也就成为传统家训的基本教化理念。家训主体依据修齐治平的基本路径，设计了层次性的教化目标：在个人层面，强调家人族众既要重视事功，又要培养德性，努力成为德才兼备的人；在家族层面，强调形成清白、孝友、忠厚、勤俭、诚信廉洁等优良家风，以适应社会秩序，维系和促进家族发展；在社会层面，教化家人族众在为人处世的过程中，与人为善，规过劝善，"率俗于淳庞"③，正所谓

---

① 《续修四库全书》第951册，上海古籍出版社，2002，第29页。
② 《续修四库全书》第951册，上海古籍出版社，2002，第29页。
③ 《丛书集成初编0977·德星堂家订》，中华书局，1985，第1页。

"风俗之厚薄,不惟其巨,其端恒起于一身一家"①。

古代社会主流意识形态规定着传统家训的教化内容。古代社会主流意识形态不仅规定了传统家训立德树人的教化目标,也规定了其教化内容。传统家训涉及领域极其广泛,但核心内容始终围绕立德树人展开,大致包括以下几个方面。第一,修身思想。历朝历代家训重视修身思想,认为人之为人的根本在于有德,修身的重点即是修德,要孝敬父母、友爱兄弟、谦敬礼让、雅量优容、乐群贵和、诚信友善等。在具体的修身路径上,认为首先应当立志,要志在圣贤、重在践行;其次要勤学,学贵变化气质、陶铸德性,而不是将重点放在求取科举功名、富贵荣华上;最后通过养生来修身,强调精神因素与身体健康的关系,寓养生于修身。第二,治家思想。在处理人际关系方面主张礼为教本、睦亲齐家,认为父慈子孝、兄友弟恭、夫义妇顺、邻里团结的人际关系有利于家庭和睦,家和万事兴;在家庭财务管理方面主张俭以持家,量入为出;在家庭生计、职业选择方面,主张耕读为本,以耕佐读,由士入仕,进而实现治国平天下的人生抱负,但是也有不少家训主张"农工商贾,无可不为"的择业观。第三,处世思想。传统家训以"仁民爱物、民胞物与"的原则处理人我关系与物我关系,主张人与人交往时应以和为贵、与人为善,要谦下诚实、雅量优容;在为政做官上,应勤政爱民、廉洁奉公,秉持清白家风;在经商方面,应坚持以义制利的原则,要诚信不欺、买卖公平;在处理物我关系上,主张爱惜物命、珍惜资源,认为爱物重在积德、重在修身,将爱物思想提升到积仁积德的高度。

古代社会主流意识形态影响了传统家训的教化方式。礼乐刑政是古代治国理政的主要方式,"礼以道其志,乐以和其声,政以一其行,刑以防其奸。礼乐刑政,其极一也"(《礼记·乐记》),四者相互配合则"王道备矣"(《礼记·乐记》)。在四者关系中,礼是治国之纲,为"天地之经","与天地并"(《春秋左传》)。王夫之同样持此观点,认为"古帝王治天下

---

① 《四库未收书辑刊》第5辑第9册,北京出版社,2000,第46页。

之大经大法,统谓之礼,故六官谓之《周礼》"(《读四书大全说》)。由此可见,作为"融神明崇拜、习俗、道德、政治经济制度、婚姻制度、思想准则为一体""系统化、制度化、政治化"①的礼居于根本地位,礼治为主、礼法结合是古代治国理政的主要方式。这一理念反映到传统家训的教化活动中,则主张"治家莫如礼"②。这里的"礼"不仅指冠礼、婚礼、丧礼、祭礼、乡饮酒礼、士相见礼等日常生活礼仪、仪式,也有着伦理法律化的意蕴,指家矩族规、家法惩戒,因而又有"礼法齐家"的说法。在传统家训教化活动中,礼治为本,以礼法齐家相结合,既强调伦理教化、日常生活仪式熏陶,"禁于未然之前",又注重家规惩戒,"禁于已然之后",与国家治理方式有着异曲同工之处。

三 传统家训促进了古代社会主流意识形态的深入传播

民众对社会主流意识形态的认同与践行是社会有序运行的关键。我国古代社会重视教化的作用,认为"圣人之道,不能独以威势成政,必有教化"③,强调教化的潜移默化、移风易俗功效。家作为古代开展教化活动的重要空间,在家中对家人族众进行意识形态教化是促进主流意识形态传播,将社会主流思想贯彻到日常生活中去的有效方式。

传统家训促进了古代社会主流意识形态的通俗化。帝王、官僚士大夫、乡贤族长等家训主体作为古代官方意识形态的代表,推动实现了社会主流思想的通俗化。首先,通俗化诠释了古代主流意识形态。就秦汉之后的家训活动而言,家长们基本认可"周孔之道""孔孟之道",主要研修《周易》《尚书》《诗经》《周礼》《仪礼》《礼记》《春秋左传》《春秋谷梁传》《春秋公羊传》《论语》《孟子》《尔雅》《孝经》等儒家经典,坚持儒家思想在意识形态领域的主导地位。为实现兼济天下的社会抱负,不少家长从修身齐家开始,将义理深奥、晦涩难懂的儒家经典通俗化,编纂制订了一系列通俗

---

① 刘泽华主编《中国政治思想通史·纵论卷》,中国人民大学出版社,2014,第379页。
② 《文渊阁四库全书》第696册,台湾商务印书馆,1986,第660页。
③ 《文渊阁四库全书》第181册,台湾商务印书馆,1986,第766页。

易懂的家训读物,这些家训读物目的不在于将经典神秘化,而在于使妇孺易知;不在于穷究义理,而在于结合生活事例讲明道理。其次,生活化阐释了古代核心价值观。核心价值观是社会主流意识形态的核心,古代家长们结合生活实例、家庭环境、个人境遇等,深入阐释了古代核心价值观,使其实践性和操作性更强。最后,详细阐释古代思想道德体系。思想道德体系是核心价值观的具体表达,古代家长们以儒家思想为指导,依据修齐治平的人生发展路径,系统设计了适用于家族教化的思想道德体系,表现为重视修身进德的修身观、以礼治家的治家观、与人为善的处世观、尽职守分的报国观,更具操作性和实践性。

传统家训促进了古代社会主流意识形态的生活化。道在人伦日用间,将社会主流思想潜在地融入日常生活中,是传统家训相较于学校教育、社会教育的突出优势。家训教化主体不仅在家庭生活、家族生活、家塾活动中时时训诫家人族众,还会就家人的社会生活、职业生活时时指导教育,融社会主流意识形态于日常生活之中。传统家训在历史发展过程中逐渐形成了类型多样的教化方式:一是多样化的教化形式,如以诗歌词曲、散文专著为主的书面形式,以说理讨论、训诫斥责为主的对话形式,以楹联碑刻、意义物品为主的实物形式,以祠堂聚会、实践锻炼为主的活动形式等;二是家训教化主体注重运用生活化的教化方法,包括情理交融、形式多样的日常训诫法,以身作则、言行一致的以身示范法,赏善罚恶、劝善改过的奖惩激励法,父祖提倡、子孙践行的家风熏陶法,撰写修订、刊刻重刻的家范制定法等;三是家训教化主体注重举行日常化的教化仪式,以自发制约、遵制设约为主的设约仪式,以族约、乡约、圣谕宣讲为主的宣讲仪式,以冠婚礼、生辰礼、寿诞礼为主的庆典仪式,以庙祭、祠祭、家祭、墓祭为主的祭祀仪式等。在教化方式多样化的家训活动中,古代主流意识形态深刻融入百姓的日常生活中,促进了主流意识形态的生活化和日常化。

传统家训促进了古代社会主流意识形态的民间化。传统家训通过系统化、规范化的运行机制促进了社会主流思想在民间的广泛传播。一是自上而下的倡导机制。古代帝王积极主动倡导各阶层开展家族教化并颁布推广圣谕①，官僚士大夫则积极开展家族教化活动并撰写通俗家训，"正欲其易而易知，简而易能，故语多樸（朴）直。使愚夫赤子，皆晓然无疑"②，地方官积极与乡贤族长联手协力推进乡约族规制定践行，从而实现古代社会主流思想的家喻户晓。二是自下而上的践行机制。在社会主流思想初步实现家喻户晓之际，具有自觉意识的个体家庭自发加强礼义教化，由个体家庭组成的家族组织自发制定族训族规，家学义塾的建立则将契合主流思想内容却又通俗化的教化读物以及家庭伦理教科书有效传播给家族学子。这些有意识的自觉的家训活动的开展逐渐形成家训习俗，从而助推了各阶层家训活动的完善。三是家训教化的具体机制。传统家训内部教化机制包括家训劝导约束机制、族规警戒惩罚机制以及家仪熏陶感染机制。正如朱熹所言，家礼的制定，家训的开展，具有重要的政治教化的意义，"于国家所以崇化导民"③。家训活动在各阶层的深入开展有效促进了民众对社会主流思想的认同与践行。

第三节 传统家训在古代社会教化中的地位

传统家训作为古代思想政治教育的重要组成部分，作为古代思想政治教育在家庭、家族空间的深入开展，有效促进了古代社会主流意识形态的家庭化家族化，是古代社会教化的重要文本载体和活动载体，具有重要的教化功能。

一 家在我国古代社会中具有重要地位

我国自古便有"国之本在家""积家而成国""家齐而后国治"的思想

---

① 例如，洪武元年，明太祖命儒臣修女诫，他对学士朱升说："治天下者，正家为先。正家之道，始于谨夫妇。"洪武三年，正式明确"皇后之尊，止得治宫中嫔妇之事，即宫门之外，毫发事不得预焉"。
② 《丛书集成初编0976·庞氏家训·序》，中华书局，1985，第1页。
③ 《文渊阁四库全书》第142册，台湾商务印书馆，1986，第530页。

第一章 传统家训是古代社会教化的重要载体

观念，人的生老病死、教育娱乐、衣食住行均可以在家中获得满足，各种人际关系和社会组织均以家为中心。家是集人口生产、物质生产、居家生活、教育、休闲娱乐和精神慰藉等功能于一体的社会单位；而且"不论政治、经济、宗教等功能都可以利用家族来担负"①。故"中国社会亦以家族本位为其特色之一"②，中国古代是"以家为本位底（的）社会制度"③，"家"在我国古代的重要性不言而喻。本节着重探讨古代家之重要性的缘由及功能表现。

（一）我国古代是家本位的社会

农耕经济时代，家不仅是个体生活的地方，是进行人自身生产的地方，也是进行物质资料生产的地方，各种生产关系继而人际关系、社会组织均以家为中心展开。家的这种重要作用相继获得社会主流意识形态的理论支撑和相应的制度保障，由是家成为古代社会的基本组织，成为个体生存发展的基本空间和社会稳定的重要基石。

农耕经济时代自给自足、家人协作的生产方式凸显了家在社会生活生产中的重要性，生产关系、社会组织继而以家为中心而展开。唯物史观认为，"物质生活的生产方式制约着整个社会生活、政治生活和精神生活的过程"④。在我国长达两千多年的封建社会中，农耕经济是基本经济形态，男耕女织是主要的农业协作方式，饲养家畜、手工艺是多数人生活的副业，因而和平年代人们基本上过着自给自足的生活。男耕女织的分工协作方式本质上反映了古代生产方式的家庭化、家族化，反映了以家为中心的生产方式。生产方式的家庭化、家族化规定了以家人、族人为中心的生产关系，这种以家人为核心的生产关系集血缘关系、地缘关系、业缘关系于一体，家人之间既是血亲、姻亲，又在职业上相近，"在生产家庭化底（的）

---

① 费孝通著，刘豪兴编《乡土中国》，上海人民出版社，2013，第39页。
② 陈顾远：《中国法制史》，中国书店，1988，第63页。
③ 冯友兰：《新事论：中国到自由之路》，北京大学出版社，2014，第65页。
④ 《马克思恩格斯选集》第2卷，人民出版社，2012，第2页。

社会里，一个人的家是一个人的一切"①，这样家既是生活单位，又是经济单位。同时，在家庭化、家族化的生产方式下，形成了泛家族主义的社会组织，即以血缘、姻缘关系为基础，吸收借鉴家族的组织原则、运作方式、角色关系、行为规范等，建立起具有伦理情谊的地缘组织、学缘组织、业缘组织等。

在家庭化的生产方式和以家为中心的人际关系和社会组织的影响下，我国逐渐形成了家国同构的社会结构。古代同姓同宗、一般为五服之内的个体家庭在血缘、姻缘、地缘、利益的维系下凝聚为家族组织，家族与国家在组织结构、运作方式、角色关系上具有类似性。在组织结构上，国家以皇帝为领导核心，家族以族长为领导核心；国家以礼乐刑政为基本治理方式，家族以礼法齐家；国家以朝廷为议事机构，家族以祠堂为集体活动场所；国家设立公田，家族设有义田维系家族公共事务运行。在运作方式方面，家人之间依据辈分、年龄、性别排列上下尊卑，形成垂直式的地位系统，父家长处于家族权力的顶端，"盖家统一尊，祖在则祖为家长；父在则父为家长"（《清律辑注》），父家长在信息沟通、事务决策、资源分配方面处于核心地位，父权家长制是家族的主要运作原则；就国家而言，父权家长制的权力运作原则表现为帝王处于国家权力的顶端，掌握着信息沟通、事务决策和资源分配的权力。在角色关系方面，家族中的主要人际关系表现为父子、兄弟、夫妻关系等，具体人伦要求为父子有亲、长幼有序、夫妇有别，这种家人之间的角色关系与人伦要求也往往推衍到国家人际关系和人伦要求中去，将帝王与臣民之间的关系类比为父子关系，将父子有亲的人伦规范推衍为君臣有义，将国人之间的关系类比为长幼、男女关系，主张长幼有序、男女有别。

以家国同构的社会结构为基础，国家治理各级主体以身示范，引导着各自族人的思想行为，进而引领着普通民众的言行规范，形成了家国天下的治

---

① 冯友兰：《新事论：中国到自由之路》，北京大学出版社，2014，第71页。

理模式①。古代的国家治理模式遵从修身齐家治国平天下的路径，认为"身修而后家齐，家齐而后国治，国治而后天下平"（《礼记·大学》），修、齐、治、平的主体主要是指社会治理者。地位至尊的治理者为帝王，帝王若以身作则很大程度上能够引导民众的思想与行为，所谓"尧、舜率天下以仁，而民从之"（《礼记·大学》），圣王彰显仁爱于天下，则民众接受感化亦趋从之。帝王在家里开展仁爱礼义教化，不仅有助于规范皇室家族的思想与行为，还有助于带动天下各家实行礼义仁爱教化，"一家仁，一国兴仁；一家让，一国兴让"（《礼记·大学》），《孔颖达疏》注曰："人君行善于家，则外人化之，故一家、一国，皆仁让也。"帝王修身齐家以率天下，有利于治国理政的开展。国家秩序的有序运行则有助于实现天下一统、天下一家的政治目标。同理，在国家治理主体的梯队中，贵族、官僚以及儒生群体在治理好各自家族的基础上，也层层影响和引领着普通家族的发展。家国天下的治理模式也就为发挥家族的社会功能提供了可能性。

（二）家具有重要的社会功能

家在古代社会具有重要的经济功能。一是以户为单位向官府缴纳赋税，提供了维持国家运转的经费。国家需要一定的经费维持运转，而"国家经费莫大于禄、饷"②，俸禄、饷银主要依赖赋税的征发。户籍制度则是赋役征发的依据，不少家族以户为单位，从家族利益出发敦促族人依法完粮纳税，从而避免因晚交或不交而银铛入狱，玷辱声名，"普天率土均属臣民，

---

① 家族的等级性是家国天下治理模式形成的条件。家族的等级性表现为不同家族之间以及同一家族不同家庭成员间有着不同的地位。家族与国家在结构上的一致性，使得宗族结构与社会等级结构相吻合，"使上层宗族成为等级社会政权的统治基干"（冯尔康等：《中国宗族史》，上海人民出版社，2009，第25页）。社会结构包括宗族结构、等级结构、阶级结构、民族结构、区域结构等，而等级结构最为重要。古代社会等级结构依据爵制、官品、职业贵贱、门第、户等大体分为皇室贵族、官僚士绅、平民百姓、贱民等等级，家族结构以等级结构为基础，划分为王室贵族家族、官僚士绅家族、平民家族等，贱民阶级附属于王室贵族、官僚士绅等上层家族，因而没有家族组织。不同等级的个体在血缘、地缘、利益的维系下形成了组织化、系统化的家族组织，代表社会等级的上层家族治理和教化下层家族。在同一家族不同家庭之间，也有着尊卑等级的差别。

② （清）张廷玉等：《明史》第7册，中华书局，1974，第1999页。

户税丁银皆为正赋。家财素裕，故宜倡率争先，即资用不饶，亦宜勉力交纳。虽急公即所以远辱，不然，难免正输加役费，牵系缧绁，复玷声名，则亦何利之有哉"①。二是以家族作为社会救济和社会保障的基本单位，减少国家在社会救助方面的开支。在家族本位的古代社会，人自身的生产、物质资料的生产以及相应的生产关系、人际关系主要以家为中心展开，加上聚族而居的农耕经济时代的聚居特色，家成为人的活动的中心。在"仁者爱人"（《论语》）、"出入相友，守望相助，疾病相扶持"（《孟子》）等儒家仁爱理论影响下，在"宗族甚众，于吾固有亲疏，然以吾祖宗视之，则均是子孙，固无亲疏也"②的观念影响下，古代范仲淹等开明家长组织设立义田、义仓赈济族人，设立义学教育族中子弟，设义冢解决贫困族人安葬问题。由是人的生存、教育、丧葬基本可在家中解决，从而减轻了官府在社会保障方面的压力。

家在我国古代具有重要的政治功能。在以家国同构、家国一体为特征的古代社会结构中，家在维护君主权威、稳定国家秩序方面发挥了重要的作用。首先，配合古代选官、司法等制度实现"移孝作忠"的政治目标。为了增进民众的忠君报国观念，为了实现移孝作忠的政治目标，在选官制度上，实行从家族中选官的制度，如汉代的举孝廉、魏晋南北朝时期的九品中正制，隋唐以来则在科举取士以外实行恩荫制度，以此取得上层家族的支持；在司法方面，官府断案实行"准五服以制罪"的亲属法原则，重视血统、伦常之亲情，以实现政治认同。其次，协助官府管理地方事务。各家族在社会上的影响力不同，以三老、乡绅、士大夫等为主体的家族往往影响着平民百姓的家族秩序，而三老、乡绅、士大夫等又是国家的代表，他们以国家的法令、政策为依据，在各自的家族中开展教化，上传下达，解决族内争端，形成与国家发展相一致的齐家潮流，影响着其他平民家族的治家活动，协助官府管理好地方事务。最后，稳定社会秩序。古代官府尤为重视家族在

---

① 上海图书馆编，周秋芳、王宏整理《中国家谱资料选编·家规族约卷》上册，上海古籍出版社，2013，第28页。
② 《文渊阁四库全书》第703册，台湾商务印书馆，1986，第71页。

稳定社会秩序方面的作用,将家族与官府治理相结合,如汉设立三老制,魏晋南北朝时期设立宗主制,明清设立乡约制、保甲制,利用家族的力量开展教化,促使民众服从官府、和睦乡党宗族、遵纪守法,依法完粮纳税等,以此协助官府做好社会治理工作,稳定社会秩序。

(三)家具有重要的个体功能

我国古代的"家"是集人口生产、物质生产、居家生活、教育娱乐等于一体的生产、生活单位,对人的生存发展有着重要意义。

作为生活之家,是人的安身之所。家自产生之日起,就具有满足人的衣食住行等基本需求、为人的身体提供安放之所的基本功能,我国古代的家也是如此。个体并非孤独地生活在广袤无垠的大地上,而是能够在家中获得栖身之所,在家中获得生存所需的生活资料和生产资料,并参与人自身的生产和物质资料的生产、生活。我国古代的家作为安身之所,以和睦为价值取向、以仁爱为基本原则处理家族人际关系和家族事务,凸显了独特的文化意义。族人之间或有亲疏远近的区别,但"自祖宗视之,皆一体也"[1],维系家族和睦、保障族人生活所需既是人的自发情感展现,也反映了儒家仁爱思想的基本要求。古代的个体家庭与家族组织实际上是一个生活互助体,通过"立义田,以给族之不能养者;立义学,以淑族之不能教者;立义冢,以收族之不能葬者"[2]等途径,基本解决了人在生活之中面临的贫苦、窘困、无业、忿争等问题。

作为伦理之家,是人的修身之所。我国自古重视修身,强调人的思想和言行应合乎一定时期的社会规范,"思修身,不可以不事亲"(《礼记·中庸》)。"亲"即亲人、家人,古代的家人际关系复杂,《古今图书集成》之《明伦汇编·家范典》就列举了30余种家族人际关系,在这些人际关系中以父子、夫妇、长幼为核心。在家中处理好复杂的人际关系是修身的重要内

---

[1] 上海图书馆编,周秋芳、王宏整理《中国家谱资料选编·家规族约卷》上册,上海古籍出版社,2013,第157页。

[2] 上海图书馆编,周秋芳、王宏整理《中国家谱资料选编·家规族约卷》上册,上海古籍出版社,2013,第91页。

容。古代社会以儒家思想为指导，主张父慈子孝、夫义妇顺、兄友弟恭的家庭伦理观，因而在实际的家庭、家族的日常生活中，需要知晓、内化和践履相应的伦理要求。不同家庭角色下有不同的伦理要求，身为人子人妇，则需孝顺以父母为代表的父祖长辈；身为父祖长辈则需慈爱地对待以子孙为代表的后辈；身为人夫人妇，则需相互尊重，以敬为美，同时也应注意男女有别；身为兄长则需对以弟弟为代表的幼辈友善友爱；身为弟弟则需对以兄长为代表的长辈恭敬谦和。正是在家中，人在不同角色下对各种人伦规范的践履端正了人的思想，改善了人的言行，在这一意义上说，古代的家又是伦理之家。

作为教化之家，是人的认识之所。我国古代学校教育、社会教育的不发达，凸显了家族教育在整个教育体系中的重要地位，家族教育成为古代教育的重要方式，也是个体获得生存技能、生活知识、社会规范、文化知识的重要途径。在实际生活中，家长往往自觉主动地将生存经验、生活知识传授给子孙，以使其安身立业。古代家族往往依据社会要求并结合家族特色制定族规、族训，定期在祠堂等固定场所宣讲唱诵。如《郑氏规范》记载，每逢家中祭祀、祭祖、日常聚会时，均有擎鼓数声与唱诵家规族约的仪式活动；"陆氏义门"则规定在晨起与食后会茶等日常生活中，时时吟唱家规族范，以使族人认知和接受社会规范，在家族中逐渐完成社会化。古代有些家族还设有义学、义塾，为本族子弟提供学习场所。义学的重要意义在于使更多的族人有接受教育的渠道，增加了贫寒子弟接受教育的机会。生活于家庭与家族的个体，基本能够获得走向社会所需的生活经验、社会规范、文化知识。家对个体而言，是认识社会、走向社会的重要场所，是为认识之家。

作为精神之家，是人的立命之所。家对古人而言，不仅是日常生活的住所、接受教化的场所，还是人的立命之所，赋予人存在的意义。孟子认为承载着人的思想和行为的生命都有着固定的因缘，"莫非命也，顺受其正"（《孟子·尽心上》），但并非指宿命论。从家族本位的古代社会来说，这个因缘是由家赋予的。古代强调"身体发肤，受之父母"，而父母之身体发肤，亦受之其父母，这样在血脉传承的生命链条中，个体既传承着祖先的生命，自己的生命也为后世子孙延续着。个体的生命作为祖先生命的延续，这在一定意义上构成了人生命的固定的缘由。作为延续父祖生命的个体，立命在于通过修建宗祠、撰修族谱、祭祀祖先等活动以示尊祖敬宗、慎终追远，通过承继宗祧、教训子孙等活动表达延续祖先生命、光宗耀祖之意。作为延续父祖生命的个体，在现实生活中，立命在于以知孝、行孝为基础，在视听言动、进退洒扫方面修养自己的思想和言行，而孝的对象即为在世的五服之内的父祖长辈，在修身的基础上进而齐家治国平天下。古代的家解释和规定着人的生活方式，赋予了人存在的意义。

二 家庭教育家族教育是古代教育体系的重要环节

意识形态教化在我国古代国家治理中发挥着重要功能。古代国家治理策略以礼乐刑政为主，在这四者之间，古代思想家政治家认识到"礼者，禁于将然之前；而法者，禁于已然之后"（《大戴礼记·礼察》），强调处于和平时期时宜重点采用教化的策略，而以刑罚为辅，"导之以德教者，德教行而民康乐；欧之以法令者，法令极而民哀戚"（《大戴礼记·礼察》）。由是治天下，"莫不以教化为大务"（《对贤良策》）。通过一系列教化活动的开展，促进"建国君民""化民成俗"（《礼记·学记》）教育目标的实现。从教化场域来看，古代形成了家庭家族、学校、社会教育体系，它们发挥着各自的优势。其中，家庭家族教育在家本位的古代社会发挥着重要的教化功能。

古代学校教育表现为官学形态，即官师合一、政教一体。夏商周时期自中央到地方，自地方到乡村，皆建有学校，"夏曰校，殷曰序，周曰庠，学则三代共之"（《孟子·滕文公上》），其特色在于政教合一，以官为师。《史记·五帝本纪》记载舜任命契为司徒，掌管五教，"百姓不亲，五品不驯，汝为司徒，而敬敷五教，在宽"。事实上，以国家为主导的学校教育自始至终受到历代王朝的重视，而且教育制度和教育理论也渐趋完善。两汉时期不仅延续西周在京都设立国立大学性质的太学，还在地方和乡村设立地方官学，"令天下郡国皆立学校官"[①]。不同区域范围学校名称与学官不同，

[①]（汉）班固撰《汉书》第11册，中华书局，1962，第3625页。

"郡国曰学，县、道、邑、侯国曰校。校、学置经师一人。乡曰庠，聚曰序。序、庠置孝经师一人"①。自此，以中央官学和地方官学为基本构成形态的教育制度形成，尽管魏晋南北朝时期朝代更迭频繁，但在相对稳定的朝代统治下也在积极发展学校教育，设立各级各类学校；唐代中央官学设"六学""二馆"②，在地方府有府学，州有州学，县有县学，县内又有县学和市学，地方学校主要接收地方官员及中小地主的子弟。宋元明清时期亦设立中央官学和地方官学。古代学校教育在传播社会主流意识形态、为国家发展提供人才、纯化社会风气方面发挥了重要作用。

古代社会教育多表现为私学形态，即由具备学术专长与道德情操，却并未担任官职的私人③举办的教育活动，具有自主办学、聚徒教授的特色。春秋战国以来，私学逐渐发展起来，其基本类型可分为初等私学和高等私学。初等私学一般为以蒙学为中心的基础教育④，是民间办的对地方平民子弟进行初等文化教育和道德教育的私学，主要目的在于使学生能够识字、写字，具备一定的计算能力，并习得社会规范。高等私学是以书院为代表的高等教育，是在私塾教育的基础上进一步扩大知识面，进行专业化学习，培养国家社会需要的专门人才。其师资来源相对于初等私学而言，要求较高，多为专门以讲学为业者、现任官员、退休官员、隐逸人士、落第考生、女性学者

---

① （汉）班固撰《汉书》第1册，中华书局，1962，第355页。
② "六学"为国子学、太学、四门学、书学、算学、律学，"二馆"指弘文馆和崇文馆。其中，弘文馆和崇文馆属于贵族学校，收皇帝、太后、皇后亲属和宰相等高级官员的子弟共五十名。国子学收文武三品以上高级官员的子弟，限三百名。太学收文武五品以上中级官员的子孙，限五百名。四门学收文武七品以上低级官员子弟，限五百名，又收地方庶民中的俊秀青年，限八百名。参见郭齐家《中国教育史·上卷》，人民教育出版社，2015，第246～247页。
③ 私学教师一般有未获得功名前以教书为职业的，如王恭早年教授乡间，贞观初年，"召拜太学博士，讲《三礼》，别为《义证》，甚精博"（《新唐书·儒学列传上》）；有获取功名退休后从事教学的；也有考取进士却不做官专门以讲学为业的，如窦常考取进士后"不求苟进，以讲学著书为事，凡二十年不出"（《旧唐书·窦常传》）；还有隐居不仕、潜心著述教学者，如唐代阳城昼夜苦读，"经六年，乃无所不通"，隐居中条山，"远近慕其德行，多从之学"（《新唐书·隐逸列传》）。
④ 私塾在不同历史阶段不同地区名称各异，包括蒙馆、塾馆、书馆、书塾、学塾、村塾、义塾、义学、蒙学、小学、村学、乡校等。

等，其教学内容包括经学、史学、文学、书法、天文历数、医药等，但始终以经学教育为核心。私学在古代教育体系中承担起了初等教育的任务，弥补了官学单一化的不足，为国家运行输送了人才，也传承着中华文化。

家庭教育家族教育是古代教育体系的重要环节。在古代社会，家不仅是人生产生活、人际关系的中心，是国家治理的基础，在人和国家的发展中扮演着重要的角色，还是古代教育体系的重要空间场域。颜之推后裔颜嗣慎概括分析了古代教育的状况，他认为三代之后详备的教化活动是在家中完成的，"尝闻之：三代而上，教详于国；三代而下，教详于家"。三代而上，官学教育覆盖面极广，不仅在地域范围上延伸至广大乡村地区，在教化范围上也涉及民众百姓生活生产的方方面面，"盖古郅隆之世，自国都以及乡遂，靡不建学，为之立官师，辨时物，布功令；故民生不见异物，而胥底于善。彼其教之国，已粲然详备。当是时，家非无教，无所用其教也"。① 而家之所以在三代而后发挥着重要的教化功能，乃在于官学教育未能充分全面地发挥其教化功能，致使社会道德滑坡，"迨夫王路陵夷，礼教残阙，悖德覆行者接踵于世"，在此情形下，"于是为之亲者，恐恐然虑教敕之亡素，其后人或纳于邪也，始叮咛饬诫，而家训所由作矣"。②

古代家庭教育在教育对象、实效性、持久性等方面具有比官学教育、私学教育更为突出的优势。首先，在生产力较为落后的古代社会，教育也属于社会上的稀缺资源。因而在教育对象上，中央官学主要针对的是贵族子弟和具有品级的官员子弟，地方官学也以地方官员子弟以及庶民中的杰出俊秀为主，而庶民中的杰出俊秀又以富商子弟、地主子弟为主，布衣子弟则很少有机会进入官学学习，"古代惟官有学，而民无学"③。私塾、书院等私学也以

---

① 王利器撰《颜氏家训集解》，中华书局，2014，第582页。
② 王利器撰《颜氏家训集解》，中华书局，2014，第582页。
③ 黄绍箕等在《中国教育史》中列举了古代惟官有学的三条原因，一是认为民为愚民，智力低下，没有智力上的优势进入官学体系中；二是惟官有书而民无书，是说文化典籍的服务对象为官僚、拥有者也为官僚，民既不是文化典籍的适用对象也不拥有这些文化典籍；三是惟官有器而民无器，是说礼乐射御书数六艺所需要的器具只有官员具有，而民众没有。——黄绍箕、柳诒徵：《中国教育史》，中国和平出版社，2014，第126~127页。

具有初步文化知识和一定财力的男性学子为主,忽略了占社会上一半的女性群体,女性基本无缘接受学校教育和私学教育。这样,从教育对象上来看,家庭教育在教育范围上是最广泛的,涵盖了富贵贫贱、男女老少等各类型的群体。其次,在实效性上,太学、国子监等官学皆由政府官办,"政污则学弊",官学教育亦存在一定弊端,由是"在中国教育史上,官办教育亦终不为人重视"①;而书院等私学皆有赖于道德文章出众的师资力量,一旦优秀的师资缺乏,私学也多衰落下去。古代家长族长在血缘、姻缘的基础上自发主动开展教育,较少存在教育目的上的私利性;在教育师资上,即使个体家庭的家长德才欠缺,在个体家庭之外还有以族长为核心的家族的教化,一般族长为德高望重之人,族长始终存在于家族之中。家庭教育家族教育的实效性更强。最后,在持久性上,家庭教育基本贯穿了个体的一生,也始终存在于古代社会中。就人的受教育时限而言,官学教育与私学教育是在人的特定阶段的教育,而家庭教育则贯穿了人的一生。就在历史上的存续时间而言,官学教育多因战乱而有所废弛,私学教育则多由于德才兼备的师资的缺乏而逐渐衰落,因而在特定历史时期出现了官学与私学教育的空场。家庭则始终存在于古代社会,对家人的教育也就相伴相随。因而家庭教育相对于官学教育和私学教育而言,无论是在个体成长中还是在历史长河中,更具持久性。

三 传统家训本质上是一种家庭德育、家族德育

教化视域下传统家训本质上是一种家庭德育。首先,从职业属性上而言,家训文本以仕宦家训为主,家训教化主体也以士大夫阶层为主。通过分析传统家训文本的作者可以看出,家训文本的写作和修订主体以帝王、官僚士大夫、乡绅为主。这一阶层基本上属于社会管理者阶层,具有传播社会主流规范的职业要求,他们作为古代社会主流规范的代表,因而成为家训文本制定的主体,与之相应也成为家训教化活动的主体。这反映出我国自古以来治国理政的一个重要策略,即采取自上而下的倡导方式,引领社会习俗的正

---

① 钱穆:《国史新论》,九州出版社,2011,第248页。

向发展。其次，家训内容以德育训诫为核心。传统家训主张以礼法齐家，主要以儒家伦理规范辅以家法族规对家人族众进行教化。在复杂的家族人际关系处理上，主张父慈子孝、兄友弟恭、夫义妇顺、族人互助。当出现纠纷时，传统家训主张息事宁人，戒争讼，旨在维护和谐的家族秩序。在家族经济管理上，主张勤劳节俭。在为人处世上，主张诚信待人、与人为善。在物我关系上，主张以仁爱之心对待自然，强调爱护环境、珍惜资源、爱惜物命。再次，家训教化方式呈现人伦日用的特色。家训教化者既注重在日常生活中就发生的事情时时训诫教诲，又注重运用生活化的教化形式，如定期唱诵家规族范、通过展示父祖的意义物品训诫子孙、以家训诗歌词曲教化子孙等。还注重以日用礼仪以及人生重要的出生礼、成人礼、婚礼、丧礼、祭礼等生活仪式开展德育教化。最后，家训教化目标以立德树人为核心。传统家训的直接目标在于培养贤且智的子孙，贤子孙则主动践行家族规范以维护家族秩序，智子孙则自强不息积极实现自我价值以光耀门楣，促进家族发展。传统家训的间接目标在于培养德才兼备的国家人才，德行敦厚则易认同并主动践行道德、法律等社会规范，从而有利于稳定社会秩序；有才能则积极创造价值以促进社会国家发展。由此可以看出，传统家训本质上是在家庭中开展的德育活动以及相应而起形成的德育理论。

四　传统家训成为古代社会教化的重要载体

作为一种家庭德育、家族德育，传统家训逐渐成为古代社会教化的重要载体。一方面，传统家训成为古代社会教化的重要文本载体。传统家训历史悠久、源远流长，在历史发展的长河中形成了《颜氏家训》《袁氏世范》《朱子治家格言》《吕氏乡约》《曾文正公家训》等众多家训文献；一些与治家教子相关的族规、乡约也成为家训的组成部分。明人何春孟认为"家之有训非私言也"，训俗性质的家训文本"所著为甚悉，理精而事切，真可贻训于来世。是虽一家之云，而岂姁姁私言，专为其子孙计哉"[①]。有"篇

[①] 《四库全书存目丛书·子部》（第102册），齐鲁书社，1995年，第78页。

篇药石，言言龟鉴"之称的《颜氏家训》不仅被颜氏家族奉为明训，也为多数家庭所借鉴，直至现在仍有较大影响；《朱子治家格言》将老百姓勤俭持家、教子有方、起居有常等具体治家的原则规范以格言警句的形式概括出来，如"黎明即起，洒扫庭除""一粥一饭，当思来之不易；一丝一缕，恒念物力维艰"等诸多训诫为人们所熟知，成为古代德育的重要范本。诸多家训文本尽管侧重点不同，但始终体现着"孝亲敬长、勤劳节俭、与人为善、重视家教"等优良道德传统，在古代发挥了重要的伦理教化作用。另一方面，传统家训成为古代社会教化的重要活动载体。传统家训不仅是一种思想理论，更是一种家训实践活动，在家长与家人、族长与族人的训诫与遵循的双向互动过程中将"仁义礼智信"等社会主流价值原则内化为个体的道德意识，外化为道德行为，并在日常生活的反复训诫中不断强化这种道德行为，由此成为古代社会教化的重要活动载体。

第四节　传统家训的教化功能

家庭教育家族教育在古代教育体系中占据重要位置，传统家训本质上是一种家庭德育、家族德育，是将社会主流意识内化为个人意识的重要载体。与偏重制度化的学校教育、偏重学术化的私学教育相比，传统家训更侧重于亲情感化与日常教化，有效促进了古代社会主流意识形态的通俗化与生活化，增进了民众对古代社会主流意识形态的认同与践行。传统家训作为在个体家庭、家族组织和家学族塾中开展的教化活动，核心理念在于传播社会主流意识形态，促进个体的政治化和社会化。从训诫目标、家训主体、教化内容等方面可以看出，传统家训本质上是一种意识形态教化活动，是在家中开展的"德"[①]育活动，因而自身具有重要的教化功能。从国家治理的角度来说，传统家训具备治理家庭、教育子女、维系家族、维护统治等教化功能。

[①] "德"是一种思想道德，涵盖了特定时期国家的思想要求、政治规范、法律要求、道德规范等。

第一章 传统家训是古代社会教化的重要载体

一 治理家庭

整齐门内、治理家庭是传统家训的首要教化功能。传统家训主张以礼法齐家,通过家范劝导、族规警戒、家礼熏陶等多种途径开展家训教化,以此调节家庭人际关系、经济关系和日常生活,从而实现家庭治理的齐肃严整、井然有序。

促进形成和谐有序的家庭人际关系。家主要由家人构成,治家的首要任务在于促进家人之间的和睦相处。在古代个体小家庭中,父子母女、夫妇、兄弟涵盖了主要的家庭人际关系,"有人民而后有夫妇,有夫妇而后有父子,有父子而后有兄弟。一家之亲,此三而已矣"[①]。儒家理想的家庭人际关系表现为"父子笃,兄弟睦,夫妇和"(《礼记·礼运》)。传统家训作为儒家思想民间化的重要桥梁,同样以此为目标,认为家齐的主要表现是"夫家之所以齐者,父曰慈、子曰孝、兄曰友、弟曰恭、夫曰健、妇曰顺",整齐门内的重点就在于"父子兄弟、长幼尊卑,各有条理,不变不乱"[②]。传统家训强调形成父慈子孝、兄友弟恭、夫义妇顺的双向家庭人际关系,但在讲求尊卑有等、长幼有序、男女有别的古代社会,又着重论证了子女对父母、弟对兄、妻对夫的敬顺与服从,相应论证了父母对子女、兄对弟、夫对妻的爱护与管束。因而传统家训所主张的家庭人际关系,既具有人际和谐的特征,又凸显了尊卑有序的要求。反映到家训教化活动中,不仅强化了父兄、丈夫的权威地位,还赋予他们教化主体的地位,以此传播"父慈子孝、兄友弟恭、夫义妇顺"的家庭伦理规范,不断强化着和谐而有序的古代家庭人际关系。

促进形成勤俭节约的治生理财方式。"仓廪实,知礼节;衣食足,知荣辱",人的合理的物质需要的满足,是进行其他一切活动的基础。在家庭治理中,家人的生存发展,家人思想道德水准的提升,家庭日常生活的开展均

[①] 王利器撰《颜氏家训集解》,中华书局,2014,第21~22页。
[②] (明)吕坤撰,王国轩、王秀梅整理《吕坤全集》中册,中华书局,2008,第631页。

需要一定的物质基础。为了家庭的持久性发展,传统家训强调勤奋治生、节俭持家。在治生方面,通过论述和传播"人之有子,须使有业"的重要性和必要性,以及重点选择士农工商为业①等内容,着重通俗化阐释了"民生在勤,勤则不匮"(《春秋左传·宣公十二年》)的观点,强调勤可以免饥寒,可以立身扬名,"农人有勤,则五谷丰登;肆工有勤,则物器多多;官人有勤,则政通人和;商贾有勤,则市井繁荣;士人有勤,则立功立言"②,深层次传播了积极进取、自强不息的职业态度。在理财方面,规训家人在日常生活中谨身节用,节俭持家,以此远罪丰家。具体表现为在饮食、衣服、住宅、交游、妻妾、仆隶等方面以节俭为本,"衣服要朴素,房屋休高大,饮食使用要俭约"③。"俭字功夫,第一莫着华丽衣服,第二莫多用仆婢雇工"④;无论穷富贵贱,皆须量力行之,以量入为出为标准,"富家有富家计,贫家有贫家计,量入为出,则不至乏用矣"⑤。勤奋治生、节约理财的思想观念,以及相应的对家人的言行规训,经过历代的家训教化实践逐渐形成了勤俭节约的治生理财方式。

促进形成平稳安定的家庭生活。平稳安定的家庭生活既是个人安身立命的生活前提,也是社会稳定、国家长治久安的基础。在家庭治理方面,传统家训致力于促进"父子夫妻戮力安家"⑥,促进形成安宁的家庭生活。一是规训家人在家居生活中保持井然有序的日常秩序。早起打扫庭院屋舍,晚上早睡关好门窗,"黎明即起,洒扫庭除,要内外整洁。既昏便息,关锁门户,必亲自检点"⑦,饮食器具以洁净朴实为美,"器具质而洁,瓦缶胜金

---

① 如王夫之在《传家十四戒》中就训诫子孙,"能士则士,次则医,次则农工商贾,各惟其力与其时"。
② 转引自杨明辉编著《中华传统美德丛书·勤俭卷》,南京大学出版社,2008,第26页。
③ 《丛书集成初编0976·杨忠愍公遗笔》,中华书局,1985,第5页。
④ (清)曾国藩撰,邓云生编校标点《曾国藩全集·家书》第2册,岳麓书社,1985,第1066~1067页。
⑤ 上海师范大学古籍整理研究所编《全宋笔记》第6编第4册,大象出版社,2013,第456页。
⑥ (汉)班固撰《汉书》第8册,中华书局,1962,第2369页。
⑦ 《续修四库全书》第951册,上海古籍出版社,2002,第19页。

玉；饭食约而精，园蔬愈珍馐"①，营造干净舒心的家居环境；婚丧嫁娶有着明确的仪式流程。值得注意的一点是传统家训始终贯彻儒家以义制利的思想观点，注重义以为先，比如在嫁娶方面强调"嫁女择佳婿，毋索重聘；娶媳求淑女，勿计厚奁"②。二是传播家居常识，注重防火防盗，营造安全的居住环境。在防盗方面，认为宅舍关防需周密，夜间防盗宜警急；不宜过多储存钱谷金帛、不宜刻薄积恶以免招盗。在防火方面，认为火起多从厨灶、焙物、宿火，对于茅草屋、积油物、积石灰以及遇大风天气尤应注意防火；一旦火灾发生邻里是最邻近的救火人员，出于防火意识传统家训强调"睦邻里以防不虞"③。对于古代个体小家庭而言，传统家训所主张的安家之道有助于促进家庭的安宁稳定，发挥了一定的治家功能。

二 教育子女

爱子贵在教子，"端蒙养，是家庭第一关系事"④。在"男女有别"的古代社会，男子教育与女子教育有共性的地方，也有着各自的个性。传统家训作为古代社会的文化现象，遵循了这种特性，主张教子成人成才，教女成人事家。

教育子女循理守法，立德成人。传统家训的核心内容为思想道德教育，在子女教育方面同样以德育为核心，劝以行善，禁其非为，要求子女做好人，旨在立德以成人。做好人的路径则遵循了"弟子入则孝，出则弟，谨而信，泛爱众，而亲仁"（《论语·学而》）的由亲及疏、由人及物的逻辑理路。姚舜牧在《药言》中阐发了这一点，主张"日教之孝悌，教之谨信，教之泛爱众亲仁"⑤，做一个孝悌谨信、仁民爱物的好人。在强调男女有别的古代社会，子女做好人的具体言行要求又是不同的。对男性子孙而言，孝

---

① 《续修四库全书》第951册，上海古籍出版社，2002，第19页。
② 《续修四库全书》第951册，上海古籍出版社，2002，第19~20页。
③ 《丛书集成初编0974·袁氏世范》，中华书局，1985，第47页。
④ 《丛书集成初编0977·孝友堂家训》，中华书局，1985，第1页。
⑤ 《丛书集成初编0976·药言》，中华书局，1985，第2页。

悌忠信是基本的行为准则，更需要以此为伦理基础扩大范围空间，将待人接物的适用范围扩展至整个天下，做到由家及族、敦睦家族；由家及国、移孝于忠；由人及物，仁民爱物。因而在子弟教育方面，传统家训既有诸多关于子弟为何、如何孝悌的言论，同时又有诸多忠实诚信、礼义廉耻、爱众亲仁的论说。这既契合了意识形态教化的要求，培养循理守法的社会人，又符合家庭培养孝子孙、贤子弟的德育目标。对女性教育而言，认识到"蒙养不端在男也，女亦须从幼教之，可令归正"①。女子归正的范围主要为家门之内，"女正位乎内"（《易经·家人》）。在此基础上传统家训着重论述了把女子培养为孝女、贤妇、烈女的思想内容，而贯穿其中的核心思想则为三从四德。三从即幼从父、嫁从夫、夫死从子，涵盖了女性一生的基本规定，四德即妇德、妇言、妇容、妇功，其中妇德居首位也最为重要，班昭将其概括为"清闲贞静，守节整齐，行己有耻，动静有法"②，妇德又以孝顺父母翁姑和守节为重，歌颂"生则能养，死则能葬""守节不渝，视死如归"③等女性典型。妇言讲求慎言少语，妇容讲求整洁朴素，"一教其缄嘿，勿妄言是非；一教其简素，勿修饰容仪。针凿纺绩外，宜教他烹调饮食，为他日中馈计"④。可以说，在子女教育方面，孝子贤孙、贤人君子是子弟做好人的目标，孝女贤妇、贤妻良母则是女性做好人的目标。

教育子女明职尽职，立功家国。 人生存于世，不仅要遵守社会既定规范，也需有所作为、建立事功。在"亲亲尊尊长长，男女之有别"（《礼记·丧服小记》）的思想观念影响下，传统家训在子女职业教育方面凸显鲜明的伦理化特征，表现为以下两个方面。一是规定了子女不同的职业分工，教育子女明白自己的职分所在。"男正位乎外"（《易经·家人》），子弟的职业范围在家之外的天下国家，既以士农工商四业为主，也不排斥书画医卜等职

---

① 《丛书集成初编0976·药言》，中华书局，1985，第3页。
② 林庆彰等主编《晚清四部丛刊》第3编第63册，文听阁图书公司，2010，第14页。
③ （宋）司马光撰，王宗志注释《温公家范》，天津古籍出版社，1995，第112页。
④ 《丛书集成初编0976·药言》，中华书局，1985，第3页。

业。"女正位乎内",女性的职业范围局限于一家之内,负责女事、女红①,主中馈。二是赋予不同职业具体的伦理化色彩,融伦理道德与职业要求于一体,立德与立功相辅相成。古代农民、工匠、商人统称为百姓,传统家训强调无论为农为工还是为商,均需具备"好人"的基本要求,也就是要做个"好"百姓。士阶层可大体分为出仕为官和未仕学子、致仕退休三类,无论出仕还是未仕、致仕,同样需要做好秀才、好官。好百姓、好秀才、好官既要明白自己的职分,"守本分完钱粮,不要县官督责的,是好百姓。读书不管外事,不要学道督责的,是好秀才。不贪不酷,不要监司督责的,是好官"②,又要尽职尽责,完成应尽的职分。这就明确了子女立功的不同范围,对子弟而言,立功的范围涵盖了家国天下,是国家社会发展的参与主体;女性的立功范围则主要在家庭之内,是家庭治理的重要参与者。传统家训对古代职业分工和职业要求的阐释与传播,促进了古代个体家庭的有序稳定。

三 维系家族

在同居共财共爨的个体家庭中,父子兄弟夫妇朝夕相处。随着家庭成员的增多,兄弟也分家析产逐渐形成了大的家族,"自兄弟分,而后各自为家矣。各子其子,各孙其孙。以至子孙,又各自孙其子孙,而后为数百家矣"③。家族成员的代际繁衍展现了家族的兴旺,然而血缘关系也逐渐疏远,部分家族逐渐出现了"名分徒存,而情不相洽"④的现象,更有甚者"有离心构怨,妒其所乐而惟祸之相幸,甚则党异族以自戕其本支"⑤。传统家训认识到血缘亲情是家族维系的首要前提,而维系血缘亲情的最好方式莫过于

---

① 在古代也有班昭等才华横溢、学显当时的杰出女性,然而在当时的社会环境和舆论压力下是不可能参与社会治理的,基本是"昼修妇业,暮诵经典"(《温公家范》),仍然局限于一门之内。
② 《丛书集成初编0976·药言》,中华书局,1985,第17~18页。
③ (明)吕坤撰,王国轩、王秀梅整理《吕坤全集》下册,中华书局,2008,第1251页。
④ (明)吕坤撰,王国轩、王秀梅整理《吕坤全集》下册,中华书局,2008,第1251页。
⑤ (明)吕坤撰,王国轩、王秀梅整理《吕坤全集》下册,中华书局,2008,第1251页。

聚族而居、朝夕相处,"大抵人之情,日相与则亲,亲则信,信则物莫能间"①。以维系族人情感为前提,致力于维系亲疏有分、尊卑有等、长幼有序、男女有别的家族秩序,传统家训发挥了维系家族和谐、团结、持久发展的功能。

维系家族的和谐。涵盖多种亲属关系的大家族,辈分、年龄、性别、亲疏远近不同,而且随着各自小家庭不同的发展速度,在一族之内也会出现富贵贫贱的区别,各种关系的复杂交错难免会造成族人之间的矛盾冲突。为了处理好以血缘关系为基础形成的亲疏远近、尊卑、长幼、男女的关系,以及以社会财富和地位为基础形成的贫富贵贱关系,传统家训强化了族人之间的血缘关系和相处秩序,主张"本宗同原共派之亲,必须尊卑有等,长幼有序。无恃富强欺凌贫弱,有干不义"②。首先,以儒家思想为指导,从人之性情皆有不同继而临事之际处理方式不同③出发,解释了人与人不和的原因,认为惟有族人之间相互理解相互忍让才是和家之前提。其次,详细阐释了族人相处的基本准则、具体的言行规范以及不同家族身份下的人伦要求,明确了族人之间的相处之道以及各自应遵守的言行规范,为促进族人之间的和睦相处作了理论阐释。最后,通过多样化、生活化和仪式化的家训教化活动,有效地将处理族人关系的人伦道德规范传递给每个族人,使其在日常的家族生活中践行族际规范,促进族人和睦相处。

增强家族的凝聚力。凝聚力也就是向心力,表现为族人之间的团结。传统家训强调族人之间的血缘亲情,以族人皆同祖同宗为前提,认为兄弟伯叔无论亲疏远近皆出自同一祖先,因而有"出入相友,守望相助,疾病相扶

---

① (明)吕坤撰,王国轩、王秀梅整理《吕坤全集》下册,中华书局,2008,第1252页。
② 上海图书馆编,周秋芳、王宏整理《中国家谱资料选编·家规族约卷》上册,上海古籍出版社,2013,第22页。
③ 袁采在《袁氏世范》中详细阐释了这一点,他认为人之性情皆有不同,"盖人之性,或宽缓,或褊急,或刚暴,或柔懦,或严重,或轻薄,或持检,或放纵,或喜闲静,或喜纷挐,或所见者小,或所见者大,所禀自是不同",因而在处理问题时也会有不同的解决方案,"况凡临事之际,一以为是,一以为非,一以为当先,一以为当后,一以为宜急,一以为宜缓",惟有明白这一点、努力做到相互理解忍让大度才是和家之要术。

第一章 传统家训是古代社会教化的重要载体

持"之说。"通族之人,昔祖宗之子孙也。一有贵且贤者出,祖宗有知,必以通族人付托之矣。间有不能养、不能教、不能婚嫁、不能敛葬及它有患难莫可控诉者,即当尽心力以周全之。此为人子孙承祖宗托付分内事,切不可视为泛常推诿"[1]。在具体的操作方式上,传统家训主张修订族谱分清世系,明确族人范围;设立义田、义仓赈济族人;设立义学教育族中子弟,设立义冢解决贫困族人安葬问题。此外,还强调通过岁时拜扫、春秋祠祭、元旦拜年等方式强化族人的情感维系。族人能够在家族之内获得精神上的支撑、物质上的满足,能够在贫困之际获得及时的帮助,无疑强化了对家族的认同和依赖,加之岁时拜祭等家族活动的开展,增加了族人的人际往来,这些都在不同程度上强化着族人的紧密联系,增强着家族的凝聚力。

维系家族的长久发展。实现家族的持久发展是每个家族的共同愿望。家族的持久发展表现为两个方面,一是维系既有的家族物质财富、政治地位、文化优势和社会声望,强调保家;二是通过不断的艰苦奋斗增拓家业,进一步提升家族地位。古代家长们多认识到家族的持久发展"不恃一时之官爵,而恃长远之家规;不恃一二人之骤发,而恃大众之维持"[2]。家规属于文本形态的家训,家族的持久发展既有赖于家训的制定和践行,又有赖于子弟的成人成才。传统家训认为家业兴替系于子弟,家族地位的维持与进一步提升同样有赖于族内杰出弟子的发展,因此主张加强对子弟的教育,不仅注重在人伦日用间加强对子弟的人伦道德教育,还重视加强知识文化和技能才艺教育。传统家训认为士农工商皆是本职,在任何领域有所贡献均可以安身立命、光耀门楣,注重向子弟传授为政、经商、工艺、务农的行业道德规范以及基本经验、方式方法等,以此为家族培养德才兼备的储备人才。在"官本位"的古代社会,传统家训同样强调读书入仕的重要性,为使本族贫穷而有才气的子弟能够继续举业,不仅主张赈济贫寒子弟钱粮,还主张设立义学实际解决学习问题。而这样做不仅出于同出祖宗一脉的血缘亲情考虑,也有期冀族

---

[1] 《丛书集成初编0976·药言》,中华书局,1985,第3页。
[2] (清)曾国藩撰,邓云生编校标点《曾国藩全集·家书》第2册,岳麓书社,1985,第1264页。

内子弟入仕为官以光耀家族的功利考虑。传统家训通过对子弟的殷切教育和培养，既促进了子孙的长远发展，也有助于实现家族的持久发展。

四　维护统治

作为古代社会教化的重要载体，传统家训遵循"家齐而后国治"（《礼记·大学》）、"正家而天下定"（《易经·家人》）的治理逻辑，不仅重视发挥齐家教子睦族的功能，还具备维护国家统治的功能。传统家训主要从思想引导、行为规训两个方面发挥着统治维护的功能。

思想上引导家人从敬爱家长向敬爱官长转变，使其自觉接受国家管理，以维护政治秩序。儒家思想认为国家和谐有序的关键在于端正人心，而端正人心的关键则在于培养人的爱敬之心①，爱敬之心是由血缘亲情生发出的尊敬之意，表达的是对家长、师长、官长、君主的爱戴、尊敬。培养人的爱敬之心需要从小开始，从家庭开始，"人对权威的第一次反应，是在家庭中发生的，因为家庭是人出生和成长的地方。人在长大了以后，对社会权威保持的态度，往往是对家庭权威反应的一个持续"②。一家之权威在于家长，对家长权威的服从表现为"孝"。传统家训大篇幅论述了孝道的合理性、具体要求、重大意义以及经典事例，为家训教化主体引导家人敬爱家长提供了理论依据。在"移孝于忠"的德育目标下，传统家训并未止于此，而是继续推衍家人对家长的这种爱敬之心，将其转化为对师长、官长、君主的爱敬和服从。传统家训沿循了儒家将"官"类比为"父母官"、将"天子"类比为"民之父母"的传统，认为"君亲本无二致"③，往往忠孝并提，认为孝亲是忠君的基础，忠臣必出于孝子之门，惟有做到孝亲才能做到忠君，惟有敬顺不违父母的意志，才能顺从而不违官长的管理，国家治理才能行之

---

① 朱熹在《朱子家礼》中提出了"礼之本"的问题，认为"凡礼有本、有文，自其施于家者言之，则名分之守、爱敬之实，其本也"。
② 孙隆基：《中国文化的深层结构》，广西师范大学出版社，2011，第194页。
③ 上海图书馆编，周秋芳、王宏整理《中国家谱资料选编·家规族约卷》上册，上海古籍出版社，2013，第370页。

有效。

行为上引导家人各守其分各安生理，维护社会秩序。在维护社会秩序方面，传统家训发挥了重要的功能。一是在人际相处方面，传统家训致力于传播主流社会规范，规训家人族众完成社会化、政治化，使其行为能够符合社会的主流要求。古代社会讲求尊卑有等、长幼有序、男女有别，不同身份角色下的个体有着不同的行为要求，如若大部分群体的行为与自身角色要求相违背，则有可能打乱这种社会秩序，影响社会稳定。传统家训通过卓有成效的主流规范传播，引导家人族众在行为上各守其分，遵守并践行自己身份角色下的行为要求，如和睦宗族乡党，按时完粮纳税，不轻易诉讼等，致力于促进家庭、家族、乡里之间的人际和谐。二是在社会职业方面，强调循理以治生，也就是在遵守既定职业规则的前提下开展职业活动。传统家训区分了生计与生理，认为生计作为社会经济领域的职业活动，各有道理，这道理便是"须要孝顺父母，尊敬长上，和睦乡里，教训子孙"，如若能够"年年做好人，步步行好事，其治生时，理当行则行，理不当行则不行"，则有助于保持社会各业井然秩序。此外，对妇女而言亦有各自生理，"晓得孝顺、尊敬、和睦，教之训道安心，勤纺绩，操井臼以养其生"，则内外有别，生理各安。

第二章 传统家训教化功能的理论基础与国家支撑

传统家训作为一种家庭德育家族德育①,是家长、族长、师长通过一定的教化方式方法对家人族众的训示教诫。传统家训作为古代社会教化的重要文本载体和活动载体,其教化功能的发挥具有形而上的理论支撑和现实性的制度支持与法律保障。

第一节 传统家训教化功能的理论基础

传统家训教化活动的开展,有着相应的理论基础支撑。中国古代天人观论证了家训教化活动的可能性问题,人性论解释了家训活动的教化策略,义利观阐明了家训教化的价值取向,人我观则规定了家训教化内容和方式的整体基调。

一 天人合一的天人观

世界观、宇宙观在我国古代一般称为天人观。汉代以来我国形成了以儒家思想为指导的主流意识形态。天人观是儒家思想的形而上基础,"天人之道,经之大训萃焉"②。天人观在儒家思想体系中占有重要位置,也为传统家训意识形态教化活动的开展提供了形而上基础。

---

① 在我国古代,教化多指以"德"教人化人,在伦理政治化、政治伦理化的古代社会,道德具有鲜明的政治性、意识形态性,道德并非单纯指伦理学意义上的道德,而是指思想道德,指伦理政治化的思想道德。家庭德育、家族德育实质上是指思想道德教育,这种思想道德教育是政治伦理化的思想道德教育,也就是意识形态教育或意识形态教化。因而从意识形态教化的视角来看,传统家训是在家这一场域进行的意识形态教化活动。
② 《续修四库全书》第951册,上海古籍出版社,2002,第481页。

第二章 传统家训教化功能的理论基础与国家支撑

（一）"天""人"的涵义

"天"在古代有着多重涵义。首先，指自然之天，即"天空"，"飞龙在天，利见大人"（《易经·乾》），"鸢飞戾天、鱼跃于渊"（《诗经·大雅·旱麓》）。天空并非空洞无物，日月星辰等物质实体悬挂于空中，于是日月星辰等也成为天空的代名词。在古代由于自然科学的不发达，难以解释风雨雷电等自然现象的形成，而这些自然现象多发生在天空中，于是风雨雷电也可以与天画上等号。这样自然之天实质上是一种物质之天，是具有具体的物化形态的物质。自然之天又有着自己的运行规律，"天行有常"（《荀子·天论》），不以人的意志为转移。其次，"天"指具有人格意志的主宰性质的天帝和抽象化的天命。在古代由于人难以上青天，日月星辰的运行规律难以把握，风雨雷电等自然现象难以用科学的原理解释，于是乎天又多了一层神秘性色彩，具有某种神圣性。这种神圣性经过古代理论家的发挥，成为具有人格意志的主宰性质的天帝和抽象化的天命。主宰之天具有主宰宇宙运行、主宰国家治乱兴亡、主宰人的贫富贵贱之意。天主宰着国家的治乱兴亡，"国之存亡，天命也"（《国语·晋语六》）；天主宰着人的生死祸福、富贵贫贱，"天丧予"（《论语·先进》）、"获罪于天"（《论语·八佾》）、"天厌之"（《论语·雍也》）；天决定着人的事业的成败，"天之降大任于是人也"（《孟子·告子下》），"君子创业垂统，为可继也。若夫成功，则天也"（《孟子·梁惠王下》）；天赋予人以思维的能力，"心之官则思，思则得之，不思则不得也，此天之所与我者"；天还是君主权力的来源，万章问孟子"舜有天下也，孰与之"，孟子毫不含糊地告诉他"天与之"（《孟子·万章上》）。但是天并不会以直接的语言方式表达出来，而是"天不言，以行与事示之而已"（《孟子·万章上》），这种神秘的色彩更加增添了天的权威性。"天"又代表社会和个人发展中不可预测、无法改变的事情，是为命运之天。"莫非命也，顺受其正"（《孟子·尽心上》），即是说国家兴亡、个人事功成败很多时候是命该如此，人力很难改变。"命运之天"据此可以理解为人力所不能及、所不能改变的因素，还没有脱离天主宰一切的观念的影响，但是命运之天显然要比主宰之天抽象得多。这种抽象性体现为历史发展的趋势、社会运行的规律、活动的时机机遇等，很难通过探究掌握，是历史活动中的必然。最后，"天"指义理之天，指称最高原理。"所谓率性，循天理是也。"（《四书章句集注·孟子集注》）

  人有生物性、社会性、道德性和能动性的基本特征。在宇宙漫长的历史中，人类显得非常年轻。随着生产力的发展、人自身生活条件的改善以及思维能力、认识能力的提高，人类对人与万物区别的特征、人之为人的特征的认识也在逐步深化。我国古代思想家认为人的基本特征在于以下几个方面。第一，生物性。"饮食男女，人之大欲存焉"（《礼记·礼运》）。人为了维持生命的运行，需要满足衣食住行等基本的生存需求或者生存欲望，这是人在生物方面的基本共性。第二，人具有社会性。相对于无生命的水火山石等自然物质，相对于有生命的动植物而言，人具有社会性的基本特征。荀子明确提出了"人能群"的观点，"水火有气而无生，草木有生而无知，禽兽有知而无义，人有气、有生、有知，亦且有义，故最为天下贵也。力不若牛，走不若马，而牛马为用，何也？曰：人能群，彼不能群也"（《荀子·王制》）。"群"即指人的社会性，一方面，水火草木禽兽等不具有社会性的特质，另一方面，人不可能与动植物交往，"鸟兽不可与同群，吾非斯人之徒与而谁与？"（《论语·微子》），人总是与人打交道。人自出生之日起就与父母家人、乡党邻里、朋友同事等在生活和生产方面打交道，就生活在各种人际关系之中。再次，人具有道德性。在伦理本位的古代社会，我国古代思想家认为有德是人之为人的根本特征，德是调节各种利益关系和人际关系的基本规范。作为具有生存欲望又具有社会性的群居群体，彼此必然存在着一定的利益牵绊、人际纠葛。如何能够实现和睦相处？荀子概括阐述了古代的基本观点，"人何以能群？曰：分。分何以能行？曰：义。故义以分则和，和则一，一则多力，多力则强，强则胜物；故宫室可得而居也"（《荀子·王制》）。也就是说，人与人之间的关系需要礼义规范的协调，需要道德的规约，而具有为社会所承认的品德则是人立身处世的根本。最后，人具有能动性。主观能动性意味着人与动物不同，人不是消极被动地适应自然和服从自然，而是具有明确的主体意识，不仅能够意识到自我之外的对象以及自身的

第二章 传统家训教化功能的理论基础与国家支撑

创造能力，清楚地认识到自我在自然界中的地位，而且能够不断改进自我，提高自身各方面的能力。

（二）儒家关于天人观的主要内容

儒家思想认为，天生人、天生万物，人与天、人与万物一体；天地人一体，人道的要求应该取于天道、符合天道，人只要尽心知性就可以知天道，关键在于加强自我修养。同时，人与万物不同，人与动物的根本区别在于人有道德，人能够明德行德。

天人合一是古代天人关系的主流观点。董仲舒认为天与人在数量和类别上是一致的，因而自然之天与人存在着"天人相类"的关系。在物质形态方面，天与人的关系体现为"人之身，首而员，象天容也；发，象星辰也；耳目戾戾，象日月也；鼻口呼吸，象风气也；胸中达知，象神明也；腹胞实虚，象百物也"；在数量方面，天与人亦有着类似性，"天以终岁之数，成人之身，故小节三百六十六，副日数也；大节十二分，副月数也；内有五脏，副五行数也；外有四肢，副四时数也；乍视乍瞑，副昼夜也；乍刚乍柔，副冬夏也；乍哀乍乐，副阴阳也；心有计虑，副度数也；行有伦理，副天地也"，"天有九重，人亦有九窍；天有四时以制十二月，人亦有四肢以使十二节；天有十二月以制三百六十日，人亦有十二肢以使三百六十节"①。天人相类表明天与人在类别上有一致性，类别相同的事物有着共同的特性，"平地注水，去燥就湿，均薪施火，去湿就燥。百物去其所与异，而从其所与同，故气同则会，声比则应，其验皦然也……美事召美类，恶事召恶类，类之相应而起也"②，因而事物与事物之间由于属于共同的类别而呼应。

天人感应旨在说明，具有人格意志的主宰之天决定着人的性情智愚、富贵贫贱，决定着国家的治乱兴亡，决定着自然界的风雨雷电等自然现象，如若具有人格意志的天感应到人违背天的意志，则会以风雨雷电、治乱兴亡、事功挫败等使现实世界的人感应到天的权威；若人能够服从天的意志则天会

---

① 王云五主编《四部丛刊正编·淮南子》第22册，台湾商务印书馆，1979，第25页。
② 《文渊阁四库全书》第181册，台湾商务印书馆，1986，第780页。

降下祥瑞使人事半功倍。因此人需要顺天命，国家治理也需要顺天命，这样才能够实现天与人的和谐统一。应该说明的是，这里的具有人格意志的天是一种人格神，是具有人的意志的上帝。而这里的具有"人的意志"的"人"并非指所有人，而是指"作之君，作之师"（《尚书·泰誓上》）的圣王。之所以赋予"天"无上的权威乃在于以具有神圣性、权威性、崇高性的天来解释某种社会现象和思想理论具有合法性和合理性，而某种社会现象和思想理论一般是指在经济上因而在政治上、思想上占统治地位的统治阶级的制度设计和主观意志。因而天人感应理论的实质在于论证阶级统治和国家权力使用的合法性问题①，并为社会主流意识形态提供形而上的理论支撑。

在天人感应理论的推衍下，以董仲舒为代表的古代理论家认为，天与人之间紧密联系不可分离，由此应该达致和谐统一的状态，即天人合一。由于"天"的涵义不同，因而天人合一思想也就有不同的内涵。一是人与自然和谐相处。天首先指自然之天，也就是自然界，是与人化自然相对的自然。人以其自身的主观能动性能够"物畜而制之""制天命而用之""应时而使之""骋能而化之""理物而勿失之"（《荀子·天论》），也就是人能够掌握自然运行的规律，从而更好地利用自然服务于人类社会，但是这并不意味着人可以违背自然规律，可以滥用自然资源，而是应该以民胞物与的姿态实现人与自然的和谐相处。二是天、君、民和谐统一。"天"指称权威之天时，就具有决定一切的力量，也就成为国家权力的来源与依据。"天之立君，以为民也"（《荀子·大略》），君主的存在是天的意志，体现的是天尊君卑的

---

① 以董仲舒为代表的古代理论家认为，天与人相互感应，然而并非所有人都可以与天相感应，与天相感应的为天子，天子受命于天，天子的权力来源于天，因而古代以天子为中介将天命传递给天下之人。《春秋繁露·为人者天》以天人感应为哲学基础，论证了天子权力的来源，"唯天子受命于天，天下受命于天子，一国则受命于君。君命顺，则民有顺命；君命逆，则民有逆命。故曰：'一人有庆，兆民赖之。'此之谓也"。天设立君主的目的在于满足民众的利益，"天之生民，非为君也；天之立君，以为民也"（《荀子·大略》）。然而天子之所以能够区别于一般的民众，能够接受天命治理天下，在于自身的智力优势，在于高尚品德，尤其是坚持为政以德、以德化民的政策，若违背天意暴行逆施则会失去权力，"故其德足以安乐民者，天予之；其恶足以贼害民者，天夺之"（《春秋繁露·尧舜不擅移，汤武不专杀》）。

等级体系，天为君主之父，君主为天之子，天与君的尊卑关系体现为普通人能够直观感觉到的而且认同的父子关系。而君与民的关系也同样被类比为父与子的关系，君的存在的合法性来源于天，也建立在为民父母的伦理基础上，这样就构建了一个合理的社会伦理秩序，由此实现了天、君、民的统一。三是道德原则与天相统一。占统治地位的道德规范来源于天，因而具有权威性和合法性，民众只有遵守社会主流道德规范才能达到天人合一的理想境界。应该注意的是，天人合一的思想在不同领域有不同的内涵，但始终贯穿着基本的原则，即人既要尊重客观规律和社会规律，又要注重发挥主观能动性。

（三）儒家天人观对家训教化的理论支撑

天人合一是古代天人观的主流思想。天人合一的思想观念为传统家训意识形态教化活动的开展提供了形而上的可能性依据。

人的主观能动性和道德性为开展家训活动和完善家训活动提供了可能性。在儒家思想看来，人相对于自然之天、主宰之天、命运之天、义理之天而言，处于客体的位置，天人关系表现为天尊人卑。但这并不意味着人在天面前是无能为力、无所作为的，人具有主观能动性和道德本性，人是能够在一定条件范围内有所作为的，这也就为人类自身开展意识形态教化和改进意识形态教化提供了可能性。家训活动作为人类自发继而自觉的活动，是以人自身具有的特性为前提的。儒家天人关系理论并未否认人的主观能动性，而是特别强调人的主观能动性在道德领域里的充分发挥，"我欲仁，斯仁至矣"（《论语·述而》），强调人在道德修养领域里的主观能动性。孔子指出"天地之性人为贵"，董仲舒以人具有主观能动性为基础论证了人明礼知义的可能性，"明于天性，知自贵于物；知自贵于物，然后知仁谊；知仁谊，然后重礼节；重礼节，然后安处善；安处善，然后乐循理；乐循理，然后谓之君子"[①]。人在道德领域的主观能动性的发挥表现为既能够开展教化活动，又能够接受教化活动。这就为人在家庭中开展教化活动和接受教化活动提供

---

① （汉）班固撰《汉书》第8册，中华书局，1962，第2516页。

了理论基础，也为家训教化活动的进一步完善提供了可能性。

和谐有序的天人关系为家训秩序的确定提供了形而上的理论依据。家训教化活动并非散乱无序、没有主客之分的，而是在一定的秩序范围内展开的。在家训教化内部，是以父家长制为运作原则的，在家训教化外部，则是以阶梯式家族教化为运作原则的，因而在家族内部和社会各家族之间形成了严格规范的教化秩序。一方面，作为主宰之天和命运之天，天犹如至高无上且使人深信不疑的权威，这样就无形中压低了人的地位。天赋予天子以治理天下的权力，天子成为天的意志的代表，天子与其他臣民相比较就具有了更高的地位；同时在天子之外还有士农工商的区别，由于士作为国家的管理者，是与天子一道参与国家治理的，士相较于工农商以及贱民而言就具有了较高的地位。这样就从天人关系过渡为君民关系，又从君民关系过渡为官民关系，在各级关系中层层推衍形成了以天子为核心，以各级官僚为辅佐的国家治理体系，每个人在社会体系中居于一定的位置。当每个人各安其职、各守其分，则天人、君民、臣民就处在了井然有序的环境内。不同个体在社会上的影响力是不同的，天子、各级官僚、文人缙绅等具有较高的影响力，因而其家族也有着较高的影响力，其家族教化活动的开展也就带动着同级或较低级家族的发展。另一方面，在同一家族内部也是有着明确的教化主体和客体的，父家长具有无上的权威而成为家族教化的主体。父家长的权威实质上来自男系男权的社会制度，儒家思想借助神圣莫测的天阐释了父家长的权力，将天人关系、君民关系、臣民关系类比为父子关系，父相对于子而言就天然具有了至上的权威，这样在家族教化活动中也就有了明确的主客体①。等级有序、和谐统一的天人观论证了家族等级秩序的合理性和社会等级秩序的合理性，从而为家族内部和家族之间教化主客体的确定提供了形而上的论证。

---

① 清代刘沅在《豫诚堂家训》中以天为至上权威，将天地类比为父母，强调尊崇天地父母的重要性，从而确立了父母在家族秩序中的至上权威。"天理良心，人之所以为人。宽仁厚德，覆载所以长久。昧良悖理，不得为人。褊心小量，安能合天？得天理以为人，天地故为父母。父母才有我身，父母故同天地。欺堂上父母易，欺头上父母难。一念欺天，即为不孝，一念欺亲，得罪于天。修道以谕亲，尊父母如天地也，尽性而参赞，事天地如父母也。"

二 性待教而善的人性观

人性问题是关于人的本质属性的问题，回答的是人的本质特征的问题。人性论不仅是中国古代哲学的重要内容，是古代社会主流意识形态理论的哲学基础，也是古代道德教化的理论基础，还是传统家训意识形态教化活动的理论基础。在承认人的社会性基础上，儒家思想强调人的道德性，因而依据人的道德性开展教化活动。

（一）儒家关于人性的基本观点

人性即人之性，旨在言人，是在人与动物相区别的意义上论说的。因而人性中的人是一个类概念，人性指的是人的本质规定性。在儒家思想看来，衣食住行等基本的生物性欲望也是人性的表现，由于动物也具有求生的本能，具有追求饱暖的欲望，因而在生物性需求方面人与动物具有一致性。生物性或者自然性是人性的基本表现，符合与生俱来、不学而能、不虑而知的人性规定，但这并不是人不同于动物的本质特性。人性着重强调"人之所以异于禽兽者"，即人类之为人类的特性。

人不仅具有生物性需求，也具有精神性追求，从道德的角度界定人的本性是古代人性论的基本理路。儒家主张从类的角度讨论人性问题，主要围绕善和恶展开，主流思想观点主张性善论。在儒家看来，"性相近也，习相远也"（《论语·阳货》），人的本性具有相似性，而人的本性概括言之可称为善。孟子明确提出人具有仁义礼智四善端，具有为善的动机，从动机论的角度论证了人性是本善的。人性本善并不表明人性已善，植根于人的本性之中的善还是一种可能性，需要"皆扩而充之"（《孟子·公孙丑上》），只有"渐于教训"① 其才能成为一种现实，人才能在社会中成为善人。董仲舒继承了孟子性善论的思想，同时从国家治理的角度深入分析了"性"与"善"的区别，认为"性"与"善"是两个事情，说明了性本善与性已善的不同，"性者，天质之朴也。善者，王教之化也。无其质，则王教不能化。无其王

---

① 《文渊阁四库全书》第 181 册，台湾商务印书馆，1986，第 764 页。

教，则质朴不能善"①。在此后两千多年的历史中，性善论成为古代人性论的主流思想。

古代人性论基本是从类的角度出发的，这是因为"凡同类者，举相似也"（《孟子·告子上》），同类具有相似的特征，尽管人有智愚贤不肖、富贵贫贱的差别，但前提在于，大家都是人，在人性方面也就具有共同性，都具有生物性、社会性、道德性特征。每个人具有一定的道德本性，因而在理论上就有了形成统一的适用于全体人民共同遵守的社会道德规范的可能。在先秦时期有"性无善无不善""性可以为善，可以为不善""有性善，有性不善"（《孟子·告子上》）等观点，这些观点由于不是建立在人的共性基础上，而是着重讨论社会中的某一部分人，不能为统一的社会规范体系提供理论支撑，于是并未在中国古代思想史中成为主流。人性本善、性待教而善成为古代人性论的主流思想。儒家人性论实际上是将作为社会规范的善恶价值评价和价值判断赋予人性，着重论证人的本质规定性就在于人的道德性。

（二）儒家人性观对家训教化的理论支撑

儒家人性论着重强调人的社会性，在社会性中突出了人的道德本性。人的道德本性指一切人的道德性，这就为建立普遍性的社会规范提供了人性论依据。普遍性的社会规范的存在是国家实行仁政、开展意识形态教化的理论基础，也是在家的范围内开展教化的基础。

性善论是国家实行教化方略的人性论基础。礼乐刑政是古代治国理政的基本策略，但"取与攻守不同术"②，治世与乱世在礼乐刑政方面的着力点不同。在和平盛世，教化策略相较于刑罚方式优势更为明显。在国家治理方面不仅需要认识到礼义教化的重要性，还需要一定的理论支撑。礼义教化策略的理论基础既需要形而上的天人观的论证，也需要现实性的人性论的支撑。儒家性善论作为古代人性论的主流思想观点，为国家实施教化方略提供

---

① 《文渊阁四库全书》第181册，台湾商务印书馆，1986，第764页。
② 《文渊阁四库全书》第695册，台湾商务印书馆，1986，第390页。

第二章 传统家训教化功能的理论基础与国家支撑

了人性论基础。在孟子提出的人皆具有"恻隐之心""羞恶之心""恭敬之心""是非之心",以及"仁义礼智"四善端的基础上,董仲舒系统论述了教化活动的必要性。董仲舒着重区分了人性本善与人性已善的不同,进而区分人思善、行善的可能性与现实性问题。人具有善的本性,但是并不一定能够在现实生活中行善,惟有通过教化方能使人的善良本性发挥出来,"性待渐于教训而后能为善"①。荀子看到了人的生物性需求,看到人满足基本物质需求的必要性,主张人在生物性需求方面有着趋利避害也就是"恶"的一面,但是与董仲舒殊途同归,同样强调人性本恶与人性已恶的不同,主张通过实施礼义教化引导人民"改邪归正",战胜内心的恶的欲望,思善、行善。在古代国家治理的过程中,人性论成为实施教化策略的有力的现实性理论支撑。

性善论为家训活动实施教化策略提供了人性论依据。家训教化作为国家教化活动在家的层面的具体实施,同样有着深刻的人性论依据。家训教化活动的主体为家长,家长既是一家之长希冀子孙成人、家族兴旺,同时又是国家社会的人,是社会主流思想的代表,需要传播主流意识形态促进家人族众的政治化与社会化。这就需要通过一定的方式方法开展家训活动。国家的顶层设计影响着家族活动的开展,国家实施教化策略势必影响着家训活动的运行策略,家训活动主要体现为一种教化活动。家训教化活动同样需要人性论的现实支撑,性善论为家训教化活动的开展提供了人性论依据。不论智愚贤不肖、富贵贫贱,人皆有思善、向善、行善的可能性,把每个人可能性的善转化为现实性的善则需要礼义教化活动的开展。教化活动成了人成为人、使人与动物相区分的主要方式,"人之有道也,饱食、暖衣、逸居而无教,则近于禽兽"(《孟子·滕文公上》)。传统家训教化活动默认"人之性有仁义之资"②。家训教化主体以此为前提,论证开展训诫活动的必要性和合理性,并注重以礼法齐家,从而保持人的善良本性,使得人心思善、人人为善。

---

① 《文渊阁四库全书》第181册,台湾商务印书馆,1986,第764页。
② 王云五主编《四部丛刊正编·淮南子》第22册,台湾商务印书馆,1979,第153页。

三 重义轻利的义利观

义利问题要解决的是人类生产生活中的价值取向的问题，以及根据一定的价值标准作出相应的价值判断和价值选择。我国古代社会中，义利观是具有引导性的道德价值取向，影响着全民族的价值评价和价值选择，影响着整个社会生活的运行，当然也影响着家训教化活动的开展。

（一）儒家关于义利观的基本观点

在道义与私利关系中，在性善论的理论预设下，儒家积极追求善，主张先义后利、以义制利。其终极目的既在于追求一种道德理想主义，也在于维护亲亲尊尊长长、男女之有别的宗法等级秩序。

"义"本作"仪"，许慎在《说文解字》中解释为"己之威仪"，"威仪"指个体的视听言动、德行容止的外在表现，引申为人的一切行为活动；人的行为活动并不能随心所欲不受外在规范约束，而是需要适宜得体。由此"义"逐渐引申为"宜"，"义者宜也"（《礼记·中庸》），指人的行为活动应该符合一定的规范法度。在伦理本位的古代社会，这种规范法度具体表现为德，这样人的行为活动若适宜得体则表现为崇高的道德——"善"。段玉裁在《说文解字注》中总结道："义之本训谓礼容各得其宜。礼容得宜则善矣。"[①] 作为"善"的义，从价值范畴的角度来看，是一种道德价值；从社会规范的角度来看，"善"实际上是一种社会规范，是人生存于一定社会应该遵守的准则。"利"本义为刀剑锋利，指以刀等农业生产工具收割庄稼，后引申为利益，"君子喻于义，小人喻于利"（《论语·里仁》）。作为"利益"的利，从价值范畴来看，是一种物质价值；从伦理范畴来看，是主体在行为活动中追求的目标与达到的结果。但是这种概念上的界定是相对的，利有大利、小利，公利、私利之分，大利、公利尽管也代表了物质利益，却在一定程度上接近义；义按照行为主体划分也有大义、小义之分，大义近似于共同体利益，小义则指个体的精神追求、志向追求等。

---

① （汉）许慎撰，（清）段玉裁注《说文解字注》，上海古籍出版社，1988，第633页。

在义利关系上，儒家在现实生活中看到了利的重要性，但是在价值取向和规范尺度上认为义利在根本上是对立的。在现实生活中人需要满足基本的物质需求才能生存下去，儒家看到了利在人类生产生活和国家治理中的重要性，强调"民以食为天"；并认识到利是实现义的基础，"有恒产者有恒心，无恒产者无恒心。苟无恒心，放辟邪侈，无不为已"（《孟子·滕文公上》）。但是在国家治理以及个体的人生追求上，儒家看到了以义引导社会运行的重要性，故以义利的对立为理论预设，崇尚和推行义，认为义是人与动物相区别、人之为人的标志，是崇高的精神价值。在国家治理上，推崇国家大义——稳定和谐的社会秩序，"王何必曰利？亦有仁义而已矣"（《孟子·梁惠王上》），倡导推行仁义而不需要动用坚甲利炮就可以形成稳定和谐的社会秩序；在个体人生发展上，推崇高尚的大丈夫人格，"富贵不能淫，贫贱不能移，威武不能屈"（《孟子·滕文公下》）。在崇尚义的价值取向下，儒家视义为崇高价值，形成了以道义为依据的价值标准，并形成了见利思义、先义后利、重义轻利、舍生取义的义利观。

（二）儒家义利观对家训教化的理论支撑

从社会规范角度来说，义利关系表现为社会道义与功利之间的关系，重义轻利的义利观影响着家训活动的教化策略。从价值主体角度来说，义利关系表现为公利与私利之间的关系，重义轻利的价值观规定着家训教化活动的基本价值导向。

重义轻利的义利观影响着传统家训的具体教化策略。如果说性善论的人性论预设规定了家训的教化方略，那么重义轻利的义利观则影响着家训教化活动的具体策略。教化是家训活动的基本方略，家训教化活动的具体展开有着多种策略，如以礼齐家，以礼法齐家，以礼法刑罚齐家等。儒家以义制利、先义后利的价值观在理论层面和实践层面规定了家训的基本教化策略。重视道义、追求道义，以道义为价值判断和价值选择的标准，是古代社会的主流价值观。在古代社会，道义主要是指道德层面的社会正义，反映到国家教化方略中表现为礼治、德治等方式。这种由重义轻利的价值取向决定的礼治、德治的教化方略反映到家训活动中，则表现为礼治为主的教化策略。司马光在《温公家范》中明确提出"治家莫如礼"的教化主张,认为通过礼教的方式更能够实现"君令而不违,臣共而不贰;父慈而教,子孝而箴;兄爱而友,弟敬而顺;夫和而义,妻柔而正,姑慈而从,妇听而婉"的良好效果。重义轻利的价值取向强调义为崇高价值,主张追求义,但并不完全排斥利,对于个体基本的物质需求、对于人的正当利益是肯定的,因而在国家方略方面在强调以德治国的同时,也主张适当运用刑罚,形成了德主刑辅的治国方略。这样在家训教化活动中,以礼治家是基本的教化策略,同时也形成了礼治为主、刑罚为辅的教化方式,具体表现为以日常礼仪潜移默化影响家人族众言行举止,以日常训诫等柔和的方式引导家人族众的言行,同时以家法族规等准法律性质的条款以及精神惩罚、肉体惩罚、财物处罚等惩戒性的方式约束人的行为。

重义轻利的义利观规定着传统家训的价值取向。重义轻利的义利观不仅影响着传统家训的教化策略,也规定着其价值取向。义以为先、先义后利、以义制利、重义轻利的价值观作为古代社会的主流价值观念,不仅在思想理论、国家方略方面,同时在社会生活、社会活动中也有着广泛的影响力,影响着传统家训的基本价值取向。首先,在重义轻利价值观的影响下,传统家训形成了重礼义规范、轻个人欲望的价值取向。"饮食,人之所欲,而不可无也,非理求之,则为饕为馋;男女,人之所欲,而不可无也,非理狎之,则为奸为淫;财物,人之所欲,而不可无也,非理得之,则为盗为贼。人惟纵欲,则争端起而狱讼兴。圣王虑其如此,故制为礼,以节人之饮食、男女;制为义,以限人之取与。"① 其次,在重义轻利价值观的影响下,传统家训形成了重视伦理道德、尊重人伦规范的价值取向。在伦理本位的古代社会,以义为崇高价值标准,也就是以人伦道德为价值判断和价值选择的标准,在重义轻利价值观的影响下,传统家训逐渐形成了认同和重视父慈子孝、夫义妇顺、兄友弟恭、邻里和谐等人伦道德规范,反对无父无君等观念的价值取向。最后,在重义轻利价值观的影响下,传统家训形成了重视家族

---

① 《丛书集成初编0974·袁氏世范》,中华书局,1985,第36页。

利益、重视国家利益的价值取向。传统家训教化目的、教化内容、教化方式、教化制度等形成了重家族利益、轻个人利益的价值取向；家族是一定时期一定朝代中的家族，传统家训活动重视社会道义，强调整体利益，又形成了重视国家利益、国家利益高于一切的传统。

四 仁爱和谐的人我观

人我关系是我与我之外的他人之间的关系。在性善论的理论预设下，在人我关系上，儒家主张仁爱论，"亲亲而仁民，仁民而爱物"（《孟子·尽心上》），在践行仁爱方略上主张由近及远、推己及人。

（一）儒家关于人我观的基本观点

"人"在古代有多种涵义，指人类，"天地之性最贵者也"（《说文解字》），"惟人万物之灵"（《尚书·泰誓上》）；指某一类人或某一群人，"劳心者治人，劳力者治于人"（《孟子·滕文公上》）；指具有某种知识、技能、才华的人，"今蔡无人乎？国可伐也"（《说苑·奉使》）；指我以外的其他人，"不患人之不己知，患不知人也"（《论语·学而》）。"我"之意古今相同，即"施身自谓也"（《说文解字》），段玉裁进而认为，我"不但云自谓，而云施身自谓者，取施与我古为叠韵。施读施舍之施。谓用己厕于众中，而自称则为我也"[1]，我指的是与我相类的众人之中的我，而处于众人之中的我又具有自己的独特性，能将我与众人区分开来。人我关系，指我以外的他人与自我之间的关系。随着人的自我意识的觉醒，具有自觉意识和自主意识的人能动地将人我、物我既联系又区别开来，既能接受他人的影响而又能对他人施加影响。在古代人我关系"是指我以外的他人与自我之间的道德关系"[2]，强调以德律己、以德待人。焦国成认为道德化的人我关系概括来说包括四种类型——血缘亲情型人我关系、上下等级型人我关系、同心相知型人我关系、路人偶遇型人我关系，物我关系可视为人我关系的延伸[3]。在古代人我关系理

---

[1] （汉）许慎撰，（清）段玉裁注《说文解字注》，上海古籍出版社，1988，第632页。
[2] 焦国成：《中国伦理学通论》上册，山西教育出版社，1997，第267～268页。
[3] 焦国成：《中国伦理学通论》上册，山西教育出版社，1997，第269页。

论中,如贵己论、不争论、爱人论等是以上述四种关系为基础的。

在人我关系上,儒家以天人合一的和谐状态为形而上基础,以性善论和重义轻利论为理论基础,主张爱人论,把爱人、利人作为处理人我关系的第一原则,形成了"仁爱"的基本理论。仁爱理论作为处理人我关系的基本原则,规定了具体的人我关系的协调方法。一是对自我而言,要成为爱人者,即仁者,需要具备"恭、宽、信、敏、惠"(《论语·阳货》)、"仁、义、礼、智、信"(《白虎通德论》)的美德,需做到"克己复礼"(《论语·颜渊》)。即要在日常生活中以社会主流规范约束自己,在日常人伦日用中践行之,并时时反观自我,注重求诸己,不断提高自我的道德修养。二是对于我之外的他人而言,需要将植根于人的善良本性的孝悌情感根据由亲及疏、由近及远的原则,做到"亲亲而仁民,仁民而爱物"(《孟子·尽心上》)。由于物是人我关系的中介,人们与物的关系反映了人我关系,所以物我关系也被视为人我关系的延伸,被视为人我关系的一部分。但处在各种实际环境中的人并非时时、事事能够做到善,这就还需要以仁爱之心使不善者转而为善,使人迁善改过。董仲舒也从加强自我之修养与爱我之外的他人两个方面阐发仁爱理论,强调"以仁安人,以义正我"①。仁爱论作为古代社会处理人我关系的基本原则,影响到古代社会思想理论和生活实践的各方面,也为古代家训教化活动的有序运行提供了理论基础。

(二)儒家人我观对家训教化的理论支撑

儒家的仁爱理论作为古代社会的主流思想观点,不仅为处理现实生活中的人我关系提供了基本原则和方法策略,也为家训教化活动的具体展开提供了理论依据。

仁爱理论奠定了传统家训教化内容的道德基调。从思想政治教育的角度来说,传统家训属于在家庭、家族中开展的教化活动。以家长为核心的教化主体不论社会地位、职业身份、阶级地位如何,往往需要结合社会要求与自身家族实际确定教化内容。教化内容整体上是趋向于善还是恶,是趋向于和

---

① 《文渊阁四库全书》第181册,台湾商务印书馆,1986,第750页。

谐合作还是趋向于竞争冲突，取决于对人我关系的认知。仁爱理论作为我国封建社会时期处理人我关系的主流思想，在宏观上影响着传统家训教化内容的选择。仁爱理论不仅规定了处理血缘亲情关系、上下等级关系、朋友关系、路人关系等复杂的人际关系的基本原则，还提供了具体的方法策略，表现为"父子有亲，君臣有义，夫妇有别，长幼有序，朋友有信"（《孟子·滕文公上》）的伦理规范要求，这就奠定了古代社会教化内容的道德基调。古代中国的家既是个体之家，又是由个体小家庭构成的大的家族，大的家族人际关系复杂，《古今图书集成》之《明伦汇编·家范典》中就记载了30余种家族人际关系。家训教化主体在仁爱理论的影响下，以儒家伦理规范为主体教化内容，强调既要加强自我道德修养，善于求诸己，又要孝顺父母、友爱兄弟、教训子孙、和睦乡党、尊敬长上、勤劳节俭、清正廉洁等，此外在职业选择、职业操守、家庭生计、物我关系等方面均以仁爱理论为底蕴，强调以德立身、以德待人、以德处事。

仁爱理论奠定了传统家训教化方式的柔性基调。仁爱理论不仅规定了家训教化内容的伦理色彩，还奠定了家训教化方式的柔性基调。仁爱理论主张根源于人的善良本性的仁爱之心，需要通过一定的方式方法展现出来，以达到仁民爱物的道德要求。传统家训活动在性善论的理论预设下采取了教化的策略，在重义轻利的义利观的影响下采取了以礼法齐家的教化策略，仁爱理论则奠定了家训具体教化方式的柔性基调。也就是说，家训教化主体本着仁爱之心，主要以柔性的方式方法教化家人族众、导人向善，使人迁善改过。家训教化活动的柔性运行体现为家训主体重视运用说理讨论、诗歌词曲、散文书信、楹联碑刻等多样化的教化形式，重视运用设约、宣讲、庆典、祭祀等日常化的教化仪式教化家人族众。仁爱理论还强调，面对恶的事情，需要以明确的态度"恶不仁者"（《论语·里仁》），但是反对恶的事情并不是目的，仍然需要从仁爱之心出发引导人民迁善改过。在个体家庭和家族中，也会存在着不善的事情，需要家训主体的积极引导。在家训活动整体柔性运行的态势下，还需要一定的刚性机制加以辅助，需要采取一定的制度化、规范化的教化机制确保家训教化的有序运行。因而柔性化是传统家训教化方式的主导基调，同时也以一定的刚性机制加以辅助。

第二节 传统家训教化功能的制度支持

传统家训教化功能的实现不仅具有系统化的理论基础支撑，也有着强有力的制度保障。古代国家在家族、教育、选举、经济等各个方面为家训教化活动的开展提供了有力的制度支持，有效保障了家训教化活动的运行。

一 聚族而居的家族制度

家在我国古代社会中发挥着重要的功能。随着家的组织形态的自然演进和国家法律的制度维护，独具特色的家族制度逐渐形成。家族制度的建立为传统家训意识形态教化活动的开展提供了稳定的空间场域。

家族制度是我国古代社会的基本制度之一，影响深远。"中国的家族制度在其全部文化中所处的地位之重要，及其根深蒂固，亦是世界闻名的。"[①] 从个人的生存发展来看，家作为生活之家，是人的安身之所；作为伦理之家，是人的修身之所；作为教化之家，是人的认识之所；作为精神之家，是人的立命之所，简言之，家实为人的生存、生活、教化之家。从家族秩序与社会秩序的联系中，"家族实为政治、法律的单位，政治、法律组织只是这些单位的组合而已"[②]。由是强调家族重要性、重视发挥家族功能得到多方面的支持和维护。在家族关系上，通过尊祖方式实现敬宗目的，又通过提高族长宗子地位的方式凝聚族人，"尊祖故敬宗，敬宗故收族"（《礼记·大传》），以形成具有强大凝聚力的家族组织。在理论推衍上，从天人关系出发论证"亲亲尊尊长长，男女之有别"的家族秩序的合理性，《易经·家人》主张"家人，女正位乎内，男正位乎外，男女正，天地之大义也。家人有严君焉，父母之谓也。父父，子子，兄兄，弟弟，夫夫，妇妇，而家道正；正家而天下定矣"。从治国方略上来讲，家庭作为社会的基本细胞，家

[①] 梁漱溟：《中国文化要义》，上海人民出版社，2011，第17页。
[②] 瞿同祖：《中国法律与中国社会》，商务印书馆，2010，第30页。

第二章 传统家训教化功能的理论基础与国家支撑

族组织作为基本的社会组织,家对于社会的稳定和国家的发展有着重要的意义,正所谓"天下之本在国,国之本在家,家之本在身"(《孟子·离娄上》)。对于国家管理者和即将成为国家管理者的士大夫阶层而言,若想实现治国平天下的政治理想抱负,首先在于提高自身修养,并且掌握齐家之道,治理好自己的家族;对于广大平民百姓而言,惟有治理好家族才能有效培养子孙成贤成才,才能维系家族发展、促进家道隆昌。无论是士大夫阶层还是平民阶层,家族的平稳发展是国家和社会发展的基础,对治国理政具有重要意义。从法律制度上来讲,"中国古代法律的主要特征表现在家族主义和阶级概念上"[1],表现为支持和维护家族制度。陈顾远从政事法上论证了家户为编组之单位、政令之所托,家长具有公法上之责任;从民事法上就亲属关系、婚姻关系、同居关系、继承关系等方面论证了古代法律对家族制度的维护;从刑事法上就刑名、坐罪、科刑、宥赦等方面论证了古代法律对家族制度的维护[2]。

在理论支持、政府维护、法律保障等作用下,古代家族制度逐渐规范化、稳定化,乃至梁启超发出"吾国社会之组织,以家族为单位,不以个人为单位"[3]的感叹。所谓家族"不外指示同一祖或父所出之宗族,及其妻妾,并奴婢义子等附属分子之集合,而以家长统其家属,以尊长率其卑幼也"[4]。古代家族制度形成了以家长或族长为统率,以亲亲尊尊长长、男女之有别为基本精神,以家法族规为基本行为规范,以族谱祠堂为精神维系,以族学义塾为教育组织,以族田义田为经济支撑的组织形态。其类型包括王室贵族家族、官僚士绅家族、平民家族等形态,其规模大小不一,少则二三代人,多则累世同居达几千口人。历史上也有关于累世同居、人口数百数千的大家族的记载,但这样的"只有着重孝悌伦理及拥有大量田地的极少数仕宦人家才办得到,教育的原动力及经济支持力缺一不可,一般人家皆不易

---

[1] 瞿同祖:《中国法律与中国社会》,商务印书馆,2010,第 xii 页。
[2] 陈顾远:《中国法制史概要》,商务印书馆,2011,第 219~250 页。
[3] 梁启超:《新大陆游记》,商务印书馆,2014,第 142~143 页。
[4] 陈顾远:《中国法制史概要》,商务印书馆,2011,第 220 页。

办到"①，这样的家族是古代家族的典型形态，但由于经济等方面的因素并未普遍建立。真正在中国历史上以普遍形态存在的家族组织一般为在五服之内，上至高祖、中至三从兄弟、下至玄孙，以族长、族谱、祠堂、义田、义学、义冢为结构的系统化的家族组织。无论是以典型形态还是以普遍形态存在的家族组织，其均有着共同的基本特征，即聚族而居。所谓聚族而居，即以血缘关系为纽带，同一男性祖先的子孙按照一定的思想和行为规范，以自给自足的经济制度和诸子均分的家产继承制为基础，世代居住在一起，"死徙无出乡，乡田同井。出入相友，守望相助，疾病相扶持"（《孟子·滕文公上》）。

聚族而居的家族制度具有严密的组织系统、严格的族长族权的统治，以及作为族众之间关系规范的严密的家法族规等②。规范化、稳定化的家族制度为家训主体在家族和个体小家庭中开展教化活动提供了有序的空间场域，提供了家人族众日常相处的家居环境。

二 重视家族教化的教育制度

官学教育制度与私学教育制度是我国古代教育体系的两大制度，家族教育作为私学体系的重要组成部分发挥了重要作用。重视家族教化是古代教育制度的基本特征，为传统家训教化活动的开展提供了直接的制度支撑。

私学教育在我国古代教育体系中发挥了重要作用，家庭家族教育作为私学教育的重要组成部分，同样发挥着重要作用。我国教育理论与教育实践历史悠久，夏商周时期产生了具体的学校组织和学校制度，主要为官学教育。春秋战国时期随着生产力的发展，"学在官府"的教育制度发生变化，产生了私学组织并逐渐形成了影响深远的私学制度。我国封建社会教育制度基本分为两类，一是官学制度，包括中央官学和地方官学制度，二是私学制度，包括私塾、义学、书院制度。官学教育是封建等级制下的教育，具有等级性

---

① 瞿同祖：《中国法律与中国社会》，商务印书馆，2010，第5页。
② 徐杨杰：《中国家族制度史》，武汉大学出版社，2012，第287页。

第二章 传统家训教化功能的理论基础与国家支撑

的特征，一般只有贵族和官僚子弟才能进入中央官学或地方官学学习，平民阶层很少有机会进入官学体系接受教育，限制了教育的普及化。私学教育则打破了"学在官府"的传统，将"有教无类"的教育思想有效贯彻到社会教化活动中，因而私学教育在教育普及化方面发挥了至关重要的作用。私学教育按照水平层次可分为初级、中级和高级教育三个层次，在家中治家教子的家训、在家中延师教子的家塾族塾教育、在同一村落中共同延师的村塾教育一般为初级教育；有知识修养的有识之士聚徒授学的教育方式为中级教育；具有一定规模、由名师授课的书院等教育形式为高级教育。家训和家塾族塾教育为私学教育的重要组成部分，教育主体多由父兄师长担任，教育内容与官学教育内容大体一致，旨在促进家庭成员的社会化、政治化，维系家族发展。家训和家塾族塾教育相对于官学教育以及其他私学教育来说，其突出的优势在于其教育对象不仅包括不能进入官学体系的庶民才俊，也包括被排斥在教育体系之外的女性群体，从而最大限度地扩大了教育对象的范围。从这一意义上来说，家塾族塾教育在古代教育体系中占据着至关重要的位置。

重视家族教育是我国古代教育制度的重要特征。西周时期就出现了胎教、早教、家教活动的记载，表明在家庭和家族中进行教化的重要性。汉以来在家中对子孙后代进行教育的活动记载逐渐增多，魏晋南北朝时期世家大族自觉主动地开展家族教育，主要表现为家训传授、家风传承，也表现为家艺传授。宋明以来随着平民家族组织的普遍建立，在家族中对族人子弟进行教育成为古代家族教育的典型形态。从历史演进的角度来看，王室家族、世家大族、官僚家族、平民家族出于传承血统、财产、地位，维系家族发展，培养子孙后代的目的，均自发自觉地开展家族教化。从国家治理的角度来看，古代统治者看到家族稳定对于国家社会平稳运行的重要性，强调"天下之本在家"[1]，而教化是国家治理的根本，"建国君民，教学为先"（《礼记·学记》）。自西汉统治者采纳董仲舒"罢黜百家，独尊儒术"的建议以

---

[1] 王云五主编《四部丛刊正编·申鉴》第18册，台湾商务印书馆，1979，第8页。

来，尊崇儒术、重视教化成为此后历代的基本文教政策，无论官学还是私学都需要遵循这一基本政策。明人伦、重教化成为古代教育的主要目标，儒家经典教育和成人教育成为古代教育的主要内容，个体家庭和家族中的家庭家族教育也不例外。这样在个体家庭、家族组织中对家人族众进行教化，主要是儒家伦理道德教化，也就获得了国家和法律的认可和支持。这从帝王家教、贵族家教、官僚士绅家教以及平民家教活动中可以看出。在历史演进中家教制度成为我国古代教育制度中的重要内容。

我国古代家教制度的基本特征在于强调家庭教育在整个教育体系中的重要性，尤为重视家庭伦理道德教育。传统家训活动实质上是家庭、家族德育，旨在将一定社会的主流规范传递给家族成员，促使其完成政治化和社会化。重视家庭家族教育、重视道德教化的古代家教制度，为传统家训意识形态活动的开展提供了直接的制度保障。

三　强调德才兼备的选官制度

古代国家的人才选择标准直接影响着家训教化的育人目标。生活于家中的个体同样生活在一定社会中，受到相应的社会环境和社会规范的影响。古代国家以制度化的选举方式确定了德才兼重、以德为先的用人标准，直接影响着家训教化目标的确立及完善。

汉以后我国先后产生了察举制、九品中正制、科举制等选官制度，其中科举制影响最为深远。西周实行世卿世禄制，在人才选拔上以身份世袭为主，尚未形成明确的选官制。汉代确立了由皇帝下诏指定举荐科目，各级官员依据科目考察和荐举人才，特举科目由皇帝策试以授予官职的察举制。[①]察举制即依据一定的标准考察人才，然后向上举荐。这种选官标准是以儒家思想、儒家理想人格和儒家伦理道德方面的要求为主要依据的，"自武帝初立，魏其、武安侯为相而隆儒矣。及仲舒对册，推明孔氏，抑黜百家。立学

[①] 《汉书·文帝纪》记载，公元前165年汉文帝"诏诸侯王公卿郡守举贤良能直言极谏者，上亲策之，傅纳以言"。《汉书·武帝纪》记载，"建元元年冬十月，诏丞相、御史、列侯、中二千石、二千石、诸侯相举贤良方正直言极谏之士"。

校之官,州郡举茂材孝廉"①。茂材(才)、孝廉等科目表明只有具备孝悌忠信等品德,同时兼具一定的管理才能,方可有机会得到考察举荐的机会。这就以国家选官的制度化方式贯彻了儒家伦理道德方面的要求。魏晋南北朝时期我国产生了在州郡设立"中正"职位,由大小中正官考察士人的言行、德才、家世门第等,议定品级,按品授官的九品中正制。九品即上品、中品、下品,上品又分上上、上中、上下三等,中品又分中上、中中、中下三等,下品又分下上、下中、下下三等,是为九品;中正即中正官,一般由"德充才盛者""贤有识鉴者"②担任。中正官的一个重要选择标准为是否为践行儒家伦理道德规范的楷模,中正官品评士人的重要标准也是以德为先,"若令中正但考行伦辈,伦辈当行均,斯可官矣。何者?夫孝行著于家门,岂不忠恪于在官乎?仁恕称于九族,岂不达于为政乎?义断行于乡党,岂不堪于事任乎?三者之类,取于中正,虽不处其官名,斯任官可知矣"③,强调德才兼备。但是随着历史的演进以德为先的选官标准逐渐偏向以家世门第为主,九品中正制下选举权和被选举权逐渐从中央政府过渡到门阀世族④手中,中正官和候选者趋向于世族化,"其别贵贱,分士庶,不可易也"⑤。九品中正制下选官的世族化形成了"上品无寒门,下品无势族"⑥的局面。西晋刘毅看到了九品中正制的弊端,主张"罢九品,除中正,弃魏氏之弊法,立一代之美制"⑦。经过不断的探索,隋唐时期形成了影响深远的科举制。

科举制形成于隋唐之际,此后成为历代选官的基本制度。《旧唐书》记载"近炀帝始置进士之科,当时犹试策而已",表明科举制还处于萌芽状

---

① (汉)班固撰《汉书》第3册,中华书局,2012,第2196页。
② 《文渊阁四库全书》第603册,台湾商务印书馆,1986,第151页。
③ 《文渊阁四库全书》第254册,台湾商务印书馆,1986,第186页。
④ 世族指家族中"累官三代及居官五品以上者"(毛汉光:《两晋南北朝士族政治之研究》),且拥有雄厚的经济实力和文化软实力。
⑤ (宋)欧阳修、宋祁撰《新唐书》第9册,中华书局,1975,第5677页。
⑥ (唐)房玄龄等撰《晋书》第2册,中华书局,1974,第1274页。
⑦ (唐)房玄龄等撰《晋书》第2册,中华书局,1974,第1277页。

态,需要进一步完善发展。唐初承袭隋制,要求士子首先通过州县考试,最后入朝廷考试,"高祖初入长安……诏诸州明经、秀才、俊士、进士明于理体为乡里称者,县考试,州长重覆,岁随方物入贡"①,标志着科举制的初步确立,此后逐渐发展完善。科举制是国家设置明经、进士等不同科目,个人可以自由报考的制度。科举制下考生来源有三,包括由学校出来的"生徒",由州县考送的"乡贡",由天子自诏的"制举",其中"制举"具有随机性不占主要地位。由于古代教育资源稀缺,所以能够入学者多为富贵阶层,平民较少能够进入学校学习,因而科举制下,"庶人之俊异者,平日不在学中,径怀牒自列于州县,州县试之而送省"②。也就是说科举制下,平民有了可以不经州县选举,而能够带着户籍自由到州县报考,通过逐级参加考试的方式获得做官机会的可能。据《旧唐书·职官志》和《通典·选举三》③记载,唐代常行科目有秀才、明经、进士、明法、明书、明算六科,又以明经和进士为主流。在明经科中,考试的主要内容为儒家经典,并将经书分为大经、中经、小经,"凡《礼记》、《春秋左氏传》为大经,《诗》、《周礼》、《仪礼》为中经,《易》、《尚书》、《春秋公羊传》、《谷梁传》为小经"④;而进士科又胜于明经科,这是因为进士科难度系数更大,包括诗赋、贴经和策问三项内容,仍以儒家经典为主。此后历代的科举制有所发展但主要以唐制为基础。

从以上分析可知,察举制、九品中正制、科举制尽管各有侧重,但有着共同的取士标准,即坚持德才兼重、以德为先。察举制、九品中正制主要通过社会舆论和实际考察,观察士子的言行举措是否符合社会主流规范,如果

---

① (宋)欧阳修、宋祁撰《新唐书》第2册,中华书局,1975,第1163页。
② (清)王鸣盛撰,黄曙辉点校《十七史商榷》下册,上海古籍出版社,2016,第1147页。
③ 《旧唐书·职官志》:凡举试之制每岁仲冬,率与计偕。其科有六:一曰秀才,试方略策五条。此科取人稍峻,贞观已后遂绝。二曰明经,三曰进士,四曰明法,五曰书,六曰算。凡此六科,求人之本,必取精究理实,而升为第。其有博综兼学,须加甄奖,不得限以常科。《通典·选举三》:其常贡之科:有秀才,有明经,有进士,有明法,有书,有算。(凡众科有能兼学,则加超奖,不在常限)
④ (宋)欧阳修、宋祁撰《新唐书》第2册,中华书局,1975,第1160页。

第二章 传统家训教化功能的理论基础与国家支撑

符合则层层荐举；科举制则需要士子实际学习儒家典籍，通过逐级考试的方式为国家选拔官员。这就在制度上直接影响着传统家训的教化目标，也间接影响着其教化内容。

四 维护家长权的家长制

家训教化活动的顺利开展首先需要明确教化的主体客体。古代社会通过家长制的确立，以制度化的方式规定了家长、族长①在教化家人族众等方面的权力，不仅维护了家长权，也确认了家训教化活动的主体。

在文明社会初期，随着剩余产品的增多，私有观念的产生，家庭形态逐渐从对偶婚制过渡为一夫一妻制的个体小家庭，家长逐渐承担起对家人供养的责任，血统、财产、身份则根据父系传承。这种经济上的供养关系和父系传承逐渐确立了家长对家人的优势地位，家长尤其是父家长在家庭中具有较高的权威。属于同一男性后裔的个体小家庭组成了具有原始社会组织性质的氏族家族，由年长的男性担任族长，是为父家长制家族。夏商周时期我国家族形态逐渐由氏族家族发展为集政治、经济、文化、军事功能于一体的宗法家族，宗子在该家族内部具有至高无上的权力。春秋战国时期随着生产力的发展，我国进入封建社会时期，宗法式家族逐渐发展出世家大族、官僚家族、平民家族等多种形态，这一时期的家长制，称为封建家长制。封建社会时期，家长制逐渐完善，并得到国家法律的认可和保护，成为我国家长制发展过程中最为完备的历史形态。

封建家长制下，家长在家庭、家族中处于核心地位，家属服从、附属于家长，"恶有处家而得罪于家长，而可为也"（《墨子·天志上》）。"父或家长为一家之主，他的意思即命令，全家人口皆在其绝对统治之下"②。家长

---

① 关于家长、族长的用法：狭义上家长为个体小家庭的统率，族长则为宗族家族的统率；广义上家长不仅指父母祖父母等个体家庭之家长，还概指族长。从历史上的用法来看，陆九韶兄弟累世同居，称家中统率为家长，江州陈氏、莩州郑氏的家谱规中概称家长。族长则是公推的，选族中德高望重者担任。

② 瞿同祖：《中国法律与中国社会》，中华书局，2003，第18页。

尤其是父家长的权力表现为其在家中经济、精神、教育、婚姻等方面处于重要地位。一是在经济方面，家长具有财产占有权、管理权、分配权，相应的家属无财产权，"子妇无私货，无私畜，无私器，不敢私假，不敢私与"（《礼记·内则》），而且家属要把全部收入上交给家长，未经家长允许不能擅自处理家中财产。由于古代的家又是生产单位，因而家长在经济上的权力还表现为指挥家族成员进行生产劳作，如西汉卫青少时"其父使牧羊"[1]。二是在精神方面，家长具有主祭权，是代表祖先意志的精神权威。祭祀祖先的仪式活动是古代国家和每个家族中至关重要的事情，"国之大事，在祀与戎"（《春秋左传·成公十三年》），"礼有五经，莫重于祭"（《礼记·祭统》）。祭祀祖先的目的不仅在于表达对祖先的尊敬怀念之情，更在于确立家长在家中的精神权威的地位，从而更有效地管理家族，增强家族的凝聚力，"亲亲故尊祖，尊祖故敬宗，敬宗故收族"（《礼记·大传》）。三是在日常生活方面，家长具有对子女的教育权、婚姻决定权、择业权，以及对家人族众的惩戒权。家长管理、教育子女的权力得到了古代法律的支持，如在惩戒权方面家长具有对家人族众斥责惩戒的权力，"家无怒笞，则竖子婴儿之过也立见"（《吕氏春秋·荡兵》），在双方犯罪方面采取双重标准，明显维护家长权益。

以法律、习俗规定下来的家长制进一步确立和强化了家长在家中的核心地位，也确立了家长在教化家人族众方面的主体地位。在传统家训教化活动中，个体家庭之家长、家族组织之族长成为教化的主体。家长、族长获得了重要的家庭教化地位，"家人之道，必有所尊严。而君长者，谓父母也。虽一家之小，无尊严则孝经衰，无君长则法度废。有严君而后家道正"[2]。

五　自给自足的经济制度

唯物史观认为，物质生活的生产方式制约着整个社会生活的过程。传统

---

[1] （汉）司马迁撰《史记》，中华书局，2012，第1034页。
[2] （宋）程颐撰，王孝鱼点校《周易程氏传》，中华书局，2016，第161页。

家训教化活动的正常运行及其功能发挥,同样离不开古代经济制度的有力支撑。

地主制经济是我国封建社会的基本经济制度,土地制度、租佃制度和徭役制度是在地主制经济基础上产生的具体的经济制度。① 封建地主制经济是建立在私有制和土地得以合法买卖的基础之上的。在"除井田,民得卖买"②,土地买卖合法化后,土地买卖成为官僚地主、庶族地主、自耕农等占有土地的合法途径,推动形成了国家土地所有制、地主土地所有制、农民土地所有制。由于王室贵族、官僚士绅、商人地主等占有大量财富,且贵族地主、缙绅地主又享有种种封建经济特权,往往在自耕农或小地主遭遇天灾人祸时兼并其土地,加之封建国家对地主占有土地限制的逐渐放松,地主土地所有制成为封建社会时期主要的所有制形式。在地主制经济下,地主的土地除部分自己经营以外,多出租给农民耕种,收取地租,这种形式获得国家和法律的维护和支持,形成了租佃制度。租佃制度先后经历了以依附农为主体的租佃制、以分成租契约佃农为主体的租佃制、以定额租契约佃农为主体的租佃制③,表明随着生产力的发展,土地所有权和经营权逐渐分离。地主制经济下封建国家还建立了赋役制度以提供财政收入、维持国家政权有序运行。封建赋役制度也经历了赋役并重、赋重于役、役并入赋的阶段,从按丁按户征收转向按田亩多少征收,有利于减轻自耕农的负担,国家也就逐渐放松了对户籍、人丁的管制,促进了人们的自由流动。

封建地主制经济呈现户内分工、自给自足的基本特征,凸显了个体家庭的独立性。地主家庭作为消费单位或生产单位,农民家庭作为生产单位均具有自给自足的特征。地主制经济下,地主家庭既为消费单位,也表现为自给性的生产单位,"地主总是按照生活享受和地产增殖的要求,通过地租的再投资,以营运地产。在农业领域里,地主既自营自给性生产,也自营商品性

---

① 方行:《中国古代经济论稿》,厦门大学出版社,2015,第1页。
② (汉)班固撰《汉书》第4册,中华书局,1962,第1137页。
③ 方行:《中国古代经济论稿》,厦门大学出版社,2015,第11~17页。

生产"①，以取得生存资料和享受资料，但总体趋势是通过租佃制获取实物和货币地租收入，"自给生产甚至商品生产也始终只是地租剥削的补充"②。包括自耕农和佃农在内的农民家庭，作为封建社会的基本生产单位，主要进行自给性生产，在家庭内部实现生产和消费的平衡，获得直接的生产资料和生活资料，特别是衣食等基本的生活资料。应该注意的是，农民的这种自给自足并不是完全意义上的自给自足，还需要与其他手工业者或者农民进行交换。正所谓男耕女织生产方式下需要"农有馀粟，女有馀布"（《孟子·滕文公下》），"纷纷然与百工交易"（《孟子·滕文公上》）。农民家庭、地主家庭在封建地主制经济下均能正常运行，实现自给自足，凸显了个体家庭和家族在古代社会发展中的独立性。

小农经济生产方式保障了农民、地主、官僚、王室等社会各个阶层的经济自足。义仓、社仓、族田等社会保障性质的赈济组织的建立，有利于自耕农、佃农等农民阶层抵御天灾人祸，维持家庭发展。"仓廪实，知礼节；衣食足，知荣辱。"各阶层家庭经济上的自给自足为有效发挥传统家训活动的教化功能提供了有力的经济保障。

第三节　传统家训教化功能的法律保障

传统家训教化活动的顺利开展，教化功能的正常发挥，还有着一定的法律保障，表现为古代法律维护了等级有序的亲属关系，强化了孝为核心的家族伦理，认可家法族规的合理性，从而为家训教化活动的开展提供了有序的家庭环境和家族秩序。

一　古代法律维护了等级有序的亲属关系

儒家主张亲亲尊尊长长、男女之有别，"贵贱有等，长幼有差，贫富轻

---

① 方行：《中国古代经济论稿》，厦门大学出版社，2015，第19页。
② 方行：《封建社会地主的自给经济》，《中国经济史研究》1988年第4期。

第二章 传统家训教化功能的理论基础与国家支撑

重皆有称者也"(《荀子·礼论》)。在社会规范方面表现为具有差别性的礼能够"定亲疏,决嫌疑,别同异,明是非也"(《礼记·曲礼上》)。在以儒家思想为社会主流意识形态的封建社会,古代法律也逐渐儒家化,实现以礼入法,从坚持法律面前人人平等,主张同一性的规范演变为具有儒家礼的精神的差别性的规范。①儒家化的古代法律强化了以君臣关系为代表的社会上的上下等级关系,强化了以父子、长幼、夫妇关系为代表的家族内部的长幼亲疏关系。古代法律对亲属关系的差别性规定,有利于为传统家训教化活动的开展提供稳定的家族人际秩序。

古代法律对亲属关系的差别性维护直接反映在对家长权、族长权的承认和支持上。 古代法律对家长权的维护明显体现在对家长惩罚权、裁决权的认可方面,同时在生杀权方面也有一定的倾斜。原本国家作为一个政权组织,生杀权是掌握在国家机构手中的,个人不可随便杀人。但是在重视孝道教化的古代中国,父母若因子孙不孝而杀死子孙,是可以免罪的②,若无理杀死子孙虽有罪但较轻。法律还给予家长以送惩权,以子孙不守教令或不孝的罪名请求县府惩戒子孙,清代法律赋予家长呈送或发遣子孙到边远地区的权利,家长若因舐犊情深或余子死亡还可呈请释放。这表明家长对子孙生存发展拥有决定权,可以将子孙排斥于家族之外、排斥于社会之外。古代法律对族长权的维护同样明显体现在对族长的惩戒权、裁决权的认可和支持方面。族长除了管理本族祠堂、族田、族学、族规制定、家族祭祀等公共事务外,还具有对家族纠纷的裁决权,如在立嗣问题上"须凭族长择昭穆相当之人继嗣""从族

---

① 《四库全书总目提要》记载,"唐律'一准乎礼'"。《礼记·王制》记载"凡听五刑之讼,必原父子之亲、立君臣之义以权之"。
② 《元史·卷一百零五·刑法四》:诸女已嫁,闻女有过,辄杀其女者,笞五十七,追还元受聘财,给夫别娶。诸父有故殴其子女,邂逅致死者,免罪。
《大明会典·卷一百六十九·刑律二·斗殴》:其子孙违犯教令,而祖父母、父母,非理殴杀者杖一百,故杀者杖六十,徒一年。嫡继慈养母杀者,各加一等。致令绝嗣者,绞。若非理殴子孙之妇,及乞养异姓子孙,致令废疾者,杖八十。
《大清律例·刑律·斗殴下之二》:其子孙违犯教令而祖父母父母[不依法决罚而横加殴打]非理殴杀者,杖一百;故杀者[无违犯教令之罪为故杀]杖六十,徒一年,嫡继慈养母杀者[终与亲母有间殴杀故杀],各加一等,致令绝嗣者[殴杀故杀],绞。

长依例议立"①。对于不听族长裁决或者公然违背家法族规的族众，族长具有身体惩罚、经济惩罚、开除族籍等惩罚权。

古代法律对亲属关系的差别性维护还反映在对尊卑长幼之间相互侵犯行为的处理规定上。亲属之间的相互侵犯一是表现在殴骂杀伤行为方面，家中尊长殴骂杀伤卑幼从轻处罚，卑幼殴骂杀伤尊长从重处罚，目的在于维护亲亲尊尊的家族秩序。父母、祖父母、兄长等家中尊长对子孙本有教养职责，若因子孙不孝或不服管教而将子孙杀死，法律处分是较轻的；若尊长无故擅杀子孙则需负刑律上的责任，但刑罚较常人之间的杀伤事件仍较轻，"祖父母、父母忿怒，以兵刃杀子孙者，五岁刑；殴杀及爱憎而故杀者，各加一等"②。瞿同祖亦认同古代法律对家中尊长从轻处罚的原则，"唐、宋、明、清律，谋杀子孙已行者依故杀罪减二等，已伤者减一等，已杀者依故杀法"③。子孙等卑幼群体若对父母等尊长不孝不敬，在法律上则是极重大的罪。"五刑之属三千，而罪莫大于不孝"（《孝经·五刑》），不孝养父母反而辱骂杀伤父母尊长为大不孝罪，皆加以重罚，"子杀伤殴父母，枭首；骂詈，弃市"④；若弟妹对兄姐辈殴骂杀伤同样加重处罚，"殴兄姊加至五岁刑，以明教化也"⑤。在夫妻关系上，在"男女之别，男尊女卑，故人以男为贵"（《孔子家语·六本》）和"幼从父兄，嫁从夫，夫死从子"（《礼记·郊特牲》）的观念影响下，夫妻之间实际上处于不平等的地位，妇殴骂杀伤丈夫较常人从重处罚，丈夫殴骂杀其妻则从轻处罚。二是表现在盗窃行为方面。亲属间的盗窃依据亲疏关系从轻处理，关系越近处罚越轻，关系越远处罚越重。唐律规定"诸盗缌麻、小功亲财物者，减凡人一等；大功，减二等；期亲，减三等。"⑥ 宋律元律与唐律无异，明清律将五服亲并入计算，而且亲属之间相盗则免去刺字。亲属相盗财物"期亲减凡人五等，大

---

① 《续修四库全书》第 863 册，上海古籍出版社，2002，第 340 页。
② 《文渊阁四库全书》第 605 册，台湾商务印书馆，1986，第 324 页。
③ 瞿同祖：《中国法律与中国社会》，商务印书馆，2010，第 31 页。
④ 《文渊阁四库全书》第 605 册，台湾商务印书馆，1986，第 322 页。
⑤ 《文渊阁四库全书》第 605 册，台湾商务印书馆，1986，第 284 页。
⑥ 《文渊阁四库全书》第 672 册，台湾商务印书馆，1986，第 245 页。

功减四等，小功减三等，缌麻减二等。无服之亲减一等并免刺"①。亲属相盗不论尊卑长幼皆从轻处罚，体现了维护宗族和睦之意。同族之间和睦相爱、患难相助情理皆应如此，法律认同亲属之间与普通人之间的关系不同，主张同族周济，对于贫困族人关系越亲则越应帮助，有利于家族人际关系和谐。

从以上分析可以看出，古代法律承认家长权，强调尊长的优越地位，家人之间出现殴骂杀伤、盗窃等违法行为，则依据在家中的尊卑长幼亲疏关系裁决，有利于形成尊卑长幼有序的家族秩序。承认家长、族长在家中的地位有利于家训教化主体的确立，和谐有序的家族秩序则为家训教化活动的开展提供了稳定的内在环境。

二 古代法律强化了孝为核心的家族伦理

封建社会时期儒家思想作为社会主流意识形态，主张以礼调节各类社会关系。礼作为一种行为规范，包括孝悌②等家族伦理规范和忠信等社会伦理规范。古代法律以礼入法，强化了以孝为核心的家族伦理。

古代法律对家族伦理的支持直接表现在亲属相容隐、缓刑免刑等方面。在亲属有罪是否向官府告发方面，古代法律主张亲属相容隐③的原则，以顺乎天理人情，既不违背血缘亲情，又得以维护父子之亲、夫妇之道。唐律规定"诸同居，若大功以下亲及外祖父母、外孙，若孙之妇、夫之兄弟及兄弟妻，有罪相为隐"④；宋律在唐律亲属相隐规定的基础上，将范围进一步扩大，规定"其小功以下相隐，减凡人三等"⑤；明清律范围扩大至妻亲，"凡同居，若大功以上亲及外祖父母、外孙、妻之父母女婿，若孙之妇夫之

---

① 《续修四库全书》第 863 册，上海古籍出版社，2002，第 513 页。
② 孝悌的直接含义为孝养、孝顺、孝敬父母长辈和尊敬友爱兄弟，实质上是古代卑幼对尊长、下对上的行为准则。
③ 儒家主张亲属相容隐。孔子有"父为子隐，子为父隐"（《论语·子路》）的说法。儒家化的古代法律也吸纳了该原则，使之融入古代法律体系中。
④ 《文渊阁四库全书》第 605 册，台湾商务印书馆，1986，第 302 页。
⑤ （宋）窦仪等撰，吴翊如点校《宋刑统》，中华书局，1984，第 95 页。

兄弟及兄弟妻有罪，相为容隐"①。因此子孙卑幼不得告发父母、祖父母等尊长，尊长也不得告发子孙幼辈，但是尊卑长幼亲疏毕竟有别，若二者必然要对簿公堂，则尊长告卑幼的处罚总是比卑幼告尊长的处罚要轻。对于犯罪之人是否可以缓刑、免刑，古代法律主张存留养亲的基本原则。北魏规定"诸犯罪，若祖父母、父母年七十以上，无成人子孙，旁无期亲者，具状上请。流者鞭笞，留养其亲，终则从流，不在原赦之列"②，此后唐宋元明清律皆遵循存留养亲原则决定缓刑免刑条例。存留养亲的主要目的在于以法律的形式贯彻孝悌之道，但是若平常不孝敬奉养父母是没有资格申请留养以缓刑免刑的。《大清律例·名例律》明确规定"凡曾经触犯父母犯案，并素习匪类为父母所摈逐，及在他省获罪、审系游荡他乡、远离父母者，俱属忘亲不孝之人，概不准留养"，体现了孝养父母的重要性，体现了家族伦理在法律方面的贯彻。

　　古代法律对家族伦理的支持还表现在子孙等卑幼群体不服家长族长教化的处罚规定上，从而保证了家训教化活动的顺利开展。古代法律确认和支持家长、族长对家族财物的所有权、对家族事务的决定权，保证了家长族长对家人族众的统率。权利与义务是相辅相成的，家长族长自然也就需要实施教化活动，使得族众能够遵守法律和道德，服从法律义务和伦理义务。为了保证家长教化活动的顺利实施，古代法律着重强化了孝伦理。一方面，专门设立了"不孝""恶逆"等罪责以维护家长的地位，依据从重处理的原则惩罚冒犯尊长人身和尊严的行为。另一方面，若子孙不服教化辱骂父母甚至殴伤父母，则将受到法律的处罚。《唐律疏议》规定子孙若违犯教令徒二年，明律规定，子孙若违犯祖父母父母教令杖一百，若骂父母祖父母家长，则处以绞刑，若殴伤父母处以死刑。对不服家长教化行为的法律处罚，有利于家族教化活动的顺利开展，从而培养子孙孝悌等道德品质，使其遵守社会主流家族伦理规范和社会伦理规范。

---

① 《续修四库全书》第863册，上海古籍出版社，2002，第297页。
② 《文渊阁四库全书》第605册，台湾商务印书馆，1986，第324页。

由以上分析可知，亲属相容隐、存留养亲的法律规定直接凸显了"父慈、子孝、兄良、弟弟、夫义、妇听、长惠、幼顺"（《礼记·礼运》）家庭伦理在古代法律体系中的重要性。这些法律规定不仅强化了传统家训教化内容的合法性，而且有助于增强家族的亲情凝聚力，有助于形成和睦的家族氛围，从而为家训教化活动的开展提供有序的秩序环境。对不服家长教化的子孙的法律处罚则直接为传统家训教化活动的开展提供了法律支撑。

三 家法族规得到国家法律的认可和支持

传统家训的教化内容从性质上可分为两类，一是侧重于训诫性的家诫族诫，二是侧重于惩戒性的家法族规。家诫作为对家人族众具有约束性的训诫，由于与社会主流意识形态的一致性而获得了国家的认可，家法族规作为国法的补充更是得到了古代法律的支持。

家法族规作为调整家庭、家族内部关系的行为规范①**，以其对国法的遵循和辅助、对家族秩序的维护得到了古代法律的认可和支持**。家法族规作为家庭家族内部的规矩法度，在以儒家思想为基本指导思想的前提下，其制定以古代国家法律为根本遵循，"家法必遵国宪，方为大公"②，其修改以国法的修改为基础，同时以弥补国法的不足为宗旨，"士遵祖训家法，以辅国法之行"③"补足政府法令所不及为宗旨"④。不与国法相冲突，而是以国法为根本遵循并为国法提供补充，是传统家法族规本身得以长久存在下去的基本条件。家法族规在补充国法辅助地方自治、惩恶扬善、维护家族秩序方

---

① "家法"一词原指经师传授的必须严格遵守的句读义训，"统作家法章句及内谶二卷解说"（《后汉书·苏竟杨厚列传上》）。南北朝时期随着世家大族的发展完善，调整家族人际关系和财产关系的行为规范相继建立，这种行为规范又被称为"家法"，近似后来的家规。《世说新语》记载，郗愔家族的规矩是在长辈面前子弟不能坐着。隋唐时期随着科举制的建立，官僚家族成为世家大族之后社会上的典型家族形态，重礼法家规的传统得到弘扬。宋元以来，累世同居的大家族逐渐增多，为了调整家族内部纷繁复杂的人际关系，建立在家法家规基础上的族规产生。
② 转引自费成康主编《中国的家法族规》，上海社会科学院出版社，1998，第27页。
③ 费成康主编《中国的家法族规》，上海社会科学院出版社，1998，第310页。
④ 费成康主编《中国的家法族规》，上海社会科学院出版社，1998，第420页。

面发挥了重要作用。家法族规在内容上多有戒争讼、禁盗窃、禁嫖赌、完钱粮等详细规定，相较于古代法律在争讼、盗窃、嫖赌等方面的规定更加细致具体，从而成为地方官府的辅助之具。家法族规往往对孝悌忠信、仁义礼智等善行进行奖励规定，对忤逆、斗殴、盗窃、奸淫等恶行予以惩罚性的规定，这就发挥了惩恶扬善的重要功能。维护家族秩序进而促进社会秩序的稳定是家法族规的又一重要功能，族长依据家法族规主持家族事务，调解家族纠纷争斗，惩罚违背规训、不服教化的族人，有利于保证家族的平稳运行，而每一家族的稳定对于社会的稳定有着重要作用。正是在家法族规对国法的遵循与其发挥重要的功能的条件下，古代法律在多方面承认和支持家法族规。

古代法律对家法族规的认可和支持体现在以下三个方面。一是官府和最高统治者支持和提倡家法族规的制定。古代帝王重视家法族规的重要性，既亲自制定家法族规①，又下诏令提倡各阶层教训子孙、制定家法。明太祖朱元璋颁布"圣谕六言"②，其中一条即为"教训子孙"；康熙则颁布了"圣谕十六条"③，其中一条为"训子弟以禁非为"，直接支持着家训族规的建立。在帝王的提倡下，官员也积极鼓励家族内家法族规的制定。二是部分家法族规得到地方官府甚至皇帝的直接审批，并由官府出示颁行。清代湘阴陈氏为提高所定《家规》的权威性，呈请湘阴县令予以批准，县府表示同意，并"准悬示众人，共知观法"④。宋明以后随着广大平民家族组织的普遍建立，"已有相当数量的家法族规都得到过官府的批准"⑤，并且一般会专门发布告示，将上呈的家规全文附录于公示之后。三是不少官府以法律条文的形

---

① 如周公作《康诰》《酒诰》，刘邦作《手敕太子》，李世民作《帝范》，康熙作《庭训格言》等。
② "孝顺父母，尊敬长上，和睦乡里，教训子孙，各安生理，毋作非为"。
③ "敦孝弟以重人伦；笃宗族以昭雍睦；和乡党以息争讼；重农桑以足衣食；尚节俭以惜财用；隆学校以端士习；黜异端以崇正学；讲法律以儆愚顽；明礼让以厚风俗；务本业以定民志；训子弟以禁非为；息诬告以全善良；诫匿逃以免株连；完钱粮以省催科；联保甲以弭盗贼；解雠忿以重身命。"
④ 费成康主编《中国的家法族规》，上海社会科学院出版社，2016，第256页。
⑤ 费成康主编《中国的家法族规》，上海社会科学院出版社，2016，第149页。

式赋予族长依据家法族规惩戒族人的权力。雍正时期明文规定族长具有依据家法族规教诫子孙的权力,如若致使受罚者身死也是惩恶防患之道。范氏家族制定《义庄规矩》后,面对不遵规矩的族人,上奏朝廷"应系诸房子弟有违犯义庄规矩之人,许今官司受理"①,并且得到"准此"的批复。也即如族人不遵家规,则可送交官府请官府惩治,这就间接肯定了家法族规的准法律性质。

家法族规得到国家法律的认可和支持,其重要意义在于:一是提高了家法族规的权威性,使其自身获得了准法律的性质,有助于增强家人族众对家法族规的接受和认同;二是具有家族准法律性质的家法族规,有助于"明刑弼教",对不遵家规不守教化的族人予以惩戒,辅助家训教化活动的顺利开展。

---

① 上海图书馆编,周秋芳、王宏整理《中国家谱资料选编·家规族约卷》上册,上海古籍出版社,2013,第8页。

第三章　传统家训对古代社会主流意识形态的全面性体现

在古代社会教化过程中，作为文本载体的传统家训通过对社会主流意识形态的全面性体现，实现了古代社会主流意识形态的通俗化、生活化、具体化。对古代社会主流意识形态的全面体现，有助于教化对象循序渐进树立牢固的思想观念、价值理念和道德观念，这也是家训教化活动顺利开展的重要条件。

第一节　反映了古代国家指导思想

自汉以来在两千余年的封建社会里，古代官方意识形态以儒家思想为指导思想。从社会身份上来说，传统家训的制定者一般为代表官方意识形态的帝王将相、官僚士绅以及具有文化的知识分子，简言之，主要为社会管理者阶层[1]。反映到家训内容上，体现为对儒家思想的认同和支持，体现为对儒家思想的通俗化和生活化，"易而易知，简而易能，故语多朴（朴）直"[2]，这有助于教化对象在整体上理解和把握儒家思想。

一　坚持儒家思想的指导地位

传统家训制定主体一般为官方意识形态的代表，在教化内容上以儒家思

---

[1] 国家治乱在于人心所向，人心的安定取决于国家政治稳定、经济发展以及国家教化政策的引导，其中礼义教化是引导人的思想的重要方式。士大夫阶层是引导社会风俗的重要群体，由于古代家国同构，士大夫多为家族中的家长，因此兼具社会管理者身份和家族家长身份的家训主体就担负起了阐释国家主流意识形态、移风易俗的重任。

[2] 《丛书集成初编0976·庞氏家训·序》，中华书局，1985，第1页。

第三章　传统家训对古代社会主流意识形态的全面性体现

想为指导，认同和坚持儒家思想在家训教化活动中的指导地位，"后世所有有影响的家训著作中无不贯穿着占'独尊'地位的儒家思想观念"①。传统家训制定主体通过制定家礼以礼治家、引导子孙阅读儒家典籍、辩证看待非正统思想等方式，坚持了儒家思想在家庭、家族思想领域中的主导地位。

制定家礼，以礼治家。儒家思想概括来说包含三个方面，"有理学以格物穷理，寻求智慧；有礼教以磨练意志，规范行为；有诗教以陶养性灵，美化生活"②。理学晦涩艰深，大部分人难以理解和把握；诗教的前提是具有一定的文化修养，而具有一定的文化修养的群体在古代社会多为社会中上阶层，教化范围较为狭窄；礼教则既易为大众所理解，又适用于社会各个群体。传统家训制定主体作为官方意识形态的代表，基本上具有一定的儒学理论修养和艺术修养，在此基础上牢牢抓住礼教这一核心，坚持以礼治家。礼教之"礼"，意为儒家主张的通行于社会的主流行为规范，这种规范之礼，是"天理之节文，人事之仪则"③，而且具有理论上的合理性，"礼也者，合于天时，设于地财，顺于鬼神，合于人心，理万物者"（《礼记·礼器》）。传统家训制定主体在家庭和家族领域致力于家礼的设计，注重从国家政治文化伦理向日常生活规范转变。朱熹以"修身齐家之道，谨终追远之心""于国家所以崇化导民"为出发点，以"谨名分、崇敬爱"④为根本，制定家用日常之礼，并写成《朱子家礼》一书以广泛传播。司马光明确提出"治家莫如礼"⑤的主张，并且身体力行作《居家杂仪》和《温公家范》，详细阐述祖父母、父母、子孙、妻女、兄弟、伯叔父、姑姊妹、舅甥、舅姑等家族各种复杂人际关系应该遵循的基本礼仪规范。传统家训制定主体还注重在具体的家庭、家族生活实践中践行家礼，以礼治家。既有汉高祖刘邦、唐太宗李世民、明成祖朱棣、清圣祖康熙等国家最高统治者重视家训教化，以礼治

---

① 陈延斌：《论传统家训文化对中国社会的影响》，《江海学刊》1998年第2期。
② 贺麟：《文化与人生》，上海人民出版社，2011，第14页。
③ （宋）朱熹著，朱杰人等主编《朱子全书》第6册，上海古籍出版社、安徽教育出版社，2010，第72页。
④ 《文渊阁四库全书》第142册，台湾商务印书馆，1986，第530页。
⑤ 《文渊阁四库全书》第696册，台湾商务印书馆，1986，第660页。

家；又有王室贵族、官僚士大夫等社会管理者阶层开展家训教化活动，以日常化的儒家伦理道德规范教化家人族众；在帝王、官僚等家训教化活动的影响下，民间家训活动也逐渐开展起来，自觉主动地将儒家伦理道德规范贯彻到家族生活中去。

引导子孙阅读儒家经典。儒家思想的直接物质载体为儒家典籍①。引导子孙阅读儒家经典是传统家训在家庭家族领域坚持儒家思想的又一表现。孔鲤趋庭而过，孔子训诫孔鲤"不学诗，无以言""不学礼，无以立"（《论语·季氏》），孔鲤自此认真学习诗和礼。"中国古代的诗，包罗万象，研究了诗，知识自然就会渊博，能多了解各种知识，例如对生物界的禽鱼鸟兽之名，多所认识，乃至对科学性的植物、动物，各种知识都能了解而博物"②，不学诗，则知识不够渊博，知识不渊博，则作文章、说话都不行；而礼则是人立身处世的基本规范，"礼教恭俭庄敬，此乃立身之本。有礼则安，无礼则危"③。诗礼即以儒家思想为核心的科学文化知识和思想道德知识，在诗礼关系中又以伦理道德规范为主，"书籍惟六经诸史，先儒理学以及历代奏议，有关修己治人之书，不可不珍重护惜"④。传统家训尤为强调读书以"变化气质，陶镕德性"⑤的重要性，自发自觉地引导子孙阅读儒家典籍，以明理知人、提高自身品德修养，"欲尽人道，必当于圣贤修道之教、垂世之典，若小学、若四书、若六经之类，诵读之、讲习之、思索之、体认之，反求诸日用人伦之间"⑥，"《小学》《近思录》、四书五经、周程张朱语录、《性理纲目》者，所当读之书也，知人之要，在其中矣"⑦。社会管理者阶层学习理论深邃的儒家典籍有着极大的优势，因而"士大夫子弟，数岁已上，

---

① 在历史发展中儒家典籍逐渐确立为十三经：《尚书》《周易》《诗经》《周礼》《仪礼》《礼记》《春秋左传》《春秋公羊传》《春秋谷梁传》《论语》《孟子》《孝经》《尔雅》。
② 南怀瑾著述《论语别裁》，复旦大学出版社，2016，第687页。
③ 钱穆：《论语新解》，九州出版社，2011，第507页。
④ 《续修四库全书》第951册，上海古籍出版社，2002，第173页。
⑤ 《续修四库全书》第951册，上海古籍出版社，2002，第155页。
⑥ （明）薛瑄撰，孙玄常等点校《薛瑄全集》上册，山西人民出版社，1990，第661~662页。
⑦ 《文渊阁四库全书》第1292册，台湾商务印书馆，1986，第644页。

第三章　传统家训对古代社会主流意识形态的全面性体现

莫不被教,多者或至礼传,少者不失诗论"① 的现象尤为普遍。在平民阶层,族长、家长多引导子孙阅读《三字经》《百家姓》《千字文》《千家诗》《增广贤文》《幼学琼林》等童蒙读物,既为了读书识字,更主要的在于以通俗易懂的方式接受儒家伦理道德规范。出于促进家族成员的政治化、社会化②的考虑,各阶层教化主体注重引导子孙阅读儒家典籍。

辩证看待释道等非正统思想。儒家思想作为封建社会时期的主流意识形态,无疑在社会意识形态领域占据主导地位。人的思想状况是复杂的,反映到意识形态领域也表现为儒释道法等多种思想理论交织并存。释道等思想理论体系有着一定的合理性,但是对于国家统治而言并未成为主流意识形态,并未表现出直接为国家服务的特性,在一定程度上不利于治国理政的开展,"异端虚无寂灭之教,其高过于大学而无实。其他权谋术数,一切以就功名之说,与夫百家众技之流,所以惑世诬民、充塞仁义者,又纷然杂出乎其闲"③。传统家训首先在理论上阐释了释道等社会思潮的弊端,姚崇在《遗令诫子孙文》中以举例说理的方式论证修建寺庙、广置僧徒与国家兴亡无关,"姚兴造浮屠于永贵里,倾竭府库,广事庄严,而兴命不得延,国亦随灭。又齐跨山东,周据关右,周则多除佛法,而修缮兵威;齐则广置僧徒,而依凭佛力。及至交战,齐氏灭亡,国既不存,寺复何有?修福之报,何基蔑如",又从五帝三代国祚延长但未有佛教的角度论证国家兴亡、人民幸福与佛教无关,"且五帝之时,父不葬子,兄不哭弟,言其致仁寿、无夭横也。三王之代。国祚延长,人用休息,其人臣则彭祖、老聃之类,皆享遐

---

① 王利器撰《颜氏家训集解》,中华书局,2014,第135页。
② 陆九韶认为,学习儒家典籍,对于促进家族成员的政治化、社会化有着重要意义。他在《居家正本制用篇》中作了详细论述:"愚谓人之爱子,但当教之以孝弟忠信。所读须先六经语孟,通晓大义,明父子君臣夫妇昆弟朋友之节,知正心修身齐家治国平天下之道,以事父母,以和兄弟,以睦族党,以交朋友,以接邻里。使不得罪于尊卑上下之际。次读史,以知历代兴衰。究观皇帝王霸,与秦汉以来为国者,规模措置之方。功效逐日可见,惟患不为耳。"——《续修四库全书》第935册,上海古籍出版社,2002,第258页。
③ (宋)朱熹著,朱杰人等主编《朱子全书》第6册,上海古籍出版社、安徽教育出版社,2010,第14页。

龄。当此之时，未有佛教，岂抄经铸像之力，设斋施佛之功耶？"① 其次，传统家训反对拜佛求仙等现象，"愚民妄意求生富贵，或有投拜僧尼为师，或有剃披僧道为子，甚至舍男为僧、为道，舍女为尼姑、为道姑，以中国之人行夷狄之教，惑莫甚矣"②。在辩证看待释道等非社会主流思想的基础上得出"释道者，异端也"的结论，明确对子孙提出"戒释道"的思想和行为要求，如有违背则进行各种各样的惩戒，如"屏斥"③"责其父而及其子"④ 等。

二 反映了通俗化的儒家思想

儒家思想作为系统化、理论化的思想体系，思想深刻、理论艰深，广大百姓群众、妇孺儿童较难以全面准确理解和把握。传统家训主张从现实问题出发，实事求是分析问题，具体问题具体分析，并运用通俗易懂的表达方式，促进艰深难懂的儒家思想的通俗化，"使愚夫赤子皆晓然无疑"⑤。

主张从现实出发提出问题，使所讲义理⑥具有现实针对性。家训教化对象主要为子侄孙辈，鉴于其人生阅历较少、知识面不丰富、理解力较差等情况，家训主体往往结合现实问题阐发义理，使其在具体的、实际的、切实可感的问题中加深对儒家义理的理解和认同。西汉经学家刘向奉行儒家谦虚恭

---

① 《全唐文》第2册，山西教育出版社，2002，第124页。
② 上海图书馆编，周秋芳、王宏整理《中国家谱资料选编·家规族约卷》下册，上海古籍出版社，2013，第652页。
③ 上海图书馆编，周秋芳、王宏整理《中国家谱资料选编·家规族约卷》下册，上海古籍出版社，2013，第636页。
④ 上海图书馆编，周秋芳、王宏整理《中国家谱资料选编·家规族约卷》下册，上海古籍出版社，2013，第652页。
⑤ 《丛书集成初编0976·庞氏家训·序》，中华书局，1985，第1页。
⑥ "义理"一词在先秦时期就已出现，是在"具体的社会行为规范和思想观念"的意义上使用的。义理首先是指"社会主流的行为规范和思想观念"，如《晏子春秋·内篇》中提到"崇尚勇力，不顾义理，是以桀纣以灭，殷夏以衰"，义理尽管是指原则、观念，仍然较为具体，"忠信，礼之本也；义理，礼之文也。无本不立，无文不行"（《礼记·礼器》）；"仁、爱也，故亲；义、理也，故行"（《荀子·大略》）。由此可见，义理对人的思想和行为具有指导意义，但是这种指导是具体的、详细的。"义理"一词发展到宋明时期，又具有新的内涵，指"天人性命之学"。本书是在具体的社会思想行为规范的意义上使用该词的。

第三章 传统家训对古代社会主流意识形态的全面性体现

敬之道,希望其子刘歆也能够在为人处世中做到谦谨恭敬。刘向明白苍白空洞、脱离实际的说教活动效果不佳,于是从刘歆的现实生活出发,指出其"岂有异德,蒙恩深厚"①"今,若年少得黄门侍郎,显处也"②的实际情况,结合董仲舒"贺者在门,吊者在闾""吊者在门,贺者在闾"之语,并借齐顷公戏弄四国使者③、兵败师破后自新④的典故,说明"言有忧则恐惧敬事,敬事则必有善功而福至""言受福则骄奢,骄奢则祸至,故吊随而来"⑤的道理,也就是惟有始终保持谦虚谨慎、自尊尊人的态度方能游刃有余地生活于世,方能从心底认同儒家倡导的仁爱等价值理念。这种从教化对象实际情况出发阐发儒家义理的方式具有现实针对性,更易为教化对象所接受和认可。

主张实事求是分析问题,使所讲义理具有真实可信性。 传统家训主体在阐释儒家思想时,注重实事求是分析问题,使所讲义理符合客观事实与客观规律,增强所讲义理的真实性,使教化对象听后感到真实可信。以《颜氏家训》为代表的家训文本,从客观事实和客观规律出发,情理结合,通俗阐释了儒家倡导的伦理规范。以儒家思想主张的兄友弟恭的家庭伦理为例,《颜氏家训》首先从血缘上论证兄弟之间血脉相连,"兄弟者,分形连气之人也";其次从生活的角度论证兄弟之间的深厚感情,"方其幼也,父母左提右挈,前襟后裾,食则同案,衣则传服,学则连业,游则共方,虽有悖乱之人,不能不相爱也";再次论说父母去世后惟兄弟之间可以相互扶持,"二亲既殁,兄弟相顾,当如形之与影,声之与响;爱先人之遗体,惜己身

---

① 《文渊阁四库全书》第887册,台湾商务印书馆,1986,第529页。
② 《文渊阁四库全书》第895册,台湾商务印书馆,1986,第171页。
③ 齐顷公六年(公元前593年)春,晋国大夫郤克、鲁国大夫季孙行父、卫国使臣孙良夫和曹国使臣公子首四人一同出使齐国。其中,郤克眇目,季孙行父秃头,孙良夫跛足,公子首驼背。齐顷公见到后觉得好笑,就安排了四个同样有残疾的仆人给他们御马。四位使者大怒,回国后请求国君出兵攻齐。齐顷公在鞍之战中兵败师破,不得已与大夫逢丑父交换衣服得以脱身(参见《春秋谷梁传》)。
④ 齐顷公兵败逃亡回国后,发奋自强,《史记·齐太公世家》记载:"归而顷公弛苑囿,薄赋敛,振孤问疾,虚积聚以救民,民亦大说。厚礼诸侯。竟顷公卒,百姓附,诸侯不犯。"
⑤ 《文渊阁四库全书》第887册,台湾商务印书馆,1986,第529页。

之分气，非兄弟何念哉"；最后从反面角度论证兄弟不睦的弊端，"兄弟不睦，则子侄不爱；子侄不爱，则群从疏薄；群从疏薄，则僮仆为雠敌矣。如此，则行路皆踏其面而蹈其心，谁救之哉"。这是从客观事实出发论证兄弟当睦的道理。《颜氏家训》又从客观规律出发，论证兄弟关系的重要性，"夫有人民而后有夫妇，有夫妇而后有父子，有父子而后有兄弟：一家之亲，此三而已矣。自兹以往，至于九族，皆本于三亲焉，故于人伦为重者也，不可不笃。"① 这样的理论阐释切于客观事实，具有真实可信性，又能为一般人所理解，具有通俗性。

主张具体问题具体分析，使所讲义理具有可操作性。家训主体与家训对象日常相处，因而能够就教化对象实际存在的问题进行分析，加以引导，使得所讲义理能够揭示出具体的利害关系和是非所向，具有可操作性，让教化对象感到易于理解和应用。汉代疏广退休时得到黄金七十斤的赏赐，但并未多置产业为子孙谋利益，而是与亲朋好友、乡里百姓共同分享。其子孙深为不解，于是拜托疏广信赖的弟弟劝说不要散尽家财，疏广就此事进行了深入的分析，他指出原先的田产已经够子孙生活，不致忍饥挨饿，如果再增加产业，只会导致子孙的懒惰和贪婪。如果子孙品德高尚而钱财有余，则会损害他的志气；如果子孙愚笨而多财，则会增加他的过失；同时越有钱的人，越有可能招致怨恨。疏广旨在希望子孙"勤力其中"②，自强不息，保持清白家风。以疏广为代表的家训主体制定的家训文本，往往能够结合实际生活中子孙出现和存在的问题，有理有据、实事求是进行分析，所说的义理具有感染力、说服力，能够为子孙认同和信服，并且具有实际的操作性，使其能够在现实中应用、践行相应的行为规范。

主张表达方式通俗易懂，使所讲义理具有可接受性。儒家经典主要以《尚书》《易经》《论语》《孟子》等为基本文本载体，以尧舜禹汤、文武周孔等圣贤言论为依据，具有相当的理论深度，不易为大多数人所深入理解。

---

① 王利器撰《颜氏家训集解》，中华书局，2014，第 21～22 页。
② （汉）班固撰《汉书》第 3 册，中华书局，2012，第 2627～2628 页。

家训制定主体在表达方式方面作出了卓有成效的努力，一是运用多数人熟悉知晓的语言，如运用歌谣、俗语、谚语、成语、格言、历史典故等，以此由浅入深推演说明儒家思想。为了说明在家中开展教化活动的重要性，颜之推首先举例上古三代胎教事例、早教事例，其次引用圣贤言论、流行谚语，"孔子云：'少成若天性，习惯如自然'是也。俗谚曰：'教妇初来，教儿婴孩'"①；于成龙则借用儒家经典言论说明家教对于治国理政的重要性，"《传曰》：'君子不出家，而成教于国'，则是家有教也。正惟一家有教，一国观感，而仁让兴焉矣"②。二是注意运用社会现象和生活事例，以小见大推演说明儒家义理。司马光崇尚俭德，在教育其子生活节俭时，着重批判了当时"众人皆以奢靡为荣"③的社会风气，并且以"俭，德之共也，侈，恶之大也"为理论依据，以小见大深入分析了节俭奢侈的利害得失，"夫俭则寡欲。君子寡欲，则不役于物，可以直道而行；小人寡欲，则能谨身节用，远罪丰家。故曰：俭，德之共也。侈则多欲。君子多欲则贪慕富贵，枉道速祸；小人多欲则多求妄用，败家丧身。是以居官必贿，居乡必盗。故曰：'侈，恶之大也'"（《训俭示康》）。三是结合家训主体人生经历对儒家义理、圣贤言论作出更为详细的解释。向朗首先结合自家实际情况指出子孙当以和为贵，与人和睦相处，"吾，楚国之小子也，而早丧所天，为二兄所诱养，使其性行不随禄利以堕。今但贫耳；贫非人患，惟和为贵，汝其勉之"；其次以小见大详细阐述了人我当睦的道理，"《传》称师克在和不在众，此言天地和则万物生，君臣和则国家平，九族和则动得所求，静得所安，是以圣人守和，以存以亡也"④。

三 反映了生活化的儒家思想

传统家训制定主体在阐释古代社会主流意识形态的过程中，重视把深奥

---

① 王利器撰《颜氏家训集解》，中华书局，2014，第8页。
② （清）吴云撰，王有立主编《得一录》，华文书局，1969，第639页。
③ 《文渊阁四库全书》第703册，台湾商务印书馆，1986，第60页。
④ （清）严可均辑《全三国文》，商务印书馆，1999，第619页。

的思想理论放到现实生活背景中讲解，以实现思想理论与生活实际的结合，为教化对象运用儒家思想指导生活实践搭建了一个由此到彼的桥梁，能够有效指导民众在视听言动、家庭生活、人际交往、节日庆典等活动中的思想和行为，以此达到"使民迁善，日用而不知也"①的效果。

主张结合日常生活实践，深入阐释儒家思想的理论内涵，揭示出儒家思想对日常生活的具体指导意义，使所讲义理融入现实生活。儒家思想经过古代思想家的理论阐释，逐渐具有了"人伦日用"的特征，家训主体则进一步结合家人族众具体的生活实践，深入阐释儒家思想的理论内涵。家训主体重视在视听言动、衣食住行、冠婚丧祭、人际交往中由浅及深、以小见大深入阐释儒家思想。在视听言动方面，家训主体以孔子"非礼勿视，非礼勿听，非礼勿言，非礼勿动"（《论语·颜渊》）为指导，在日常生活中阐发作为个体外在行为规范的"礼"的思想内涵，引导家人行为符合礼之要求。在衣食住行方面，更需"足以合礼"（《易经·乾》），对于家人衣服的材质、色彩、佩饰，对于饮食的丰俭，对于住房的建制、规模、材质，对于出行的工具、安排等依据儒家礼的要求加以引导约束。在生活细节方面阐发儒家思想的具体理论内涵。在冠礼、婚礼、丧礼、祭礼等方面加以生活化的阐释，既有朱熹专门作《朱子家礼》阐发冠婚丧祭礼的具体行为规范，又有更多的家训主体结合自己家族的生活实际、社会身份在儒家思想和朱熹《朱子家礼》的指导下有选择地践行礼之规范。姚舜牧训诫家人既要遵循《朱子家礼》要求，同时也要依据实际情况践行，"冠婚丧祭四事，《家礼》载之甚详，然大要在称家有无，中于礼而已，非其礼为之，则得罪于名教；不量力而为之，则自破其家产，是不可不深念者"②。在人际交往方面，结合日常生活事例阐释具体的人际交往规范。马援听说兄子马严、马敦好议论人长短，专门作书信训诫其敦厚严谨，"吾欲汝曹闻人过失，如闻父母之名，耳可得闻，口不可得言也。好论议人长短，妄是非正法，此吾所大恶

---

① 《续修四库全书》第1187册，上海古籍出版社，2002，第664页。
② 《丛书集成初编0976·药言》，中华书局，1985，第8页。

也，宁死不愿闻子孙有此行也"①。裴松之注曰，"援之此诫，可谓切至之言，不刊之训也。凡道人过失，盖谓居室之怨，人未之知，则由己而发者也。若乃行事，得失已暴于世，因其善恶，即以为诫，方之于彼，则有愈焉"。

主张结合日常生活中出现的具体问题，揭示出这些问题的利害关系、提出具体解决思路，进而阐释对人们具有普遍意义和长远意义的基本道理，使所讲义理具有可操作性。家训主体充分利用家人之间朝夕相处、具有浓厚血缘亲情的优势，随时随地针对具体问题阐释儒家思想。孔子在庭院中见到孔鲤，针对其未读《诗》读《礼》的问题，言简意赅指明不学诗学礼的危害性，"不学诗，无以言""不学礼，无以立"，告诫其学习思想道德知识，以成贤成人。李世民可谓生活化儒家思想的典范，在李治吃饭时告诫说"凡稼穑艰难，皆出人力，不夺其时，常有此饭"；在其乘马时告诫说"能代人劳苦者也，以时消息，不尽其力，则可以常有马也"；在其乘舟时告诫说"舟所以比人君，水所以比黎庶，水能载舟，亦能覆舟"；在其休息于曲木之下时说"此木虽曲，得绳则正；为人君虽无道，受谏则圣"②，不仅结合生活中的实际问题阐明道理，而且提供了以后明确的行为规范，具有可操作性。总之，结合日常生活将儒家思想生活化，为家人族众提供具体可行的日常行为规范，要求子弟"持己宜谨、待人宜厚、居家宜俭、处世宜谦、当官宜畏、临民宜敬、御下宜体、用人宜信"③。

第二节 彰显了古代核心价值观

价值观指人们对价值及其相关内容的基本观点、态度和看法，具体而言指人们对事物的意义的看法、观点和态度。具体到自然领域，表现为关

---

① （南朝宋）范晔撰《后汉书》第1册，中华书局，2012，第663页。
② （唐）吴兢撰，杨宝玉编《贞观政要》，北京燕山出版社，1995，第140页。
③ （清）赵慎畛撰，徐怀宝点校《榆巢杂识》，中华书局，2001，第154页。

于自然事物对人的意义、作用的观点,是为自然价值观;具体到社会历史领域,表现为关于社会事物、现象对人的意义、作用的看法,是为社会历史价值观;具体到人生领域,表现为关于人生意义及其相关问题的看法,是为人生价值观。价值观反映了关于自然、社会、人生领域中客观事物、客观现象对人的意义的看法、观点,提供了社会活动和人的活动的价值尺度,规定了社会、个人的价值取向与行为倾向。价值观是在人的实践活动的基础上形成的,是满足人的生存需要的价值规范体系,实际上"更多地表现为人的行为规范体系"①,潜移默化影响着人和社会的思想观点、行为倾向。价值观作为人化与化人的统一,作为精神形态的文化,是意识形态的核心内容。

价值观是对意识形态内容的高度凝练和概括,揭示了意识形态的精神实质,体现了意识形态的本质要求。核心价值观是对社会主流意识形态的高度概括,体现了主流意识形态的本质要求。传统家训注重从核心价值观的角度阐释主流意识形态,使民众能够准确把握古代核心价值观的基本内容和古代社会主流意识形态的本质要求,以确立牢固的思想观念和价值理念。

一 彰显了国家社会层面的价值原则

从宏观上来看,价值观作为意识形态的核心,代表着国家和社会提倡什么反对什么的规范性判断;从微观角度来看,价值观引导和规定了民众的具体行为规范。核心价值观是对社会主流意识形态的高度概括,既反映着国家社会的制度性要求,也反映了广大民众的生活行为规范。在两千多年封建社会发展过程中,我国逐渐形成了以"三纲五常"为主要内容的国家社会层面的价值原则和以"孝悌忠信礼义廉耻"为核心的生活规范层面的价值规范,"'三纲五常'和名教观念是核心范畴,集中反映了中华民族的传统核心价值观"。"所谓名教观念,即把符合封建地主阶级统治利益的政治观念、

---

① 衣俊卿:《文化哲学十五讲(第二版)》,北京大学出版社,2015,第36页。

第三章 传统家训对古代社会主流意识形态的全面性体现

价值追求、道德规范等立为名分，定为名目，号为名节，制为功名，用它对百姓进行教化，称为'以名为教'，其内容主要是'三纲五常'。"① 传统家训文本作为社会主流意识形态的重要阐释载体，既通俗化阐释了反映国家社会制度性要求的核心价值原则，又生活化解读了百姓日常生活层面的核心价值规范。传统家训对国家社会层面价值观的解读具体体现为对三纲和五常内容的生活化阐释。

充分体现了三纲的价值原则。一定时期的价值观植根于特定的社会生活生产实践，我国传统核心价值观植根于以农为本、自给自足的小农经济和宗法等级制的政治制度，根本上维护的是封建等级制。这也就决定了传统核心价值观整体主义的基本精神，表现为"亲亲尊尊长长，男女之有别"的等级性规定，进而高度抽象化为"君为臣纲，父为子纲，夫为妻纲"②的价值规定。家训文本制定主体一般为官方意识形态的代表，认同"亲亲尊尊长长，男女之有别"的价值规定，坚定忠、孝、顺是具有合理性的价值观念，主张"齐家之要必以振三纲为重"③。首先，传统家训文本结合具体的家庭家族生活实践，详细而具体地阐述了家长的主祭权、教育权、财产权、惩罚权、主婚权等权力，强化了"父为子纲"的价值规定。传统家训往往首先引经据典阐释"孝"的合理性④，而孝最重要的表现在于确立

---

① 戴木才：《继承和弘扬中华民族优秀传统核心价值观（上）》，《唯实》2014年第5期。
② 公元79年，东汉章帝在未央宫内主持召开了白虎观会议，重要内容是以官方文件的形式确立了三纲五常的核心价值观地位。《白虎通德论·三纲六纪》详细记载了此次会议的内容，明确了三纲五常的内容，"三纲者何谓也？谓君臣、父子、夫妇也。六纪者，谓诸父、兄弟、族人、诸舅、师长、朋友也"，并赋予"纲纪"以统领全局的意义。"何谓纲纪？纲者，张也；纪者，理也。大者为纲，小者为纪，所以张理上下，整齐人道也。人皆怀五常之性，有亲爱之心，是以纲纪为化，若罗网之有纪纲而万目张也。《诗》云：'亹亹我王，纲纪四方。'"
③ 上海图书馆编，周秋芳、王宏整理《中国家谱资料选编·家规族约卷》下册，上海古籍出版社，2013，第683页。
④ 权威性的论证莫过于《孝经》中对"孝"的阐释。司马光在《温公家范》中阐述"孝"的必要性时，就援引了《孝经》中的观点，"夫孝，天之经也，地之义也，民之行也。天地之经，而民是则之"，"不爱其亲而爱他人者，谓之悖德；不敬其亲而敬他人者，谓之悖礼。以顺则逆，民无则焉。不在于善，而皆在于凶德，虽得之，君子不贵也"，"五刑之属三千，而罪莫大于不孝"。

家长在家中的至高的权威,"孝莫大于严父"(《孝经》),在此基础上论证"家长为一家之主宰"①的家庭地位。《郑氏规范》明确指出"家长总治一家大小之务",有裁断权、惩戒权等,"朔望二日,家长检点一应大小之务。有不笃行者议罚;诸簿籍过日不结算及失时不具呈者,以量情议罚"。其次,从移孝于忠的角度论证尊君忠君的必要性,强化"君为臣纲"的价值规定。在认同和维护"天之所覆,地之所载,人之所履,莫大乎忠"(《忠经》)的理论论证和"君子之事亲孝,故忠可移于君"(《孝经》)的理论推衍下,传统家训往往从孝亲出发,强调尊君忠君的必要性,"臣之事君,犹子之事父,以忠信为本"②,同时强调忠与孝合一。齐相田稷子接受下属所赠百镒金,其母说"夫为人臣不忠,是为人子不孝也。不义之财,非吾有也。不孝之子,非吾子也"③,于是田稷子归还下属百镒金。不义之财不可取,为人臣若不思尽忠而取不义之财,一旦东窗事发则有可能锒铛入狱,不能事亲且有辱父母声誉,而不孝亲则难以移孝于忠、竭忠尽智以事其君,因而传统家训尤为强调忠孝合一,并且由孝推忠,以此路径强化"君为臣纲"的价值规定。再次,论述了夫权的合理性,强化了"夫为妻纲"的价值规定。"夫天也,妻地也;夫日也,妻阴也。天尊而处上,地卑而处下。日无盈亏,月有圆缺。阳唱而生物,阴和而成物。故妇人专业柔顺为德,不以强辩为美也"④,自然引出"妇德、妇言、妇容、妇功"的四德观念,强调妇女"卑弱""下人"⑤的家庭地位。

充分体现了五常的价值原则。 白虎观会议上"五常"观念与"三纲"

---

① 上海图书馆编,周秋芳、王宏整理《中国家谱资料选编·家规族约卷》下册,上海古籍出版社,2013,第683页。
② 《文渊阁四库全书》第703册,台湾商务印书馆,1986,第72页。
③ (汉)刘向撰,(明)汪道昆增辑,(明)仇英绘图《列女传》第1册,国家图书馆出版社,2014,第48页。
④ 《文渊阁四库全书》第696册,台湾商务印书馆,1986,第708页。
⑤ (南朝宋)范晔撰《后汉书》第3册,中华书局,2012,第2239~2243页。

第三章 传统家训对古代社会主流意识形态的全面性体现

一道正式成为古代社会的主流观念①,"五常者何?谓仁、义、礼、智、信也。仁者,不忍也,施生爱人也;义者,宜也,断决得中也;礼者,履也,履道成文也;智者,知也,独见前闻,不惑于事,见微者也;信者,诚也,专一不移也。故人生而应八卦之体,得五气以为常,仁、义、礼、智、信是也"②。从该定义可以看出,五常观念基本是建立在性善论基础上的。以孟子人人皆有"仁义礼智"四善端和相应的"恻隐之心、羞恶之心、辞让之心、是非之心"四善心为理论依据,加上需做到诚实此四者的"信","信是诚实此四者,实有是仁,实有是义,礼智皆然"③,由此形成了五常观念。自"五常"观念正式取得古代社会主流思想的地位后,传统家训主体详细阐释了"五常"观念。

一是抓住"仁"这一根本价值理念,着重阐发"仁"的基本内涵。在五常观念中,"仁"是根本性的价值理念,"以先后言之,则仁为先;以大小言之,则仁为大"④,家训制定主体基于"百行万善总于五常,五常又总于仁"⑤的理论认知,着重阐发了"仁"的价值内涵。康熙在《庭训格言》中深入浅出地论证了"仁者以万物为一体"的价值理念,他以孟子性善论为理论预设,以人人皆有恻隐之心为心性基础,阐述"仁"的基本内涵,"故极其量,则民胞物与,无所不周;而语其心,则慈祥恺悌,

---

① 首次提出该理论的是董仲舒,"仁义礼知信五常之道,王者所当修饬也"(《汉书·董仲舒传》)。在董仲舒之前,"五常"概念就已出现,"今商王受,狎侮五常,荒怠弗敬"(《尚书·泰誓下》)。"仁义礼智信"等价值观念也出现了,孟子提出了仁义礼智、仁义忠信、孝悌忠信观念,"恻隐之心,仁也;羞恶之心,义也;恭敬之心,礼也;是非之心,智也。仁义礼智,非由外铄我也,我固有之也"(《孟子·告子上》),"仁义忠信,乐善不倦,此天爵也;公卿大夫,此人爵也"(《孟子·告子上》),"壮者以暇日修其孝悌忠信"(《孟子·梁惠王上》)。管子则提出了礼义廉耻的价值观念,"国有四维,一维绝则倾,二维绝则危,三维绝则覆,四维绝则灭。倾可正也,危可安也,覆可起也,灭不可复错也。何谓四维?一曰礼、二曰义、三曰廉、四曰耻。礼不逾节,义不自进。廉不蔽恶,耻不从枉。故不逾节,则上位安;不自进,则民无巧轴;不蔽恶,则行自全;不从枉,则邪事不生"(《管子·牧民》)。
② 王云五主编《四部丛刊正编·白虎通德论》第22册,台湾商务印书馆,1979,第60页。
③ 《文渊阁四库全书》第700册,台湾商务印书馆,1986,第103页。
④ 《文渊阁四库全书》第700册,台湾商务印书馆,1986,第103页。
⑤ 《文渊阁四库全书》第700册,台湾商务印书馆,1986,第110页。

随感而应。凡有利于人者，则为之；凡有不利于人者，则去之"①。也就是说，"仁"作为涵盖"仁义礼智信"的价值理念，有着最为广泛的内涵要求，既包括仁民，也包括爱物，仁民遵循由亲及疏、由远及近的原则，具体表现为孝亲敬长、睦族睦邻、以德交友、忠君报国等行为要求；爱物则是仁者爱人理念的进一步外推，主要表现为爱惜物命、珍惜资源。简言之，凡对人有利对物有利者，即为仁，凡对人不利对物不利者，即为不仁。

二是在以仁为根本价值理念的前提下，借助类比、比喻等表达方式阐释义礼智信的基本内涵、重要意义、行为要求。就"义"而言，以儒家思想为基础，认为"义者，事之宜、心之制"，并形象化为古今所共行的"人之正路"，因此"大人精义、君子喻义，诚见夫义以方外、义以制事，持己待物，皆当率履而不可越"；同时借助《诗经》"周道如砥、其直如矢"的内容解释"义"的含义；还将"义"与"利"相联系，"且义与利相反，舍正路而弗由，父子兄弟终去义怀利以相接，驯至天理民彝泯焉，无复几希之存，则与禽兽西择哉"②，由此强调精义行义的重要性，"以之决生死则临难无惧，以之衡取予则见利不贪，轻财重义则伦理不伤，疏财仗义则贫寒戴德"③。就"礼"而言，认为"恭敬为礼之本，谦让为礼之实，尊卑上下，秩然不紊"④，并强调"礼者，天之经也，地之义也"，具有"辨上下、定民志"的功能，"以其事则父子、夫妇、昆弟、朋友无所不严；以其仪（则）洒扫、应对、进退无所不谨"，因而"长幼有序，内外有分，别嫌明微，一统于礼"⑤。就"智"而言，以孟子"是非之心，智之端也"和朱熹

---

① 《文渊阁四库全书》第717册，台湾商务印书馆，1986，第618页。
② 上海图书馆编，周秋芳、王宏整理《中国家谱资料选编·家规族约卷》下册，上海古籍出版社，2013，第601页。
③ 上海图书馆编，周秋芳、王宏整理《中国家谱资料选编·家规族约卷》上册，上海古籍出版社，2013，第449页。
④ 上海图书馆编，周秋芳、王宏整理《中国家谱资料选编·家规族约卷》上册，上海古籍出版社，2013，第449页。
⑤ 上海图书馆编，周秋芳、王宏整理《中国家谱资料选编·家规族约卷》下册，上海古籍出版社，2013，第601页。

第三章　传统家训对古代社会主流意识形态的全面性体现

"是非便是智,大段无知颠倒错谬,便是不智"①以及董仲舒对"智"的解读②为基础,认为"智"即为分辨是非之理,为分辨善恶义利公私之理,强调不仅要知晓为人处世之理,还需知晓为人处世之理的缘由,"知事亲从兄之所以然者,智之本也"③。就"信"而言,认为"循物无伪为信",如能做到诚信不欺,诚信立心制行,则"在交游之地,可要诸契阔死生,在家国之间,可必其顺亲获上。积此而充之,质天日、通鬼神、孚豚鱼,莫非是焉";如若反复无常、尔虞我诈、相倾相轧,则"片语虚而千言结尾饬说,一行欺而百行尽属刻意"④,从而更为具体地阐释了孔子"人而无信,不知其可也"的思想内涵。此外,也有结合日常生活实践,从反面阐释"五常"观念的。颜之推为了阐释仁义礼智信反对的是什么,于是结合日常生活阐释了"五常"的禁例,"外典仁义礼智信,皆与之符。仁者,不杀之禁也;义者,不盗之禁也;礼者,不邪之禁也;智者,不酒之禁也;信者,不妄之禁也"⑤。

二　彰显了日常生活层面的价值规范

核心价值观具有凝练性、抽象性。儒家自古便有"人伦日用"的传统,《周易·系辞上》有"百姓日用而不知"的论述,《群书治要·袁子正书》强调"礼教之治,先之以仁义,示之以敬让,使民迁善,日用而不知也"⑥。

---

① 《文渊阁四库全书》第701册,台湾商务印书馆,1986,第57页。
② 《春秋繁露·必仁且知》中提到:何谓之智?先言而后当。凡人欲舍行为,皆以其智先规而后为之。其规是者,其所为得,其所事当,其行遂,其名荣,其身故利而无患,福及子孙,德加万民,汤武是也。其规非者,其所为不得,其所事不当,其行不遂,其名辱,害及其身,绝世无复,残类灭宗亡国是也。故曰莫急于智。智者见祸福远,其知利害蚤,物动而知其化,事同而知其归,见始而知其终,言之而无敢哗,立之而不可废,取之而不可舍,前后不相悖,终始有类,思之而有复,及之而不可厌。其言寡而足,约而喻,简而达,省而具,少而不可益,多而不可损。其动中伦,其言当务。如是者谓之智。
③ 《文渊阁四库全书》第700册,台湾商务印书馆,1986,第395页。
④ 上海图书馆编,周秋芳、王宏整理《中国家谱资料选编·家规族约卷》下册,上海古籍出版社,2013,第601页。
⑤ 王利器撰《颜氏家训集解》,中华书局,2014,第348页。
⑥ 《续修四库全书》第1187册,上海古籍出版社,2002,第664页。

传统家训适应时代发展需要，将抽象的古代社会核心价值观生活化、具体化、形象化，建立起"民生日用彝伦"①操作性强的社会规范体系，即孝悌忠信礼义廉耻八德，"教之孝悌忠信，尊君亲上之义"②"礼义廉耻，是谓四维。若寡廉鲜耻，虽能文要何用"③。传统家训结合日常生活层面的价值观对孝悌忠信礼义廉耻八德进行了深入解读。

充分体现了孝悌忠信礼义廉耻的价值规定。传统家训首先从整体上解释了孝悌忠信礼义廉耻的价值定位，"孝悌忠信，谓之四行；礼义廉耻，谓之四维"④。其次，分别就各个德目进行解读。就"孝"而言，在强调"孝"的主要对象为父母的基础上，解释为何对父母尽孝，"父母者，身所自出者也。故孝悌为为人之本。父兮生我，母兮鞠我，顾我复我，饥寒疾苦，常常系虑，富贵贫贱，每每关心。凡生平一切营为，无非为子所谋，欲报之德昊天罔极"；继而详细阐释如何对父母尽孝，"为人子者，一一曲体亲心，显扬为上，色笑次之，纵奉养稍缺，仪文未备，而亲心慰矣"⑤。就"悌"而言，认为兄弟之间同气连枝，骨肉相连，"兄弟者，世间难得者也。故不孝与不悌相因，事亲与事业并重。与我同气，与我连枝。凡今之人，莫如兄弟"，强调兄弟之间应该兄友弟恭，"勿因产业而手足有伤，勿听妇言而骨肉致乖，兄与兄言友，弟与弟言恭，兄弟既翕，父母其顺矣乎"⑥。就"忠"而言，在"忠者，尽己之谓也"的理论认知基础上，多以孟子"教人以善，谓之忠规；劝朋友，谓之忠告；待人不苟，谓之忠厚。忠其身，以忠于国"为理论基础，进一步引申发挥，主张"士民之辈，当知亲生我以身，国家养我以身。凡我四民，践土食毛，无非托国家之庇荫，谨遵国宪，恪守卧

---

① 《文渊阁四库全书》第197册，台湾商务印书馆，1986，第3页。
② 《文渊阁四库全书》第702册，台湾商务印书馆，1986，第713页。
③ 《文渊阁四库全书》第702册，台湾商务印书馆，1986，第229页。
④ 上海图书馆编，周秋芳、王宏整理《中国家谱资料选编·家规族约卷》下册，上海古籍出版社，2013，第486页。
⑤ 上海图书馆编，周秋芳、王宏整理《中国家谱资料选编·家规族约卷》下册，上海古籍出版社，2013，第909页。
⑥ 上海图书馆编，周秋芳、王宏整理《中国家谱资料选编·家规族约卷》下册，上海古籍出版社，2013，第909页。

碑，忠诚宜尽也"①。就"信"而言，认为"信"即诚实守信、言行不欺，具备信的品德具有重要作用，"则事亲、交友、齐家、治国，无一不本于信"，正所谓"言忠信，行笃敬，虽蛮貊之邦行矣；言不忠信，行不笃敬，虽州里行乎哉？"（《论语·卫灵公》）"人而无信，不知其可也"。就"礼"而言，认为"恭敬为礼之本，谦让为礼之实"，若能做到"吉凶宾嘉有典有则，视听言动蹈矩循规"，则有助于促进"防淫节性，别嫌明微""尊卑上下，秩然不紊"②。就"义"而言，将其定义为"事之宜也""不易之规"，作为不可改变不可轻易动摇的言行规范，是"肃闺门、辨内外、正名分、严取舍"的正路，"间阎共归于不苟，而邪淫之风息矣"③。就"廉"而言，主张做人廉洁，具体表现为"君子爱财，取之有道"，也就是说，"一物之投，必辨所从来，无处而愧，宜郤而弗受。得所当得虽千驷不为贪，取非其有虽一介亦为盗"，因而多数家训文本强调"宁廉洁留清介之名，毋苟得贻贪污之诮"④，主张形成清白家风，以清白传家。就"耻"而言，认为"耻者，自信之基也，人惟不知耻则肆行无忌"，实际上是以孟子"人不可以无耻"和"耻之于人大矣"为理论依据，强调人在做错事时若能有愧疚悔悟之心，若唯恐不符合社会规范的行为愧对于人更愧对于神，而且时时刻刻以道德不若人为耻，能够"鄙愚贱而不为，玷清名之是惧，生平心事可对人言"，则这样可以做到"俯仰无愧、衾影无惭"⑤。

---

① 上海图书馆编，周秋芳、王宏整理《中国家谱资料选编·家规族约卷》下册，上海古籍出版社，2013，第910页。
② 上海图书馆编，周秋芳、王宏整理《中国家谱资料选编·家规族约卷》上册，上海古籍出版社，2013，第448~449页。
③ 上海图书馆编，周秋芳、王宏整理《中国家谱资料选编·家规族约卷》下册，上海古籍出版社，2013，第910页。
④ 上海图书馆编，周秋芳、王宏整理《中国家谱资料选编·家规族约卷》上册，上海古籍出版社，2013，第449页。
⑤ 上海图书馆编，周秋芳、王宏整理《中国家谱资料选编·家规族约卷》上册，上海古籍出版社，2013，第449页。

第三节　体现了古代思想道德内容①

核心价值观作为社会主流意识形态的本质体现，既包括国家社会层面的价值导向，又涵盖了个人生活规范层面的内容。传统家训以古代核心价值观为指导，以日常生活实践为基础，着重体现了个人生活规范层面的道德价值观，形成了以修身观、治家观、处世观、报国观为主要内容的思想道德体系，为教化对象提供了具体可行的日常行为规范。

一　体现了儒家修身观

在以伦理本位为基本特征的古代社会，对一般人而言加强道德修养是立身处世的根本；对社会管理者而言，修身是治国平天下的基础，因而有"自天子以至于庶人，壹是皆以修身为本"（《礼记·大学》）的理论。无论帝王将相、名臣名儒还是商贾百工、乡间百姓，无不重视修身。传统家训对儒家修身观的体现主要为强调修身进德、志在圣贤、勉学成人、修养身心。

修身进德。在性善论的人性预设下，传统家训认为是否有德是人与动物的根本区别，是人之为人的根本。薛瑄在《诫子书》中明确写道："人之所以异于禽兽者，伦理而已。何为伦？父子、君臣、夫妇、长幼、朋友，五者之伦序是也。何为理？即父子有亲、君臣有义、夫妇有别、长幼有序、朋友有信，五者之天理是也。于伦理明而且尽，始得称为人之名，苟伦理一失，虽具人之形，其实与禽兽何异哉。"② 伦理即一定的社会行为规范，具体而言指思想道德规范，也就是德，惟有持之以恒地修德，具备社会所倡导的基本素质才能称为人，才能立身处世。修身主要在于修德，个人具备了为社会所倡导的道德规范，则能以自律精神时时约束自己，从而获得立身处世的伦理道德基础。对家长而言，才能更为有效地治理家庭和教育子孙，"身既修

---

① 参见王易、安丽梅《传统家训在培育和践行社会主义核心价值观中的作用探析》，《思想教育研究》2017年第8期。
② （明）薛瑄撰，孙玄常等点校《薛瑄全集》上册，山西人民出版社，1990，第661页。

第三章　传统家训对古代社会主流意识形态的全面性体现

矣，然后推之齐家"①，"修身为急，教子孙为最重，然未有不能修身而能教其子孙者也"②。对社会管理者而言，在修身齐家的基础上，不断完善和实践着自己的道德品行，有利于进一步入仕参政、弘扬大道，影响更多的人修身进德，最终实现兼善天下的道德理想。因此高攀龙发出了"吾人立身天地间，只思量作得一个人，是第一义，余事都没要紧"③的感叹，强调要做一个好人、善人、道德人。要成为具备"孝友勤俭"④"孝悌忠信，礼义廉耻"⑤的好人，则需修德，在如何修德的问题上，传统家训从不同角度、不同侧面给予了阐发。曾国藩比较系统地概括了修德的要求，将"慎独、生敬、求仁、习劳"作为修身"四课"，认为"慎独"乃"守身之先务"，若能慎独则问心无愧，"内省不疚可以对天地、质鬼神"；"生敬"则表现为"内而专静纯一，外而整齐严肃"，内外表里皆对他人心存敬意；"求仁"则应仁民爱物；"习劳"则心态安然，勤劳可以延年益寿，可以自我实现等。

志在圣贤。志向即目标、理想，志向对个人的立身处世、成长发展至关重要。嵇康教诫其子"人无志，非人也"⑥，姚舜牧在《药言》中则说的更为具体，"凡人须立志，志不先立，一生通是虚浮，如何可以任得事"⑦。家训制定主体多告诫子孙及早树立远大志向，"夫志当存高远"⑧，所立志向须"志于道，据于德，依于仁，游于艺"（《论语·述而》），这是因为"立志需志道，则心存于正而不他；据德，则道得于心而不失；依仁，则德性常用而物欲不行；游艺，则小物不遗而动息有养"⑨。在坚持儒家思想指导下，立志的重点在于执仁立志，曾国藩认为"君子之立志也，有民胞物与之量，

---

① （明）方孝孺著，徐光大点校《方孝孺集》上册，浙江古籍出版社，2013，第38页。
② （清）张履祥著，陈祖武点校《杨园先生全集》，中华书局，2002，第1385页。
③ 《文渊阁四库全书》第1292册，台湾商务印书馆，1986，第644页。
④ 《丛书集成初编0976·庞氏家训》，中华书局，1985，第1页。
⑤ 《丛书集成初编0976·药言》，中华书局，1985，第1页。
⑥ （清）严可均辑《全三国文》，商务印书馆，1999，第532页。
⑦ 《丛书集成初编0976·药言》，中华书局，1985，第15页。
⑧ （清）严可均辑《全三国文》，商务印书馆，1999，第595页。
⑨ （宋）朱熹著，朱杰人等主编《朱子全书》第6册，上海古籍出版社、安徽教育出版社，2010，第121页。

有内圣外王之业",即要有博施济众的人生志向,要以成贤成圣为追求目标。在进德与修业之间,古代将志在圣贤放在首位,认为"志于道德者为上,志于功名者次之"①。一旦立下心口合一的志向,应当充分发挥自我的主观能动性,努力为之奋斗,"若志之所之,则口与心誓,守死无二。耻躬不逮,期於必济"②;同时不为外物和内欲所限制,不为琐碎小事所局限,能屈能伸,豁达大度,保持心情愉悦,"绝情欲,弃凝滞,使庶几之志,揭然有所存,恻然有所感;忍屈伸,去细碎,广咨问,除嫌吝"③。不论职业尊卑、身份地位如何,一旦树立远大志向,都应当意志坚定,"业无高卑志当坚,男儿有求安得闲"④,努力做到"立志而圣,则圣矣;立志而贤,则贤矣"⑤。

勉学成人。读书学习以成贤成才是修身观的又一重要内容。儒家经典是儒家思想的主要文本载体,成为古人读书学习的主要内容。儒家典籍的主旨即在于引导人们做好人,成圣贤,"要知圣贤之书,不为后世中举人进士而设,是教千万世做好人,直至于大圣大贤"⑥。读书主要读圣贤书,加强道德学习,知晓社会主流行为规范,"开心明目,利于行耳"⑦。因而在读书目的上传统家训将学以修身放在了首位,主张读书学习"取科第犹第二事,全为明道理,做好人"⑧。清代陆陇其在劝诫大儿子定征读书时说,"我虽在京,深以汝读书为念。非欲汝读书取富贵,实欲汝读书明白圣贤道理。读书做人,不是两件事。将所读之书,句句体贴到自己身上来,便是做人的法。如此,方叫得能读书人。若不将来身上理会,则读书自读书,做人自做人,只算做不曾读书的人"⑨。也就是说,读书重在修身做人,要做好人行善事,

---

① 《丛书集成初编0975·庭帏杂录》,中华书局,1985,第4页。
② (清)严可均辑《全三国文》,商务印书馆,1999,第532页。
③ (清)严可均辑《全三国文》,商务印书馆,1999,第595页。
④ (宋)张耒撰,李逸安等点校《张耒集》上册,中华书局,1990,第264页。
⑤ (明)王守仁著,谢延杰辑刊《王阳明全集》中册,中央编译出版社,2014,第852页。
⑥ 《续修四库全书》第951册,上海古籍出版社,2002,第167页。
⑦ 王利器撰《颜氏家训集解》,中华书局,2014,第156页。
⑧ 《丛书集成初编0977·孝友堂家训》,中华书局,1985,第3页。
⑨ 《清代诗文集汇编》编纂委员会编《清代诗文集汇编-117》,上海古籍出版社,2010,第396页。

第三章 传统家训对古代社会主流意识形态的全面性体现

这样才能够获得参与社会活动和家族活动的资格,才能实现个体的社会化和政治化,"务使变化气质,陶镕德性。他日若做秀才、做官,固为良士、为廉吏,就是为农、为工、为商,亦不失为醇谨君子"①。传统家训还详细阐述了读书学习的基本精神:学贵勤勉,学贵有恒,学贵专一。无论是道德学习还是知识学习,均需勤奋勉学,颜之推在《颜氏家训》中指出"自古明王圣帝,尤须勤学,况凡庶乎",并以苏秦以锥刺股、文党投斧求学、常林带经而锄的故事,告诫子孙勤奋学习。韩愈也在《符读书城南》中指出"人之能为人,由腹有诗书。诗书勤乃有,不勤腹空虚",由此说明勤奋对于学习的重要性。学贵有恒,在读书尤其是读经史的过程中,应坚持不懈、循序渐进,由此日积月累学业终有所成,曾国藩指出读书"每日有常,自有进境",希望子孙"从有恒二字痛下功夫"。学贵专一,即在学习过程中确定目标、反复阅读,直至理解其中的微言大义。当然,在学习方法途径方面,传统家训还提出了其他方法,如要重视早教、珍惜时间;循序渐进、积少成多;制订计划、量力而行、务求广博与精深等,以此不断提高自身的思想道德修养与文化知识素养。

修养身心。在中国传统社会,养生具有一种伦理意义。从这个伦理原则出发,古代思想家们重视身心合一,把养神与身体保健联系起来,认为养生之道在于养神与身体保健,主张通过养生以修身。养生重在养神,要保持平心静气,心静则体安。张英在《聪训斋语》中较为详细地论述了致寿之道,"昔人论致寿之道有四:曰慈、曰俭、曰和、曰静"②。首先人要有一颗慈善之心,与人为善,并扩展为禁止杀生以珍惜动植物的生命,以求和谐,这样,心中拥有吉祥和乐之气,自然"灾沴不干";其次,在自我修养、生活处世方面要知节吝,戒嗜欲,以俭养德,以俭养心,要俭于财物、俭于交游、俭于言语等,最为重要的是俭于嗜欲;再次,要保持一颗平和之心,"人常和悦,则心气冲而五脏安,昔人所谓养欢喜神"③,只有心境平和,知

---

① 《续修四库全书》第 951 册,上海古籍出版社,2002,第 155 页。
② 《丛书集成初编 0977·聪训斋语》,中华书局,1985,第 5 页。
③ 《丛书集成初编 0977·聪训斋语》,中华书局,1985,第 6 页。

足常乐，才会心宽体胖，心境开阔；最后，如果做到与人为善、知节啬，戒嗜欲、心境平和，遇到劳累忧愁快乐害怕的事情，则人的心情不会轻易起伏，自然会少些大喜大悲，身心宁静，心静则体安，养生之道即在于此。养生还要注意身体的保健。睡觉饮食是保养身体的重要方面，平常饮食，食忌过饱，菜忌油腻，肴忌多品，"鸡鱼凫豕（豚）之类，只一二种"①，饱后宜喝茶水一杯，以开胸胃；人们终日劳累，宜早睡早起，"日出而起，夜则宴息"，有午休最佳，以此保证充足的睡眠，神清气爽，反对人们"晨夜酣饮不休"②。由此，在起居饮食方面注重保养，"勿谓害小而为之，害不积不足以伤生；勿谓益小而不为，益不集无由以致健"③，避免过分依赖灵丹妙药或大补之药或气功修炼。一旦生病莫讳疾忌医，"宜宽心以俟其愈"④；同时，吃药应坚持适度的原则，不可过分依赖药物，凡是药物皆有副作用，求祷神祇也是无用的。保养身体还是需要在饮食起居上下功夫，如"每日饭后走数千步，是养生第一秘诀"⑤。

生命不可不惜，不可苟惜。养生、修身的前提是有生，是生存于世，因此要珍惜生命，不可贪欲太重或过分劳累，因为"有走不尽的路，有读不尽的书，有做不尽的事，总须量精力为之，不可强所不能，自疲其精力"⑥。生命不可不惜，也不能无原则地珍惜。传统家训主张面对民族危亡、国家大义而为国捐躯、战死疆场，不为苟生而失气节，"行诚孝而见贼，履仁义而得罪，丧身以全家，泯躯而济国，君子不咎也"⑦。这种不可苟惜的对待生命的态度突出反映在朝代更替之际，如爱国诗人陆游在《放翁家训》中多有抗金爱国、收复失地、救民水火而不惜牺牲自我的对子孙的激励和嘱托。

---

① 《丛书集成初编0977·聪训斋语》，中华书局，1985，第4页。
② 《丛书集成初编0977·聪训斋语》，中华书局，1985，第4页。
③ 严复著，王栻主编《严复集》第3册，中华书局，1986，第843页。
④ 《丛书集成初编0976·药言》，中华书局，1985，第8页。
⑤ （清）曾国藩撰，邓云生编校标点《曾国藩全集·家书》第1册，岳麓书社，1985，第624页。
⑥ 《丛书集成初编0976·药言》，中华书局，1985，第8~9页。
⑦ 王利器撰《颜氏家训集解》，中华书局，2014，第342~343页。

二 体现了儒家治家观

在德主刑辅的治国策略下,传统家训主张"以礼法齐家",从而把儒家提倡的价值原则、道德准则应用到实际生活中去。传统家训对儒家治家观的体现主要为以下三个方面。一是睦家方面,主要涉及父子关系、兄弟关系、夫妻关系、族际关系等人际关系的处理;二是持家方面,即家庭财物的管理,主要涉及日常消费资料的管理和田地等生产资料的管理;三是兴家方面,即家庭生计问题,家庭生计问题是治家的物质前提和基础。

和以睦家。在仁爱理论的指导下,传统家训以和谐为价值导向处理家庭、家族人际关系。在个体小家庭人际关系处理方面,强调父子、兄弟、夫妻关系是一个家庭中最基本的关系,但是"传统家庭的核心是父子,家庭的统系和事业在父权制家庭中父子相承,家庭关系的重要性依次为父子、兄弟、夫妻。血缘重于姻缘"[①]。父子关系倡导父慈子孝。父道在于慈与严,慈是指父母对子女发自内心的关爱之情,但是父母的慈爱并非毫无节制的宠爱、溺爱,这样对孩子的成长并无益处,"虽欲以厚之,更所以祸之"[②];真正爱护孩子在于慈严相济、爱教结合,"家人有严君焉,父母之谓也",但严并非指对孩子动辄笞怒打骂,而是严格要求子女,并在子女面前有威严。[③] 孝道在于使父母物质上得到满足、精神上得到愉悦,但行孝也是有层次的,需分轻重缓急,"夫孝有大小,有偏全。扬名显亲,上也;克家干蛊,不坠先人之志,次也;服劳奉养,又其次也。此大小之分也,能全上三者,上也;否则视其所急,尽吾力之所至,而次第图之,此亦不失为孝子矣。此偏全之分也"[④]。也就是说,孝首先表现为奉养父母,满足父母最基本的物质需求,不受饥寒之苦,这是最基本的;还应使父母心安,具体表现

---

① 张怀承:《中国的家庭与伦理》,中国人民大学出版社,1993,第306页。
② 王利器撰《颜氏家训集解》,中华书局,2014,第18页。
③ 这种强调慈爱相济、宽严有度的父爱之道有利于子女的社会化,但是也应看到"传统的亲子之爱有着人身认同的色彩,子女缺乏足够的独立性与自由"。唐凯麟、张怀承:《成人与成圣——儒家伦理道德精粹》,湖南大学出版社,1999,第220页。
④ (清)王晫、张潮编纂《檀几丛书》,上海古籍出版社,1992,第84页。

为敬与顺,在日常生活中要孝敬父母,顺从父母;孝还应继承祖业,"克家干蛊",从而不坠先人之志;当然孝道还在于修德修行,有所作为,以显亲扬名。兄弟关系注重兄友弟恭,即兄长应该友爱弟弟,弟弟应该尊敬兄长。兄弟之间有天然的血缘关系,形体各异而血气相通,从小便相处在一起,相处时间较长,理应有爱。而且由于兄弟之间同居共财,伦理问题自然就多,固兄弟之间应友爱、克让、互助。对待财物,比如当兄弟分家分财产时,兄弟之间应互相谦让,和平共享,"不可各积私财,致起争端"①;面对困难,要互帮互助,共渡难关;当产生矛盾时要及时化解,不宜积怨,"兄弟间偶有不相惬处",要"明白说破,随时消释",如此兄弟之间才不会心有嫌隙,才能和睦相处等。夫妻关系强调夫义妇顺,夫妻之间应该各尽其道,相互尊重。传统家训在认同"夫妇有别"的前提下,强调丈夫应尊重妻子、善待妻子,认为"夫妇之际,以敬为美"②,主张做丈夫的以义为敬,夫妻间应相互尊重。在男女有别的传统社会,家训主体也着重强调妻子对丈夫的顺从。"夫者,天也,一生须守一敬字。见丈夫来,便须立起。若宴然高坐,此骄倨无礼之妇也"③,将妻子对丈夫以敬相待的各个方面详细勾勒出来,但要求丈夫对妻子以敬相待则少有论及,相敬如宾主要强调妻子对丈夫的尊敬与顺从,而少有平等的相互尊重。

在家族人际关系方面,以儒家仁爱理论为基本原则,强调族人之间和睦相处、互帮互助。族人之间或有亲疏远近、贤愚贵贱、贫富强弱的区别,但"以吾祖宗视之,则均是子孙,固无亲疏也"(范仲淹《告诸子及弟侄》)。睦宗族是传统家训主张族人相处的基本原则,具体而言体现为"尊长则恤卑幼,卑幼敬尊长;贤智教愚昧,愚昧听贤智;富贵怜贫贱,贫贱辅富贵;强众扶寡弱,寡弱亲强众"④,有无相济,患难相顾,并且主张通过"立义田,以

---

① 《丛书集成初编0976·杨忠愍公遗笔》,中华书局,1985,第3页。
② 《文渊阁四库全书》第696册,台湾商务印书馆,1986,第706页。
③ (清)陈宏谋:《五种遗规》,中国华侨出版社,2012,第163页。
④ 上海图书馆编,周秋芳、王宏整理《中国家谱资料选编·家规族约卷》下册,上海古籍出版社,2013,第565页。

第三章　传统家训对古代社会主流意识形态的全面性体现

给族之不能养者;立义学,以淑族之不能教者;立义冢,以收族之不能葬者"①等途径,解决族人在生活之中面临的贫苦、窘困、无业、忿争等问题。邻里关系强调邻里团结,和睦相处。

节俭持家。节俭持家、量入为出是传统家训在持家理财方面的基本主张。理财持家首重节俭。传统家训将节俭与修身养德、安身齐家、家庭兴衰等联系起来,认为"俭则足用,俭则寡求,俭则可以成家,俭则可以立身,俭则可以传子孙"②。主张在衣食住行、冠婚丧祭等方面节制用度,不可奢侈浪费、竞相攀比,"常食早晚菜粥,午食一肴,非宾祭老病,不举酒,不重肉。少未成业,酒勿入唇,丝勿挂身"③;主张量力而行,"冠礼婚礼,各量力举行。丧葬送终为大事,礼宜从厚,亦当称家有无。一切繁文及礼所不载者,通行裁革"④。但是传统家训中的"节俭"不等于"悭吝",量力而行、适度即可,"俭虽美德然太俭则悭,自度所处之地,如应享用十分者,只享用七八分,留不尽之意以养福可也。悭吝太甚,自是田舍翁举动,鄙而愚矣"⑤。理财持家还需统筹安排,量入为出。要对家庭生活资料和生产资料进行全面管理,统筹安排。宋元明清时期的家训对此论述的较为详细,尤以宋人陆九韶的论述最为精要,其为居家量入为出列出了详细条目:"今以田畴所收,除租税及种盖粪治之外,所有若干,以十分均之,留三分为水旱不测之备,一分为祭祀之用,六分分十二月之用。取一月合用之数,约为三十分,日用其一。可余而不可尽用,至七分为得中,不及五分为啬。其所余者,别置簿收管。以为伏腊裘葛修葺墙屋,医药,宾客,吊丧,问疾,时节馈送。又有余,则以周给邻族之贫弱者,贤士之困穷者,佃人之饥寒者,过往之无聊者"⑥,而田畴不多、日用不能有余者,则更应节俭,日常开支精

---

① 上海图书馆编,周秋芳、王宏整理《中国家谱资料选编·家规族约卷》上册,上海古籍出版社,2013,第91页。
② 《续修四库全书》第1122册,上海古籍出版社,2002,第239页。
③ 《丛书集成初编0975·许云邨贻谋》,中华书局,1985,第9页。
④ 《丛书集成初编0976·庞氏家训》,中华书局,1985,第4页。
⑤ 《丛书集成初编0376·荆园小语》,中华书局,1985,第15页。
⑥ 《续修四库全书》第951册,上海古籍出版社,2002,第120页。

打细算。对于治家理财,一些大家庭或家族还采用簿记入账法,将日常收支记录在册,管理严格,分工细密,既便于核对,又可避免因财产问题引起纠葛,是相对周全的理财手段。

节俭持家、对财产进行统筹安排的量入为出的持家理财思想,不仅反映了小农社会自给自足、安分守己、不肯冒险的特征,也深受儒家以德育人思想的浸染,表现出浓厚的伦理性。强调制才用节、量入为出,不仅是为了家人的生存,更重要的在于"俭以养德,侈则丧身"。节俭不仅仅是维持家庭生存、发展的手段,其伦理意义要高于经济意义,是一种道德品质,"俭,德之共也",体现了经济性与伦理性的特征。

业以兴家。家业兴替系于子弟,家庭的兴旺与否,不仅在于人丁兴旺、人际和谐,还在于家庭成员通过自我实现以光耀门楣、兴旺家族。人若有自己的事业,不仅可以维持生计,还可以避免产生恶习,维持基本的道德操守,既可保身、修身,又可保家、兴家。在职业选择上,传统家训强调耕读为本。士为四民之首,隋唐以来科举制的确立,使得"学而优则仕"的观念更加根深蒂固,由士入仕,不但可使读书人立身扬名,获得政治地位、经济财富,还可使家族共享殊荣,是传统社会光耀门楣、保持家道隆昌的主要途径。清人汪辉祖明确指出了子弟以"士"为职业首选的原因,"子弟非甚不才,不可不业儒。治儒业日讲古先道理,自能爱惜名义,不致流为败类。命运亨通,能由科第入仕固为美善;即命运否塞,藉翰墨糊口,其途尚广,其品尚重。故治儒业者,不特为从宦之阶,亦资治生之术"[①]。在国家以重农为政策导向、安土重迁的小农社会,不仕则农。从事农业生产最为牢固,为保身成家之本,"实论之,耕则无游惰之患,无饥寒之忧,无外慕失足之虞,无骄侈黠诈之习,思无越畔,土物爱,厥心臧,保世承家之本也"[②]。自宋元以来,尤其是明清以来,随着商品经济的发展,商人的成功不断冲击着传统不仕则农的择业观念,"农工商贾,无可不为"观念逐渐得到认同,

---

[①] (清)汪辉祖著,王宗志等注释《双节堂庸训》,天津古籍出版社,1995,第167页。
[②] 《续修四库全书》第951册,上海古籍出版社,2002,第169页。

"士农工商,业虽不同,皆是本职"①。这种诸业均可的多元择业观,还表现在对医卜星象、百工技艺的认可上,如明人许相卿在《许云村贻谋》中说"农桑本务,商贾末业,书画医卜,皆可食力资身",明代遗民朱舜水在《朱舜水集》中也说:"汝辈既贫窭,能闭门读书为上,农、圃、渔、樵,孝养二亲,亦上也;百工技艺,自食其力者次之;万不得已,佣工度日又次之"。②

三 体现了儒家处世观

社会是人的社会,处世的核心是与人的交往。人一旦离开家庭、走向社会,必然要涉及与人相处的问题。传统家训以儒家仁民爱物、民胞物与为原则详细阐释了处理人我关系的基本道德规范。传统家训对儒家处世观的体现主要为以下几个方面。

睦邻之道。邻里关系是生活中仅次于家庭关系的最重要的关系,"共井而居者,出入相友、守望相助、疾病相扶持"③,涉及日常生活是否安全快乐、危难中是否得到最快最近的救助的问题。正所谓,"睦族之次,即在睦邻"④。首先,传统家训主张应以仁爱之心对待周围邻居,在与邻里相处的过程中,要尽其所能,关心照顾邻里,以期建立良好的人际关系,"宜以诚心和气待之,通其有无,恤其患难,守望相助"⑤。其次,邻里若遇困难、灾祸,量力济人,给予帮助,雪中送炭,邻里焉能不和睦?如蒋伊在《蒋氏家训》中指出"积谷本为防饥,若遇饥荒,须量力济人……救贫济乏,养老育婴,种种善果,天必佑之""宜多营救火器具,里中有急,遣人救之"。最后,邻里相处难免发生争执,传统家训多主张以和为贵,宽和忍

---

① 黄书光主编《中国社会教化的传统与变革》,山东教育出版社,2005,第119页。
② (明)朱舜水著,朱谦之整理《朱舜水集》,中华书局,1981,第46页。
③ 上海图书馆编,周秋芳、王宏整理《中国家谱资料选编·家规族约卷》下册,上海古籍出版社,2013,第526页。
④ 《丛书集成初编0976·药言》,中华书局,1985,第6页。
⑤ 上海图书馆编,周秋芳、王宏整理《中国家谱资料选编·家规族约卷》下册,上海古籍出版社,2013,第532页。

让，尽量避免产生争端，"处宗族、乡党、亲友，须言顺而气和，非意相干，可以理遣，人有不及，可以情恕。若子弟僮仆与人相忤，皆当反躬自责，宁人负我，无我负人"①。邻里之间一旦发生争执，而有不得已与人争讼，主张自我反思不当之处，"大抵人之所讼互有短长，各言其长而掩其短"；对方若稍稍承认了自己的错处就应该停止纷争，不必劳费财物交结胥吏惩治对方。

交友之道。在交友方面，主张谨慎择友、以德交友。朋友在人的一生中尤其是在智识未定的青少年时期对人的思想言行有重大的影响和感染力，况人在年少，"志识未定，记性偏清。一善言入耳，终身不忘；一邪言入耳，亦时时动念"②，接近杰出高尚的人会使自己受到好的教益，接触品德败坏的人就会接受消极的思想言行，不利于自己的发展，固谨慎择友就显得尤为重要。首先要谨慎择友，宜近善远佞，谨慎交游。交友不可滥交、不可杂交，"若杂交终必有悔，且久而与之俱化，终身欲为善士，不可得矣"③；要交品行高尚的贤友，"与人交游，宜择端雅之士"④"不孝不弟人，不可与为友"；要交志同道合的益友，"志不同者不必强合，凡勉强之事，必不能久"；还要交过失相规的诤友，"平时强项好直言者，即患难时不肯负我之人。软熟一辈，调背去之，或且下石焉"。交友应近善远佞，对小人要敬而远之，但这并不是绝对的、不可变通的，而是要依据现实情况，谨慎择友，"小人固当远，然亦不可显为仇敌；君子固当亲，然亦不可曲为附和"⑤，说明在择友问题上要灵活处理与各种人的关系。其次，交友贵德。与人相交，贵在谦让诚信，不可轻诺寡信，"与人相处之道，第一要谦下诚实"⑥；与朋友相处器量须大，心境须宽，待人要宽和：人有喜庆不宜心生嫉妒之心，人有祸患不宜幸灾乐祸，与人发生争执要有宽容别人的雅量，多从自身找原

---

① 《丛书集成初编0976·庞氏家训》，中华书局，1985，第9页。
② 龙杨珠释述，阳浏点校《古训三戒》，山西人民出版社，1991，第122页。
③ 《文渊阁四库全书》第703册，台湾商务印书馆，1986，第66页。
④ 《文渊阁四库全书》第703册，台湾商务印书馆，1986，第66页。
⑤ 《丛书集成初编0376·荆园小语》，中华书局，1985，第15页。
⑥ 《丛书集成初编0976·杨忠愍公遗笔》，中华书局，1985，第5页。

第三章 传统家训对古代社会主流意识形态的全面性体现

因,善于求诸己,宁人负我,我不负人。传统家训强调处世要雅量优容,忠厚忍让,但是"让"是有度的,对事关名声大节的事,若义所当为,决不迁就,"若于身名大节攸关,须立定脚跟,独行我志"①。与朋友相交还须慎言,捕风捉影、没有根据的事不可乱说,要注意自己的日常言行,俗话说"说者无意,听者有心",朋友之间也可能因为琐碎小事、无心之语而产生隔阂。因此交友不仅贵德,亦须慎言。

爱物之道。仁爱思想是儒家思想的主要内容。传统家训不仅以仁爱思想为指导处理家庭人际关系、朋友关系,还将这种"仁爱"思想推人及物,主张要爱惜物命、珍惜资源。"爱物"首在爱惜动物的生命。人与动物皆有生命,皆有求生的本能,因此不可枉杀生命以满足口腹之欲或娱乐之心。张英训诫子弟时强调"戒杀生以惜物命,慎翦伐以养天和"②;陆桴亭平时饮食多食蔬菜,少食鱼肉,强调爱惜动物生命,"予家居多蔬食,偶有鱼肉,食之亦甚少。家人每劝餐。予曰,此不特惜物力,亦惜物命也。吾儒非不欲蔬食,人之一身,所系甚大,不得不借资于饮食,权其轻重故耳。岂可以吾儒不禁杀,而贪饕恣食乎"③;爱惜物命还表现在尊重飞禽走兽,善待它们,如"牛马猪羊猫狗鸡鸭之属,遇冬寒时,各为区处牢圈栖息之处"④。"爱物"其次表现在适度利用自然资源,戒贪婪,尚节俭,不乱砍滥伐森林。豫章魏氏宗族规定,族人必须保护山林,冬天防火,春天护苗,砍伐草木讲求季节,若不遵守则重责三十板,验价赔还。家训主体强调以仁民爱物之心处理人与物的关系,是积德行善的体现,"此皆仁人之用心,见物我为一理也"⑤。袁黄在《训子言》中认为爱惜物命在于存有恻隐之心,若存恻隐之心则可积德,恻隐之心便是同情之心、怜惜之心。袁黄认为若能遵循前人所讲的"闻杀不食,见杀不食,自养者不食,专为我杀者不食"的戒律,便

---

① (清)汪辉祖著,王宗志等注释《双节堂庸训》,天津古籍出版社,1995,第114页。
② 《丛书集成初编0977·聪训斋语》,中华书局,1985,第5页。
③ 《续修四库全书》951册,上海古籍出版社,2002,第162页。
④ 《丛书集成初编0974·袁氏世范》,中华书局,1985,第54页。
⑤ 《丛书集成初编0974·袁氏世范》,中华书局,1985,第54页。

能培养慈善之心、恻隐之心，这就是一种行善的行为。明人高攀龙在《高氏家训》中说，"少杀生最可养心，最可惜福"。可见，家训主体将"爱物"提升到了"养心""积德"的高度，将这种与自然和谐相处的生态观赋予伦理色彩。凡事不可过度，做到适度最好，与自然相处更是如此。大自然的资源并非取之不竭，动植物也有生命。爱惜物命、珍惜资源不仅在于保护自然，寻求人与自然的和谐，更重要的在于这是一种人之为人的体现，是个体进德修身、自我修养的要求，爱物重在积德、重在修身。

四 体现了儒家报国观

增强各社会阶层对国家的热爱，并引导民众将这种爱国之情转化为报国之行，是古代社会教化活动的中心任务。士农工商是我国古代社会的基本职业分工[①]，"古者有四民：有士民，有商民，有农民，有工民"（《春秋谷梁传·成公元年》），士属于社会管理者或即将上升为社会管理者的群体，农工商则属于凡庶阶层，"众人者，工农商贾也"（《荀子·儒效》）。相对于国家而言，相对于代表国家最高意志的君主而言，士农工商均为民，均有着忠君报国的规范要求。不同社会阶层既有着忠君报国的一般性要求，也有着各自特殊的报国行为规范，"君子尽忠，则尽其心。小人尽忠，则尽其力"（《忠经·尽忠》）。传统家训详细体现了儒家倡导的不同职业群体的具体报国行为规范，"总其要，在循理守法而已"[②]，从而为民众提供了操作性强、具体可行的思想理论。

为政之道。士为四民之首，由士入仕、从政做官，"必须正直忠厚，赤心随分报国"[③]。传统家训主张在为政报国方面，一是要以尧舜君民为志，以报国安民为职，做到心公理明。"见事贵乎理明，处事贵乎公心。理不明，则不能辨别是非；心不公，则不能裁度可否。惟理明心公，则于事无所

[①] 《汉书·食货志上》：学以居位曰士，辟土殖谷曰农，作巧成器曰工，通财鬻货曰商。
[②] 《丛书集成初编0976·药言》，中华书局，1985，第17页。
[③] 《丛书集成初编0976·杨忠愍公遗笔》，中华书局，1985，第2页。

第三章 传统家训对古代社会主流意识形态的全面性体现

疑惑，而处得其当矣"①，心公指要有至公心，而非利己心。至公心何谓也？"以君心为心，承顺不忘，愿国家之事，都得成就。即是至公心"②，至公心与君主、国家意志保持高度一致。理明指要明晓儒家思想理论，需要系统学习儒家经典明晓事理，加强道德修养，并且即仕即学，即学即仕，以此深化对社会主流意识形态即儒家思想的认识与践行。二是要清正廉洁，"若其不能忠清，何以戴天履地"③。要求不为自己谋私利，不为家人亲属、朋友故旧谋私利，还表现为重视家声、不为子孙留过多田畴邸肆、粟麦金帛等。张英等认为"养廉之道，莫如能忍"④，面对非分之财物、功名、美色不为所动，节制非分的欲望。司马光则强调需重视俭德的培养，"俭则寡欲，君子寡欲，则不役于物，可以直道而行"⑤，主张俭以养德、俭以养廉。三是要视民如伤，关怀人民；常怀赤子之心，用真心去探求百姓的诉求与需要。爱民的重点在于"养民生，复民性，禁民非"⑥。通过养民以富民，使百姓解决基本的生活需求问题；以德化民复民性，通过道德教化使民众恢复和强化与生俱来的美好德性；礼法并施禁民非，对于不孝、斗殴、赌博、抢劫等违反当时法律条例的行为，则需用法律刑罚方式促进民众知非改过；禁民非的关键在于禁民众非法行为于未发之时，而要做到这一点需以冠婚丧祭、乡饮酒礼诸仪教化百姓，以美风俗。四是需明责、负责、尽责。任职莅事，首先在于明确自己的职责，"官因事而设，事即待官以理者也"⑦；其次要有审而后发、奋发有为的责任担当意识。任职莅事之初，需在详细考察的基础上审而后发"如行之宜焉，何必改作。或节目未便，熟察而徐更之"⑧，与此同时，在社会治理问题上，要勇于担责、积极作为，"为地方兴利除害""催

---

① 《续修四库全书》第951册，上海古籍出版社，2002，第238页。
② 《续修四库全书》第951册，上海古籍出版社，2002，第235页。
③ （后晋）刘昫等撰《旧唐书》第9册，中华书局，1975，第2934页。
④ （清）张英、张廷玉著，江小角等点注《聪训斋语 澄怀园语》，安徽大学出版社，2013，第115页。
⑤ 《文渊阁四库全书》第703册，台湾商务印书馆，1986，第61页。
⑥ 《续修四库全书》第951册，上海古籍出版社，2002，第239页。
⑦ 《续修四库全书》第951册，上海古籍出版社，2002，第250页。
⑧ 《续修四库全书》第951册，上海古籍出版社，2002，第232页。

征有法，劝谕乐输""阐明正教，维持正法""伸冤理枉，据理直断""开渠筑堤，疏通水利""修葺学宫宫室"等①，努力造福一方。如出现弊端弊病则需针对性地有所变革，而不能"溺于宴安，而因循弗革"，也不可"率意更张，而躁求速效"②。最后，要有尽心竭力、不计难易的尽责意识。面对种种棘手、难以解决的问题，要"不计难易，而志在必为"，事无巨细皆解决之。而要做到尽心竭力报国安民，还要"事事发乎至诚""事事出于无伪"③。如若做到事事至诚、无伪，则有实心，即"居庙堂之高，则忧其民；处江湖之远，则忧其君"之忠君爱民之心，而非利己心、利家人心。

务农之道。农民群体是古代社会的主要劳动者阶层，是古代农耕经济的劳作主体，是古代意识形态教化活动的重点对象。传统家训多有着对子孙"身在畎亩思致君"④的规训，其忠君报国的具体行为规范体现在以下几个方面。一是耕织为本。耕织作为农民的本业，能够解决自我的生计问题，而且有助于形成善良朴实的品性。敬姜教子时就指出"民劳则思，思则善心生"（《国语·鲁语下》），其尽管带有愚民的色彩，却由于符合统治阶级的需要（有利于使人成为国家倡导的好百姓）而成为历朝历代奉行的法则。耕织亦有道，强调"一在耕种及时，二在培壅有力，三在畜泄有方"⑤，要"深耕、易耨、粪多、力勤"⑥。二是勤劳朴实。"民生在勤，勤则不匮"（《春秋左传·宣公十二年》），在以耕织为本业的规范要求下，传统家训还强调要勤于耕织。三是按时完粮纳税。按时交纳赋税，按时服兵役、劳役是民众的基本义务。传统家训首先详细阐释早晚国课的原因，"国家之征粮收税，以制官禄所以治民，以设学校所以教民，以给兵饷所以卫民，取诸天下

---

① 《续修四库全书》第951册，上海古籍出版社，2002，第277~281页。
② 《续修四库全书》第951册，上海古籍出版社，2002，第233页。
③ 《续修四库全书》第951册，上海古籍出版社，2002，第303页。
④ （元）许衡著，淮建利、陈朝云点校《许衡集》，中州古籍出版社，2009，第254页。
⑤ （清）张英、张廷玉著，江小角等点注《聪训斋语 澄怀园语》，安徽大学出版社，2013，第79页。
⑥ 上海图书馆编，周秋芳、王宏整理《中国家谱资料选编·家规族约卷》上册，上海古籍出版社，2013，第421页。

还为天下用之"，因此缴纳赋税为民之本分。其次论述拖延或者不缴纳赋税的后果，"倘任意拖延，有司迫奏销之限，不得不事追催，胥役奉命而来，不得不严逼勒，虎视狼威，多方需索，无名之费或反浮於应纳之数，而究竟所未完者，按月申息，仍不得缺少丝毫"，训诫家人族众按时完粮纳税，先公后私，避免官吏的催征，"故勤业之人，将一年本等差粮，先要办纳明白，讨经手印押收票存证。上不欠官钱，何等自在，亦良民职分所当尽者"。① 四是遵纪守法，戒刁讼、戒好讼、戒唆讼。遵纪守法也是报国行为的体现，不过是普遍意义上的体现。为了避免上辱父母、下累妻儿、乡党不容、宗族不耻，多告诫子孙守法畏法，守分安常，洗心涤虑，改恶迁善，从自己出发维系社会稳定。戒争讼也是报国爱国、维系社会稳定的表现。吕坤在《宗约歌》中以诗歌的形式劝诫族人和睦为贵，戒争讼。他认为若是无故被欺则兴词告状、实话实说是理所当然，但是要戒刁讼，"却写数行皆刁赖，还教多众被牵连。从来诬告加三等，吃打充徒又费钱"；还要戒好讼，因为"衙门不是我家门，亏死只休把状轮。使钞哪分原被告，问官难定输赢人"；戒唆讼也是对农家子弟的基本要求，惹是生非之人非好百姓，"唆讼之人最不良，往来暗地使刀枪。当官硬证伤天理，害众深谋夸己长。公道难容神鬼恨，幽冥定与子孙殃"②。

工艺之道。手工业者阶层作为四民之一也有着具体的报国行为规范。在认可工艺是人民本业之一的基础之上，"士农工商，业虽不同，皆是本职"③，传统家训结合手工业者的具体职业特色阐释了具体的报国行为规范。一是精于技艺，专一有恒。能有一技之长而且技艺精湛，是个人生存于世的基本技能，"能精一艺可谋生"④，也是为国家提供工艺制品的技术前提。因而手工业者精益求精，专一有恒地从事一艺就成了首要的行为规范，"凡人

---

① 《续修四库全书》第951册，上海古籍出版社，2002，第156页。
② （明）吕坤撰，王国轩、王秀梅整理《吕坤全集》下册，中华书局，2008，第1272页。
③ 黄书光主编《中国社会教化的传统与变革》，山东教育出版社，2005，第119页。
④ 郑观应著，夏东元编《郑观应集‐救时揭要（外八种）》下册，中华书局，2013，第546页。

之艺,一则精,二则杂,三则废,故曰智多则愚,技多则拙,必然之理也。人而无恒不可以作巫医,工于艺者必精致坚固为上,日计不足岁计有余,虽庸工之人尤然,况自庸工而上者乎。自今工艺不止一途,但当各守己业,终身不变,庶几为治生之良策矣,无常者罚以警惰"①。二是遵守工艺流程,保质保量。做到技艺精湛、熟以生巧是首要要求,同时严谨制作、保证质量、遵守制作规矩也是工艺者们的行为规范,"如工不得废失规矩,弄弊为伪"。三是业精于勤,勤于职业。无论从事何种职业,都需勤勤恳恳,不可荒业怠惰,"为工者应专精技艺,不可怠荒"②。四是具备艺德。手工业者往往因为职业的需要游走他乡、接触到更多的人群,此时更需自律,"勿贪主家酒肉,勿叹他人短长",手工业者理想的德行品质应该是"老老实实,端端庄庄,勤勤俭俭,温温良良"③。五是在遵守国家法纪、依法完粮纳税等方面手工业者阶层与农商群体有着共同的行为要求,都需遵纪守法,戒争讼,早完国课。

经商之道。传统家训认为,商人阶层忠君报国的行为规范具体体现在以下几个方面。一是以儒家义利观为价值导向,强调以义制利,以清修名,并将以义制利作为处世经商的基本原则,在实际的商业活动中贯彻社会主流价值观,引领本行业乃至整个社会先义后利的良好风气。"商与士,异术而同心。故善商者处财货之场而修高明之行,是故虽利而不污。善士者引先王之经,而绝货利之径,是故必名而有成。故利以义制,名以清修,各守其业。天之鉴也如此,则子孙必昌,身安而家肥矣。"④ 二是诚信经营。诚信是处理好与顾客、合作者、同行、伙计等关系的行为准则,讲诚信才能得到顾客、合作伙伴、同行、伙计的信任与敬重,从而在商业经营中获得好的口

---

① 上海图书馆编,周秋芳、王宏整理《中国家谱资料选编·家规族约卷》下册,上海古籍出版社,2013,第655页。
② 上海图书馆编,周秋芳、王宏整理《中国家谱资料选编·家规族约卷》下册,上海古籍出版社,2013,第596页。
③ 上海图书馆编,周秋芳、王宏整理《中国家谱资料选编·家规族约卷》上册,上海古籍出版社,2013,第421页。
④ 《文渊阁四库全书》第1262册,台湾商务印书馆,1986,第420页。

第三章 传统家训对古代社会主流意识形态的全面性体现

碑,以诚信扩大其经营。对于国家而言诚信经营的意义既在于以实际职业活动贯彻社会主流价值观,促进商人阶层对国家主流意识形态的认同,又在于促进良好的社会人际关系的形成,维系社会稳定。诚信经营不仅表现在商人之间重承诺、不欺诈,"赊须诚实,约议还期切莫食言",还表现为保证商品质量,不虚抬物价,买卖公平,不损害对方的利益,"店铺生意,无论大小,……斗斛称尺,俱要公平合市,不可过于低昂。及生意广大之后,切戒后班刻薄,以致有始无终,败坏店名也"①。三是辛勤经营,俭朴节约。"所有簿账,宜自同理查核,方无错误"②,而且在家庭生活中也要勤俭生活,"只要在本分上,勤俭生活,特不可损人利己,折算自己福寿耳。家有一千银子,每日只用三钱,若不经营算计,不要十年全完"③。四是守法经营,早完国课。从事商业贸易的商人群体与农民阶层一样,是国家的子民,需要遵纪守法、戒讼息讼、依法交税纳税。《士商十要》首条规定经商要严格守法、诚实纳税,"凡出外,先告路引为凭,关津不敢阻滞,投税不可隐瞒,诸人难以协制,此系守法,一也"④,"榷征莫漏,赋役当供"⑤ 是商贾阶层的基本行为规范。

---

① 郭孟良编译《从商经》,湖北人民出版社,1996,第237页。
② 郭孟良编译《从商经》,湖北人民出版社,1996,第238页。
③ 郭孟良编译《从商经》,湖北人民出版社,1996,第206~207页。
④ 郭孟良编译《从商经》,湖北人民出版社,1996,第171页。
⑤ 郭孟良编译《从商经》,湖北人民出版社,1996,第171页。

第四章 传统家训对古代社会主流意识形态的生活化传播

在古代社会教化过程中,作为文本载体的传统家训全面性体现了古代社会主流意识形态的内容,作为活动载体的传统家训则以多样化生活化的方式方法和规范化的体制机制,使教化内容切实贯彻到家人族众的视听言动和衣食住行等日常生活中,从而有效促进了古代社会主流意识形态的生活化传播。

第一节 注重采用多样化的教化形式

与古代官学教育和私塾教育不同,传统家训教化活动在教化形式方面更为活泼生动、贴近生活,也更为丰富多样。传统家训教化活动注重运用日常对话、书面训诫、物品展示、家族活动等多种形式传播社会主流规范。多样化的教化形式不同于单一的理论灌输和严格的教育管理,其活泼性、生动性、多样性、生活化有助于多层面促进教化对象对古代社会主流意识形态的深入认同和切实践行。

一 以说理引导、训诫斥责为主的对话形式

面对面的对话形式是传统家训教化活动的基本形式。在日常的家训教化活动中,古代家长们在衣食住行、洒扫进退、待人接物、冠婚丧祭等家庭家族生活中以对话的形式加强对家人族众的说理引导以及对失当行为的训诫斥责,表现出劝导约束与纠偏斥责相统一的特征。

在日常对话中加强对家人族众视听言动方面的说理引导。万事万物皆有一定的准则,人的视听言动亦各有其则,"四肢百骸,万物万事,莫不各有

当然之则"①，古代家长们注重在视听言动方面以儒家伦理规范加强对家人族众的说理引导。在视听方面，强调"视远惟明，听德惟聪"（《尚书·太甲中》），也就是说"能视远谓之明，所视不远，不谓之明；能听德谓之聪，所听非德，不谓之聪"②，注重引导家人族众所视之事要以一定的义理为分析和判断前提，所听之事要以仁义忠信之言为主。颜之推在《教子》篇中先从胎教方法说起，指出需做到"目不邪视，耳不妄听，音声滋味，以礼节之"③。目不斜视、耳不妄听表面上是指要端正视听，符合礼节，实际上提出了诚意正心的要求，要时时遵循社会主流规范，而且要善于聪慧地听取仁义忠信之言。在言行方面，以"远采古圣，近撰行事"④的说理方式引导家人族众端正言行、谨言慎行。皇甫谧为东汉太尉皇甫嵩之曾孙，年少不喜欢读书，游荡无度，但是却有孝心，总是将所得瓜果送给过继的叔母任氏。任氏首先援引《孝经》言论指出尽孝不仅在于食养，更在于立身扬名，"《孝经》云：三牲之养，犹为不孝。汝今年馀二十，目不存教，心不入道，无以慰我"，紧接着以孟母三迁、曾子杀彘的事例对比自我教子是否有所不足，"昔孟母三徙以成仁，曾父烹豕以存教。岂我居不择邻，教有所阙，何尔鲁钝之甚也"，最后指出修身笃学固能显亲，但最主要的在于个人能够立身处世，"修身笃学，自汝得之，于我何有"⑤。皇甫谧自此悔过自新，躬自稼穑，带经而农。

在日常对话中加强对家人族众失当言行的训诫纠偏。对家人族众的失当言行及时训诫纠偏也是日常对话的重要内容。一是对家人族众失当言语的及时训诫纠偏。言忠信、言谨慎是儒家思想的基本要求，当家人族众言不忠信、言不谨慎、口无择言的情况发生时，及时对其训诫纠偏是家训教化主体的首要职责。东汉马援听闻侄子马严、马敦喜欢评论人物长短、是非，及时

---

① 《文渊阁四库全书》第700册，台湾商务印书馆，1986，第353页。
② 《文渊阁四库全书》第701册，台湾商务印书馆，1986，第133页。
③ 王利器撰《颜氏家训集解》，中华书局，2014，第8页。
④ （清）严可均辑《全后汉文》下册，商务印书馆，1999，第677页。
⑤ 《文渊阁四库全书》第897册，台湾商务印书馆，1986，第659页。

对其训诫纠偏。他直接指出自己厌恶总是说人长短、轻易评论人事的行为，训诫他们闻人过失就像听闻父母过失一样，不要随意评论，希望他们学习龙伯高"敦厚周慎，口无择言，谦约节俭，廉公有威"的品行，若未能学习到龙伯高的优点，"犹为敕谨之士，所谓刻鹄不成尚类鹜者也"，不希望他们学习杜季良"豪侠好义，忧人之忧，乐人之乐"的品行，因为豪侠好义而"清浊无所失"是很少有人能够做到的，若仅学皮毛则容易"陷为天下轻薄子，所谓画虎不成反类狗者也"①。二是对家人族众失当行为的及时训诫纠偏。在日常生活中家训教化主体更多的是对子孙失范行为的及时训诫纠偏，表现为对其家庭人际关系相处、待人接物、为人处世、职业规划等种种失当行为的纠正。柳公权注重在日常生活中对子孙失当行为的纠正，有一次其侄孙柳玭在东郊送别柳公权，恰逢阴云密布，门外雨具、马匹、仆人众多。柳公权看到此种景象首先回顾自己少时认真写祭文前去吊唁，而不顾路途艰辛寒冷的人生经历，"我少时家贫，当房严训。年十六，当房往鲍陂人家致祭处分，先往撰文。时甚雪，只得一驴，女家人清净，随后得一破褥子，披至鲍陂，为庄客所哀，为燔薪，得附火为文，写上板子。当房朝下到庄呈祝版，此时免科责便满望，岂暇知寒"。然后话锋一转，指出天气并不严峻却如此奢侈排场，实属不当，"今日虽散退，还得尔许官。尔等作得祭文者有几人，皆乘马有油衣，吾为尔等忧"②，以对子侄的不当行为进行纠偏。

二 以散文著作、诗歌格言为主的书面形式

相较于面对面的对话形式而言，书面形式具有一定的优势，不仅可以跨越空间的限制，还可以突破时间的限制。由于职业等原因家长族长师长等家训教化主体不一定能够时时见到教化对象，教化主体出于"整齐门内，提撕子孙"的远见，有时会以书面形式训诫子孙后辈。家书家信等书面形式有助于突破空间的阻隔，"详于口者，听过而忘，又不如详于书者，足以垂

---

① （清）严可均辑《全后汉文》上册，商务印书馆，1999，第164页。
② 《文渊阁四库全书》第703册，台湾商务印书馆，1986，第25页。

世而行远"①，书面形式也就成为传统家训教化活动的重要形式。

运用家训散文形式传播古代社会主流意识形态。散文形式是传统家训最早、最广泛的书面训诫形式。以散文进行训诫的家训活动又可分为一般散文、家书、遗令等三种训诫形式。一般性散文训诫形式出现最早，西周时期就已出现。周公以散文形式训诫子侄的家训活动，汉代流行开来，在历朝历代中散文形式的训诫活动始终是传统家训教化活动的重要形式。如刘邦为敦促刘盈勤奋读书，专门写作《手敕太子》一文，以便其时时观看砥砺自我，其内容具有问题聚焦性的特征。随着家训活动的逐渐发展，散文形式的训诫活动在内容上也愈加广泛，涉及治家教子、为人处世的方方面面。高攀龙为训诫家人写作的《高氏家训》，内容广泛，包括教导家人忠信孝悌、知书达理、勉学读书、与人为善、亲贤远佞等。散文形式的训诫具有说理训导与亲情感化相统一的特征，家训教化主体往往以叙述自我人生经历、阐发祖上遗训、从血缘亲情出发说明所讲义理，因而可接受性更强，训诫效果也较为明显。家书训诫形式略晚于一般性散文体，家书即家长对家人、族长对族人以书信的形式进行家训教化的形式，具有针对性强、内容具体单一又饱含深情的特征。目前较早的家书训诫是东方朔写的《诫子书》，告诫其子中庸处世，"明者处事，莫尚于中"②。较为著名的家书训诫是诸葛亮的家训活动，为了训诫儿子"淡泊明志，宁静致远"，诸葛亮专门写作《诫子书》；为了告诫外甥志存高远，志气刚毅，意气慷慨，专门作《诫外甥书》，取得了较好的训诫效果。诸葛亮《诫子书》和《诫外甥书》影响深远，至今仍广为流传。明清时期家书形式的训诫活动更为普遍，郑板桥作《家书十六通》训诫家人，纪昀、曾国藩、彭玉麟、林则徐、郑观应、张之洞、严复等均是家书训诫的典型，其中曾国藩尤为重视以家书形式训诫家人族众，其写作的家书数量达上百篇，并汇编成书，有《曾文正公家训》流传后世。遗令、遗训形式是散文训诫的又一表达方式，诸多家训主体在生命垂危之际，出于

---

① 王利器撰《颜氏家训集解》，中华书局，2014，第594页。
② 《文渊阁四库全书》第887册，台湾商务印书馆，1986，第526页。

对自身后世安排、子孙后代发展、家族事务管理的种种考虑，以遗令、遗训形式训诫家人族众。遗令、遗训以薄葬训诫为主，姚崇作《遗令诫子孙文》，指出人死后如同粪土无须厚葬，"死者无知，自同粪土，何烦厚葬，使伤素业"，而且自己性俭约，"吾性甚不爱冠衣"，因此训诫家人在自己死后无须厚葬，也不需要"抄经写像"，薄葬即可。明代杨继盛因弹劾权相严嵩被迫害入狱，在临刑之际以遗令形式训诫妻子戒激烈的性格，以仁爱之心对待家人；训诫两个儿子及早立志、志在圣贤，慎思心诚，不要因自己被迫害而"懈了为善之志"，仍要忠心报国，以及彼此和睦相处、待人谦下诚实、孝顺母亲等，内容广泛。

运用家训著作形式传播古代社会主流意识形态。撰写系统化、条理化、通俗化、生动化的家训著作以保证训诫效果的长久性，便于教化对象时时对照相应内容反观自省、规范言行，是传统家训传播古代社会主流意识形态的最重要的形式。一般来说，家训著作是建立在家训主体与教化对象血缘、姻缘基础上的，目的在于引导家人言行举止、保持家世门第，自觉传播社会主流意识形态以促进家庭成员的社会化，"其言则精确而详尽，其意则敦厚而委曲"①"大要明白切要，使览者易知易从"②。有的家训著作影响深远，不仅可以训家还可以训俗，不仅能够行之一时，还可以流传后世。刘镇在为《袁氏世范》作序时，认为"然是书也，岂唯可以施之乐清？达诸四海可也。岂唯可以行之一时？垂诸后世可也"③。

在具体的家训著作形式方面，可分为两类，一类是家训教化主体写作的家训专著，另一类是家训教化主体汇编前人治家教子、立身处世的经典言论而作的家训辑录。在家训专著方面，依据制定主体的不同，可以分为仕宦家训、帝王家训、平民家训以及女训专著。仕宦家训专著以颜之推的《颜氏家训》、朱熹的《朱子家礼》、方孝孺的《家人箴》、张英的《聪训斋语》、张廷玉的《澄怀园语》为代表，其中《颜氏家训》是我国传统仕宦家训主

---

① 《文渊阁四库全书》第698册，台湾商务印书馆，1986，第596页。
② 《文渊阁四库全书》第698册，台湾商务印书馆，1986，第595页。
③ 《文渊阁四库全书》第698册，台湾商务印书馆，1986，第596页。

体撰写的第一本专著性质的家训著作,宋人沈揆在雠勘此书所作的跋中认为此书以儒家思想为指导,有理有据,有训家训俗启悟后世之效,"此书虽辞质义直,然皆本之孝悌,推以事君上,处朋友乡党之间,其归要不悖六经,而旁贯百氏。至辨析援证,咸有根据;自当启悟来世,不但可训思鲁、愍楚辈而已"①。帝王家训专著以李世民的《帝范》和康熙的《庭训格言》为代表,《帝范》是我国古代帝王写作的第一部专著性质的书面家训,《庭训格言》是我国古代集大成的帝王家训专著。平民家训专著以《太公家教》和成文法性质的家法族规为代表,如吕祖谦的《宗法条目》、郑文融的《郑氏规范》以及族人共同制定、与时俱进修改的家法族规等。平民家训专著的写作主体一般为平民家族的家长、族长,他们是古代官方意识形态在民间的代表,本身有一定的文化水平,奉行并积极宣传社会主流意识形态。其推出的家训专著不仅语言浅俗,而且详尽而条分缕析,操作性强,《郑氏规范》《宗法条目》等列出了具体明确的行为规范。女训专著的制定主体多为具有一定文化水平、知书达理的上层社会的母亲群体,以班昭《女诫》、明徐皇后的《内训》为典型。女训专著内容以教导女性柔顺恭敬、主内持家为主,强调女性着重培养"妇德、妇言、妇容、妇功"四行,就主流意识形态传播而言,女性专门著书立说训诫女性群体说服力更强,具有较好的传播效果。

在家训辑录方面,主要将前人或时人治家教子的事例言论加上自己的进一步解读,汇编成册,以司马光的《温公家范》为代表;也有将前代或当代的家训作品或全文收录或择其要目收录,汇编成册,以刘清之的《戒子通录》和陈宏谋的《养正遗规》《教女遗规》《训俗遗规》为代表。司马光精心选取了为治家教子可资借鉴的事例、言论、义理等材料,并对其进行了深入的解读,汇编成《温公家范》一书。《戒子通录》收录前代家训文献二百余篇,共分八卷,在摘录历朝历代家训文献之前均有对相应作者与内容的注解,《四库全书总目提要》指出:"其书博采经史群籍,凡有关庭训者皆

---

① 王利器撰《颜氏家训集解》,中华书局,2014,第579页。

节录其大要。至于母训阃教,亦备述焉。史称其甘贫力学,博极群书。故是编采摭繁富,或不免于冗杂。然其随事示教,不惮于委曲详明。虽琐语碎事,莫非劝戒之资,故不以过多为患也……今谨据《永乐大典》所载,约略篇页,厘为八卷。所引诸条,原本于标目之下各粗举其人之始末,其中间有未备者,今并为考补增注,以一体例。"①

运用家训诗、家训歌、家训散曲的形式传播古代社会主流意识形态。诗歌、散曲作为一种文学形式,以其朗朗上口、表达通俗易懂的优势成为传统家训传播社会主流意识形态的重要形式。文王有"靡不有初、鲜克有终"(《诗经·大雅·荡》)的诗句,以教训子孙立身行道坚持如一。西汉韦玄成作《戒子孙诗》,告诫子孙要慎言谨行,尽心尽职地藩卫汉室,"惟肃惟栗,无忝显祖,以蕃汉室",这样才能"昭续家风"流传于世;陶潜也有以诗歌形式教子的记载,如专门作《命子》诗十则、《责子》诗等。自唐代以后以诗歌教子的形式逐渐增多,以陆游、吕坤、王夫之、曾国藩等为代表的家训主体专门以诗歌的形式传播社会主流思想,引导教化对象的言行符合社会主流规范的要求。家训诗多就某一具体问题依据社会主流思想训诫教化对象,如韩愈作《符读书城南》训诫儿子韩符勤奋读书;白居易作《狂言示诸侄》引导侄子知足常乐、常怀淡泊之心;李白作《送外甥郑灌从军三首》勉励外甥树立雄心壮志勇敢"斩胡头",叮嘱其精研祖先传下的兵法以破敌,期待郑灌凯旋;陆游作《送子龙赴吉州掾》教子清正廉洁、廉直为官。此外还有杜牧的《冬至日寄小侄阿宜诗》,杜甫的《示儿》《宗武生日》《又示宗武》,以及《新集严父教》《崔氏夫人训女文》《夫子劝世词》等家训诗。家训歌、家训散曲是在家训诗的基础上形成的又一具有广泛性、接受性强的家训教化形式。在家训歌方面典型代表为吕坤为宗族之人作的《宗约歌》,意在和睦宗族、教化宗亲。全文分为劝勉和禁戒两部分,劝勉包括劝诫族人祭祖、孝亲、笃亲、友爱、敬兄、敬长、和邻等31首,禁戒包括戒不孝、忤逆、贪财、赌博、酗酒等53首。此文语言直白通俗、义理平实、行文流

---

① 《文渊阁四库全书》第703册,台湾商务印书馆,1986,第2页。

第四章 传统家训对古代社会主流意识形态的生活化传播

畅,"极浅极明,极理极俗,讹字从其讹字,方言仍用方言,但令入耳悦心,欢然警悟""语多直遂,少涵蓄"①。家训散曲的典型为清代孔广林所作的系列教子散曲。他的教子散曲多以勉学为主题,如在《诫蔼儿》中勉励儿子珍惜时光勤奋学习,"成童虽幼,隙驹如溜。为甚的质不低,人非暗,甘心落后? 恐时过悔也休,早急回头"②。家训散曲语言活泼,表现力强,且有曲调配合,相较于比较沉闷的家训诗增添了一些活力和生气。

运用家训格言形式传播古代社会主流意识形态。以格言形式训诫家人族众是传统家训的又一重要形式。家训格言一般朗朗上口而又富有哲理,言简意赅而又言近旨远,对象上既侧重训家又侧重训俗,内容上一般以传授立身处世经验为主。明清时期家训主体多运用格言形式传播社会主流思想、训诫家人族众,以朱用纯《朱子治家格言》、陈继儒的《安得长者言》、吴麟征的《家诫要言》、陈龙正的《家矩》为典型。《朱子治家格言》涉及治家教子、立身处世各个方面,不仅为当时官僚士绅、贩夫走卒、乡间百姓所传诵,而且在历史发展中也影响深远。《朱子治家格言》之所以影响深远,还在于文体形式上的特点,不仅文字流畅、对仗工整、合辙押韵、朗朗上口、便于记诵,而且言简意赅,语言生动形象、浅入深出、通俗易懂,其"黎明即起,洒扫庭除""一粥一饭,当思来之不易,一丝一缕,恒念物力维艰"等警戒格言至今广为流传。《安得长者言》的一大特色在于以生动形象的比喻说明深刻的道理,如他以马牛被穿鼻孔从而为人所差遣为例,比喻人的喜怒哀乐爱恶欲等情感主宰着人的言行,"得意而喜,失意而怒,便被顺逆差遣,何曾作得主? 马牛为人穿着鼻孔,要行则行,要止则止,不知世上一切差遣我者,皆是穿我鼻孔者也。自朝至暮,自少至老,其不为马牛者几何? 哀哉",以此说明人的言行应该以儒家义理为基本准则,在此基础上实现人的独立性。吴麟征注重以逻辑推理、正反对比的家训格言训诫子孙,为了阐明读书对人的好处,专门作家训格言《家诫要言》。在劝诫家人族众应

---

① (明)吕坤撰,王国轩、王秀梅整理《吕坤全集》下册,中华书局,2008,第1252~1253页。
② 凌景埏、谢伯阳编《全清散曲》(中),齐鲁书社,1985,第1015页。

读儒家经典时，他首先论证读书使人气质清雅，人的气质清雅则精神端正。精神端正则有祥瑞，反之不读书则有忧患，"多读书则气清，气清则身正，身正则吉祥出焉，自天佑之；读书少则身暇，身暇则邪间，邪间则过恶作焉，忧患及之"。

三 以楹联碑刻、意义物品为主的实物形式

相对于直接的说理训诫、间接的书面训诫等形式，实物训诫更为生动形象，说服力也更强。以实物展示的形式训诫家人族众，是传统家训传播古代社会主流意识形态的又一重要方式。一般而言，展示的实物凝结了家训教化主体对家人族众的殷切期望与言行规训，具有直观性、存续长久性、价值性的基本特征，包括楹联训诫、碑刻训诫、意义物品训诫等形式。

楹联碑刻训诫是传统家训教化活动较为普遍的训诫形式。楹联是指对称地贴在或者挂在墙壁上、堂屋前面的柱子上的对联，也称"楹铁""对联""对子"。从修辞上来说，楹联一般言简意赅、对仗工整、平仄押韵。楹联多被认为起源于五代①，宋代以后流行开来，民间宅地、茶楼酒肆、宫阙馆阁、园林古刹等均风行张贴楹联。宋代随着家族组织的普遍建立，传统家训在训诫形式上也与时俱进，注重运用新生事物，逐渐形成了将家训内容对仗化，书写为楹联张贴于家中墙壁或者堂屋前面的柱子上的训诫形式。曾国藩为有清一代有名大臣，其家族重视楹联训诫方式的运用，其父曾麟书依据祖训命曾国藩书写了自撰的对联，"有子孙，有田园，家风半耕半读，但以箕裘承祖泽；无官守，无言责，世事不闻不问，且将艰巨付尔曹"②，以此训诫曾国藩及其兄弟耕读传家、建功立业。《清史稿·曾国藩传》记载他"时举先世耕读之训，教诫其家"③。清代王士祯家族同样重视以楹联形式训诫

---

① 北宋张唐英《蜀梼杌》载，五代后蜀主孟昶曾于寝门桃符板上题"新年纳余庆，嘉节号长春"联语一对，谓之"题桃符"。或谓对联始于此。
② 曾约农编《湘乡曾氏文献补》，台湾学生书局，1975，第1页。
③ （清）赵尔巽等撰《清史稿》第39册，中华书局，1977，第11917页。

子孙，自高曾祖父始"各房正厅皆置两素屏，一书心相三十六善，一书阳宅三十六祥，所以垂家训示子孙也"，并且在各方正厅挂上"继祖宗一脉真传克勤克俭；教子孙两行正路惟读惟耕"①的楹联，以时时训示子孙耕读为本、勤俭节约。将家训内容刊刻于石碑、粉牌、屏风上是实物训诫的另一形式。包拯以清正廉洁、执法严峻著称，同样重视对子孙的廉洁教育，将其"后世子孙仕宦，有犯赃滥者，不得放归本家；亡殁之后，不得葬于大茔之中"的廉洁训诫"仰工堪石，竖于堂屋东壁，以昭后世"②，以对子孙进行警钟长鸣的教育。刻石立铭式的训诫形式一般具有持久性的效果，在包拯老家安徽省肥东县的包氏后代中，无论为政经商还是在家务农，都谨遵包公家训，没有贪赃枉法或因犯罪被关押的③。候潭高氏家族在明代隆庆元年，"设立粉牌二面，悬寝室两庑下，上书'家诫十二条'"，此后随着家诫增加为二十条，又"制牌二面，令书列于享堂左右，以备观览"④。房玄龄治家有法度，为引导子孙谦虚待人，"乃集古今家诫，书为屏风，令各取一具"⑤，劝诫子孙时时对照学习。

在传统家训活动中，意义物品训诫一般包括实物展示、实物演示、遇物说理等形式。一是展示有意义、有价值的物品，这些物品多与家训教化主体或者祖先直接相关，与训诫对象也有着血缘亲缘上的直接联系，有着极强的感染力。五代后唐大将符存审久经战场中箭100余次，他总是将从身上取出的箭头保存起来，常常在子孙面前叙述人生经历并展示这些箭头，"予本寒家，少小携一剑而违乡里，四十年间，位极将相。其间屯危患难，履锋冒刃，入万死而无一生，身方及此，前后中矢仅百余"，同时"出镞以示诸子，因以奢侈为戒"⑥，以实物形式训诫子孙戒奢侈，珍惜当下生活，具有

---

① （清）王士禛：《香祖笔记》，商务印书馆，1934，第84页。
② 杨国宜整理《包拯集编年校补》，黄山书社，1989，第256页。
③ 高国权：《包拯遗风今犹存》，《解放日报》1994年9月2日。
④ 上海图书馆编，周秋芳、王宏整理《中国家谱资料选编·家规族约卷》上册，上海古籍出版社，2013，第40页。
⑤ （宋）欧阳修、宋祁撰《新唐书》第6册，中华书局，1975，第3857页。
⑥ （宋）薛居正等撰《旧五代史》第3册，中华书局，2016，第877页。

较好的效果。二是自身引导教化对象亲身改变一些物品，以此说明义理，如折箭喻理。吐谷浑阿豺有子二十人，在病重临危之际，告诉儿子们"各奉吾一支箭，将玩之"，紧接着让母弟慕利廷折断一支箭，慕利廷很容易折断了，又说你折折十九支箭试试，慕利廷没能折断。阿豺以折箭为例指出，一支箭容易折断，但是箭多了就不容易折断，这就说明惟有勠力同心才能形成强大的力量，"单者易折，众者难摧。勠力一心，然后社稷可固"①。三是遇物说理，通过理性处理实际的物品引导家人族众的言行举止。晋代陶侃在担任鱼梁吏时曾经以一坩鲊（一罐咸鱼）送给母亲，其母深知为官清廉的重要意义，于是退回咸鱼，以此为契机教导陶侃为政清廉，"汝为吏，以官物见饷，非唯不能益吾，乃以增吾忧也"②。实物形式的训诫活动一般具有良好的效果，为历代家训主体所重视。

四 以祠堂聚会、实践锻炼为主的活动形式

通过开展一定的日常活动和引导子孙参加一定的实践锻炼有利于教化对象在实际的生活和职业实践中深化对家训教化内容的理解和认同，有利于在实践中养成符合社会主流规范的品行。传统家训重视通过一定的活动形式开展教化，一般通过祠堂聚会、实践锻炼等形式加强对教化对象的思想引导和行为规范。

通过祠堂聚会的形式加强对家人族众的思想引导和行为规范。祠堂为本族人祭祀祖先、商议族事、举办婚丧寿喜等事的聚会场所，也有的作为本族义塾之地。从根本上说，祠堂是一个家族的精神象征，是一个家族最为神圣的地方。"祠堂所以报本"③，表达的是对祖先的崇敬感恩之义，进而具体化为对家长、族长的尊敬感激。一般来说，在神圣的家族聚会场所，族长是家族聚会的领导核心，族长多亲自在族众齐聚祠堂之际进行各种形式的训诫活动。一是在每月初十、二十五祠堂聚会时开展家族聚谈，每人述说自己半月

---

① 《文渊阁四库全书》第696册，台湾商务印书馆，1986，第664页。
② （唐）房玄龄等撰《晋书》（第4册），中华书局，1974，第2512页。
③ 《续修四库全书》第935册，上海古籍出版社，2002，第271页。

第四章 传统家训对古代社会主流意识形态的生活化传播

以来的行为和见闻,德业相劝,过失相规。庞尚鹏在《庞氏家训》中详细介绍了家族聚谈的时间、程序、内容,"每月初十、二十五二日,凡本房尊长卑幼,俱于日入时为会,各述所闻。或善恶之当鉴戒,或勤惰之当劝勉,或义所当为,或事所当已者,彼此据己见次第言之,各倾耳而听,就事反观,勉加点检,此即德业相劝、过失相规之意。其会轮流主之。先派定日期,某系某日,如遇有事,请以次日代之。主会者只用点茶,不得置酒。若本日有祭祀宾客之会及有他冗,或遇大寒暑、大风雨,则暂免。其无事不赴会,此即自暴自弃之人。会所不必拘,惟便于聚谈为贵。会必薄暮,谓其时多暇也,切不可夜深,久坐恐有不虞"①。姚舜牧在《药言》中、赵鼎在《家训笔录》中也详述了在祠堂聚会之际对子孙的奖惩活动②。二是在祠堂聚会之际细讲家规族训。《郑氏规范》记载郑氏家族,专门设立监视一人,先以身作则"拜尊长四拜",使族人明"尊尊"之义,"次受卑幼四拜",确立监视的权威,"然后鸣鼓,细说家规,使肃听之"③。三是在祠堂诵读或唱诵家规族训以训诫家人族众。《上虞桂林朱氏祖训条章》记载朱氏家族亦在祠堂聚会之际命子弟诵读家训④。《郑氏规范》记载郑氏家族每月朔望,家长率领家族成员在祠堂拜祭祖先,拜祭过后男女分别坐在堂下,击鼓二十四声,令子弟一人唱诵族训⑤。

---

① 《丛书集成初编0976·庞氏家训》,中华书局,1985,第8页。
② 姚舜牧在《药言》中详述了在家族聚会之际维护家声、赏善罚恶的活动形式。"长幼尊卑聚会时,又互相规诲,各求无忝于贤者之后,是为真清白耳","族有孝友节义贤行可称者,会祀祖祠日,当举其善告之祖宗,激示来裔。其有过者,亦于是日训诫之,使知省改"。赵鼎在《家训笔录》中对子孙违反家训的行为作了具体的规定,"子孙所为不肖,败坏家风。仰主家者集诸位子弟,堂前训饬,俾其改过。甚者影堂前庭训,再犯再庭训"(赵鼎:《家训笔录》,参见《忠正德文集·卷十》)。
③ 《续修四库全书》第935册,上海古籍出版社,2002,第274页。
④ 诵读内容以儒家思想为主,"为臣必忠于君,为子必孝于亲,为弟必敬其兄,为兄必爱其弟,为妻必敬慎其夫,为妇必孝养舅姑,为卑幼必悌于长上。毋徇私曲以伤和气,毋因细故以绝恩谊,毋惹横非以扰门庭,毋耽曲乐以乱厥性。有一于己,即非人类"。——上海图书馆,周秋芳、王宏整理《中国家谱资料选编·家规族约卷》上册,上海古籍出版社,2013,第56页。
⑤ 诵读内容以儒家思想为主,详见《续修四库全书》第935册,上海古籍出版社,2002,第272页。

通过实践锻炼的形式加强对家人族众的思想引导和行为规范。知行合一是古代社会教化的基本原则,"知、行常相须,如目无足不行,足无目不见。论先后,知为先;论轻重,行为重"①,也是传统家训教化的基本原则。为促进教化对象对古代社会主流意识形态外化于行,传统家训注重在日常生活实践和职业实践中让子弟外出参加实践活动,或通过特定的生活阅历使子弟通晓人情世故、明白为人处世的道理。在日常生活实践中,让子孙在具体的衣食住行、进退洒扫、待人接物等生活实践中加深对社会主流规范与家族规范的了解与认知:引导子孙"居家则事父兄,教子弟,待妻妾,在外则事长上,接明友,教后生,御僮仆"②,教导家人勤俭持家,"黎明即起,洒扫庭除,要内外整洁,既昏便息,关锁门户,必亲自检点","器具质而洁,瓦缶胜金玉;饮食约而精,园蔬逾珍馐"。职业实践锻炼也是传统家训教化活动的重要形式,家训教化主体多首先引导子孙从事一定的职业、在具体的职业实践中将儒家伦理规范外化于行,进一步内化于心。"人之有子,须使有业"③,人首先需要有一定的职业,在实际的工作中锻炼本领、砥砺修行。《郑氏规范》规定:"凡子弟,当随掌门户者轮去州邑练达世故,庶无懵暗不谙事机之患。"曹操重视在实践锻炼中培养、磨练子孙以促使其成才成人。建安二十年(215年)三月,曹操西征张鲁,十一月张鲁降,得汉中。随后发布《诸儿令》:"今寿春、汉中、长安先欲使一儿各往督领之,欲择慈孝不违吾命,亦未知用谁也。虽儿小时见爱,而长大能善,必用之,吾非有二言也。不但不私臣吏,儿子亦不欲有所私。"④在实际的政务中锻炼曹丕等人的本领,提高其综合素质。事实证明曹操的实践锻炼形式是有效的。建安二十四年(219年),曹操再次远征汉中留曹丕守邺城,西曹掾魏讽与长乐卫尉陈祎谋划夺取邺城,未到举兵时期,陈祎恐

---

① 《文渊阁四库全书》第700册,台湾商务印书馆,1986,第138页。
② 《续修四库全书》第934册,上海古籍出版社,2002,第249页。
③ 《丛书集成初编0974·袁氏世范》,中华书局,1985,第5页。
④ 《文渊阁四库全书》第887册,台湾商务印书馆,1986,第511页。

惧,报告给了曹丕,曹丕当机立断"诛讽,坐死者数十人"①,保卫了邺城的安定。

第二节 注重运用生活化的教化方法

在长期的教化实践基础上,传统家训教化活动注重运用长上日常训诫、身教示范、奖惩激励、家风熏陶、家训制定等方法,有效促进了古代社会主流意识形态的传播。

一 循理化之、积诚感之的日常训诫法

重视在衣食住行、冠婚丧祭等各种家庭生活中强化对子孙的德育训导与告诫,是传统家训教化活动的一大特色,也是最为普遍的方法。周文王在《尚书·酒诰》中指出父兄有教诫子弟之责,为人子孙者相应地应"聪听祖考之彝训"。"彝训"即常训,指日常的训诫,若"训之者常,则入于耳者熟;听之者聪,则识于心者恪,而自不能忘也"②。在严慈相济基本原则下,传统家训主张通过"循理以化之,积诚以感之"③ 的说理方法训示教诫子孙。

传统家训注重采用生动化的说理方法训示教诫家人族众。传统家训往往以"远采古圣,近揆行事"为基本说理原则,循序渐进阐明义理。依据说理论据的不同,可大体将传统家训说理方法分为四种。一是采纳古代圣贤嘉言懿行以勉励家人族众的以古论今法。尧舜禹汤、文武周孔是古人推崇的圣贤代表,他们的言论经过董仲舒、朱熹等的发挥成为官方意识形态的基本原理。以圣贤经典和社会主流思想为指导的正面典型事件也受到人们的推崇与赞扬。传统家训多主张以孔孟周公等圣贤经典言论和典型人物榜样为说理依据开展治家教子的训诫活动。在引用圣贤经典时多以"孔子曰""孟子曰"

---

① 《文渊阁四库全书》第254册,台湾商务印书馆,1986,第40页。
② (清)库勒纳等撰,平之校点注释《日讲书经解义》,海南出版社,2012,第317页。
③ 《文渊阁四库全书》第951册,台湾商务印书馆,1986,第128页。

"曾子曰"为开头,如司马光在《温公家范》中援引孔子、孟子言论①,增强理论说服力。言论体现了一定的思想,圣贤的思想主要记载在儒家经典中,因而传统家训也多引用《尚书》《诗经》《论语》《孟子》等儒家经典中的思想言论作为说理支撑。如张英为训诫子孙谦虚谨慎的道理,引用《易经》《尚书》相关言论②以说明做人须谦恭克让的道理。以典型人物事迹增强理论说服力也是说理策略之一,颜之推以"握锥投斧,照雪聚萤,锄则带经,牧则编简"③等古人勤学典故说明勤奋学习的重要性。二是借鉴当时典型人物和事例以训诫家人族众的以今论今法。以当代典型人物和典型事例论证义理的合理性具有亲近感,也较易为教化对象所接受。当代典型人物和典型事例的列举论证,既包括正面典型对比,也包括反面典型对比,有的家训教化主体对同一事件的论证还擅长使用正反典型对比法。颜之推擅长运用当代典型对比法,他以江陵王玄绍兄弟三人同食共寝、相从而死的正面例子阐明了兄弟友爱的义理;以梁孝元世某一中书舍人过于严格,致使妻妾雇用刺客将其杀害为反面例证,阐明治家宜宽严相济的道理;以王僧辩母魏夫人严厉教子使子成才,梁元帝时一学士宠溺儿子而使其暴慢日滋、言语狂傲的正反典型对比阐明严格教子的重要性。三是运用日常事例向教化对象阐述人生哲理的以小见大法。在日常生活中总是会遇到各种事件,传统家训主张遇物遇事时时引导训诫,借日常生活事例引导子孙言行规范,并由小及大、由近及远阐发义理。孙叔敖小时候外出见到两条蛇,由于自身害怕又考虑到其他人见了害怕于是杀而埋之,但对自己杀蛇感到不安,于是回家找母

---

① 如《温公家范·子上》中援引了孔子的言论,"孔子曰:'今之孝者,是谓能养。至于犬马,皆能有养。不敬,何以别乎?'";援引了孟子的言论,如"孟子曰:'曾子养曾晳,必有酒肉。将彻,必请所与。问有馀,必曰"有"。曾晳死,曾元养曾子,必有酒肉。将彻,不表所与,问有馀,曰"亡矣"。将以复进也。此所谓养口体者也。若曾子,则可谓养志也。事亲若曾子者,可也'"。

② 张英在《聪训斋语》中说道:"《易经》一书,言谦道最为详备:'天道亏盈而益谦;地道变盈而流谦;鬼神祸盈而福谦;人道恶盈而好谦'。又曰'日中则昃,月满则亏'。天地不能常盈,而况于人乎?况于鬼神?于此理不啻反复再三,极譬罕喻。《书》:'满招损,谦受益'。"

③ 王利器撰《颜氏家训集解》,中华书局,2014,第187页。

第四章　传统家训对古代社会主流意识形态的生活化传播

亲哭诉。孙叔敖母亲谆谆对其开导,"汝不死矣。夫有阴德者,阳报之。德胜不祥,仁除百祸。天之处高而听卑。书不云乎'皇天无亲,惟德是辅。'尔嘿矣,必兴于楚"①。

传统家训注重采用亲情感动法训示教诫家人族众。家长与家人、族长与族人之间有着血缘、姻缘的天然纽带,彼此之间有着深厚的情感基础,也就获得了相较于学校教化、社会教化突出的情感优势。"同言而信,信其所亲"②,从血缘亲情出发规范子孙言行是传统家训教化的一大优势,传统家训往往以彼此之间的血缘联系和深厚情感为说理前提,主张通过叙述先祖和自身的人生经历,对比家人当前的言行举止以劝善改过。首先,传统家训往往以血缘情感为出发点阐发义理。郑板桥为了说明爱子当教子忠厚的道理,首先说明自己老来得子当然爱之有加,"余五十二岁始得一子,岂有不爱之理",但是爱子当教之以义方,"然爱之必以其道,虽嬉戏玩耍,务令忠厚悱恻,毋为刻急也"③。其次,通过叙述祖上或自我人生经历,对比教化客体当前的视听言动以规训子孙。柳玭以先祖河东节度使公绰与诸兄弟侍先君为丹州刺史,以"学业未成,不听食肉"④的经历向家人说明珍惜现有生活、节俭持家的道理。范仲淹则以自己幼年的亲身经历"吾贫时,与汝母养吾亲,汝母躬执爨而吾亲甘旨,未尝充也",表达自己希望子孙节俭生活的意愿,"吾所最恨者,忍令若曹享富贵之乐也"⑤。再次,传统家训主体以自身的行为实践引导家人族众明理循理。典型代表莫过于王陵母伏剑勉子事汉王、赵苞母以死励子全忠义的家训事例。王陵母与赵苞母同是陷入敌军阵营,为避免其子陷入忠孝困境,毅然决然慷慨赴义,以自己的实际行动帮助和引导其子深入理解和实际践行忠君爱国的理念,这种亲情感动法的效力无

---

① (汉)刘向撰,(明)汪道昆增辑,(明)仇英绘图《列女传》第3册,国家图书馆出版社,2014,第61页。
② 王利器撰《颜氏家训集解》,中华书局,2014,第1页。
③ (清)郑板桥著,吴泽顺编注《郑板桥集》,岳麓书社,2002,第187页。
④ 《文渊阁四库全书》第703册,台湾商务印书馆,1986,第24页。
⑤ 《文渊阁四库全书》第703册,台湾商务印书馆,1986,第71页。

疑是深刻而深远的。王陵在母亲的激励下"从汉王定天下"①，赵苞在母亲的激励下率军出击，"贼悉摧破"②。

二 以身作则、率先垂范的身教示范法

家长与家庭成员之间的血缘关系决定了家庭成员之间人际关系、利益关系的紧密性，而家人之间朝夕相处、同居一室的家庭生活则使家人之间的相互影响高度相关，这就使得言传身教的教育方法尤为有效可行。正如颜之推所说："同言而信，信其所亲；同命而行，行其所服"③，即同样的话，人们会相信关系亲近的人；同样的任务，人们会相信由衷佩服的人。而作为一家之主的家长，与子孙天然的血缘关系使得家庭教育天然具有一种权威性，若家长能够言传身教，并且以身作则，则会取得更佳的教育效果。

在言传与身教的问题上，传统家训在肯定言教的作用的同时，更加突出身教的重要性，"凡人有训人治人之职者，必身先之可也"④。在对子孙日常的训诫活动中，不仅需要明确告知家人如何洒扫应对、如何为人处世，更需家长以身作则，为子孙做出榜样。袁采在《袁氏世范》中认为，正己才能更好地正人，"己之才学为人所尊，乃可诲人以进修之要；己之性行为人所重，乃可诲人以操履之详；己能身致富厚，乃可诲人以治家之法；己能处父母之侧而谐和无间，乃可诲人以至孝之行"⑤。曾国藩重视身教的重要作用，"惟思以身垂范而教子侄，不在诲言之谆谆也"⑥。若父母家长言行不一，表里相违，对子孙的教育就不可能起到良好的效果。"夫风化者，自上而行于下者也，自先而施于后者也。是以父不慈则子不孝，兄不友则弟不恭，夫不

---

① （汉）司马迁撰《史记》，中华书局，2011，第1832页。
② （南朝宋）范晔撰《后汉书》第3册，中华书局，2012，第2163页。
③ 王利器撰《颜氏家训集解》，中华书局，2014，第1页。
④ 《文渊阁四库全书》第717册，台湾商务印书馆，1986，第658页。
⑤ 《丛书集成初编0974·袁氏世范》，中华书局，1985，第31页。
⑥ （清）曾国藩撰，邓云生编校标点《曾国藩全集·家书》第1册，岳麓书社，1985，第294页。

义则妇不顺矣。"①

传统家训主张教化主体以身作则，以自身的实际行动教化家人，正所谓"其身正，不令而行；其身不正，虽令不行"（《论语·子路》）。家训教化主体作为"一家之召"需要提高自身的素质、加强自身修养才能治理好家庭家族，"一家之中，要看得尊长尊，则家治。若看得尊长不尊，如何齐得它！要在尊长自修"②。家训主体以身作则的一般性特征具体表现为性仁爱严明、谨守礼法、言行一致。家长的以身作则首先体现为具有仁者仁爱的品质和严明教子的特征。家长敦厚仁爱的品质既增强了性善论的合理性，也为家长率先遵守儒家伦理规范提供了人性基础。隋番州刺史陆让母亲冯氏"性仁爱，有母仪"，其言行符合儒家倡导的"仁者爱人"的价值理念；太子少保李景让母郑氏"性严明，早寡家贫，亲教诸子"，符合儒家倡导的"家有严君焉，父母之谓也"的价值理念。这些事例均为教化主体以身作则的典范。③ 其次，在致力于性善的基础上，家长需率先垂范，自身首先做到谨守礼法。司马光强调"凡为家长，必谨守礼法"④，惟此方能总治好一家大小之务。家长谨守礼法表现为自觉主动遵守儒家伦理道德规范和法律规范，并在言行上率先践行，"以诚待下，一言不可妄发，一行不可妄为"⑤。"曾子杀彘"的故事形象说明了曾子自觉践行着儒家倡导的"幼子常视毋诳"（《礼记·曲礼上》）的价值理念，即经常示范正确的东西而不能欺骗孩子。此外，家长还需公正无私，遇事秉公持正、爱憎不偏，"家长专以至公无私为本，不得狥（徇）偏"⑥，无私公正在家庭领域尤为重要，人之爱子较少能够做到均爱，偏爱某子乃至溺爱某子并非特殊现象，偏爱溺爱对子孙而言尽管并不必然会导致消极的教化效果，但终究会影响教化的有效性。这就需要家长提高自身修养，至公无私，身教示范。通过家长的以身

---

① 王利器撰《颜氏家训集解》，中华书局，2014，第39页。
② （明）吕坤撰，王国轩、王秀梅整理《吕坤全集》中册，中华书局，2008，第630页。
③ 《文渊阁四库全书》第696册，台湾商务印书馆，1986，第673~674页。
④ 《续修四库全书》第951册，上海古籍出版社，2002，第114页。
⑤ 《续修四库全书》第935册，上海古籍出版社，2002，第273页。
⑥ 《续修四库全书》第935册，上海古籍出版社，2002，第273页。

作则、身教示范,为子孙树立良好的榜样,有助于他们在潜移默化中形成良好的习惯。

此外,传统家训在身教方法方面也有着一定的特殊性,如通过对案不食、喜怒示仁、自我惩罚的默示不言法以启发家人自我批评、自我教育。具体而言表现为以下几个方面,一是对案不食,引导子孙自我批评、自我教育。西汉万石君石奋[①]告老退休后谨守礼法,若子孙有过失则默不作声,并且不吃饭,"子孙有过失,不诮让,为便坐,对案不食",当"诸子相责",认识到自身的错误进行自我批评,并有所改正之后才肯吃饭,"改之,乃许"[②]。二是以喜怒示仁德,启发子孙严慈相济。汉昭帝时隽不疑为京兆尹,每次审核或记录囚犯罪状回家后,其母总是会问囚犯平反的情况,"有所平反,活几何人",若多有所平反,"母喜笑,为饮食语言异于他时";若回答说没有囚犯被平反,则"母怒,为之不食"。隽不疑母亲以面色欣喜而多吃饭、面色愠怒而不吃饭的无言之教启发其子刚柔并济,因此"不疑为吏,严而不残"[③]。三是自我惩罚,启发子孙改正过失。东汉侍中淳于恭,在其兄淳于崇死后,担负起抚养侄子的责任,"教诲学问,时不如意辄呼责,数以捶自击其胫,欲感之"[④],即以用木杖击打自己小腿这一自我惩罚的方式启发感悟侄子,使其改正过失。以上默示自责的无言之教,也属于身教方法,不过属于消极方面的身教启发法,在家训教子活动中这种无言之教也发挥了一定作用。

三 奖以劝善、罚以惩恶的奖惩激励法

赏善罚恶是古代国家治理的重要策略,"赏罚,政之柄也"[⑤]。嘉奖嘉言懿行在于劝善,以促进良好社会风气的形成;惩罚恶言恶行、违法犯罪事件

---

① 石奋自汉高祖至孝景帝历仕四朝,官至二千石。其谨守礼法教子有方,有子四人"皆以驯行孝谨,官至两千石",连同石奋本人官俸共计一万石,故"凡号奋为万石君"(《汉书·万石卫直周张传》)。
② (汉)司马迁撰《史记》,中华书局,2011,第2414页。
③ (汉)班固撰《汉书》第3册,中华书局,2012,第2624~2625页。
④ 《文渊阁四库全书》第896册,台湾商务印书馆,1986,第404页。
⑤ 《续修四库全书》第1187册,上海古籍出版社,2002,第606页。

第四章 传统家训对古代社会主流意识形态的生活化传播

在于惩恶，促进民众尊法守法。家在我国古代尤为重要，集生产、生活、教化、娱乐功能于一体，传统家训在家庭治理中也借鉴了赏善罚恶的国家治理策略，主张以奖惩激励法引导家人族众向善向上、知非改过。

奖以劝善的正面激励法。家长为家人族众树立正面榜样，激发他们向上向善的意愿，勉励他们见贤思齐。嘉奖家人族众的嘉言懿行，并不是家长根据自己的主观意志随意奖赏，"人主不妄赏，非徒爱其财也。赏妄行则善不劝矣"[①]，而是以家族一致认同和遵守的条令条规为遵循。时代背景不同、家族境遇不同，奖励的重点和方式也不尽相同，概括说来，传统家训奖善以劝善的内容包括以下几个方面。一是在践行孝悌忠信等儒家伦理道德方面，孝养双亲、尊重长上、兄友弟恭、和睦乡邻等孝悌事迹和忠君报国、战死沙场、造福乡里、言而有信等忠信事迹，均是褒奖的重点。二是嘉奖节妇烈女。那些年轻丧夫后不再改嫁，或未婚夫死后守节不再改嫁，尤其是在困境中教子成才成贤，在困境中坚持孝养公婆，抚育小叔、小姑的节妇均为嘉奖重点；对于丈夫死后以身殉夫、遇辱宁死不屈、为国献身的烈女，各家族也通过各种方式予以嘉奖。三是在读书仕进方面，家族多会资助本族贫寒子弟解决读书费用问题，若通过科举考试考中秀才、举人、进士，入朝为官，家族会有不同程度的奖励。四是有功于家族者。对于修建祠堂、建立义学、拓广义田等有贡献者，皆进行奖赏[②]。此外，恪尽职守完成家族任务、举报违反家法族规的行为也会受到相应的奖励。在奖励方式方面，可大体分为两类，一是精神性奖励，二是物质性奖励。精神性奖励包括家长族长的口头表扬、书面表扬，给家族杰出人物优待礼遇，撰写传记或个人优秀事迹载入谱牒、刻石刻碑，上请官府进行表彰等。口头表扬是给予族内人员精神性鼓励最为普遍的形式，书面表扬则较为正式，一些家族专门制定《劝惩簿》，造

[①] 《续修四库全书》第1187册，上海古籍出版社，2002，第606页。
[②] 如《东阳兴贤少溪楼氏家规》规定，对于先世所遗赡祭田，"如能增广者，宗长省谕举宗，宜奖其仁孝"。——上海图书馆编，周秋芳、王宏整理《中国家谱资料选编·家规族约卷》上册，上海古籍出版社，2013，第139页。

"劝惩牌",将族人的善言善行记入,昭示族众。① 给予族众孝子贤孙、节妇烈女、杰出人才等一定的优待礼遇,如在聚会时安排较高的席位、给予宗祠配飨、在祠堂添设长生牌位、提前举行冠礼等,均是精神表扬的重要方式。为族众的杰出代表撰写传记或将个人优秀事迹载入宗谱,既光宗耀祖又能传诸后世,《球川桥头鲁氏宗谱》记载"凡祖宗之掇科登仕,以及至德懿行之可为矜式者,复载记中",以达到"俾后之人则而效之,庶家声之永於不坠"②的效果。具有官方效力的精神嘉奖方式是家长族长依据朝廷条例将族中德行才学出众者,呈报官府,请求官府旌表、赐匾、赐予官祭、立牌坊等③。物质性奖励包括奖钱、奖物等。奖钱是物质性奖励较为普遍的办法,这对于家境殷实的家庭家族而言经济上是允许的,对于家境贫弱的贫寒家庭家族而言,多依靠族内公共族产发放。对于考试中举的士子族内多会对其发放"花红",对于守节的节妇则会发放高于一般族人标准的钱财。对孝子贤孙、节妇烈女、中举士子的物品奖励,包括粮食、棉花、田地、纸笔文具、衣物等,不少家族在祭祀祖先完毕后往往会给需要表彰的族人发放更多的祭祀用的肉、馒头等,称为"增胙"。

惩以罚恶的负面激励法。对违反家法族规或者违反社会行为规范的家庭家族成员予以一定形式的惩罚,是家训教化的又一有效方法,与奖以劝善的方法相辅相成。在惩罚的内容方面,费成康抽取了清代典型的二十份族规予以分析,宗族重点惩罚奸淫乱伦、不务正业、不孝不悌、偷盗抢劫、破坏祖墓五种行为。男女有别、谨守礼法、严禁奸淫是儒家伦理的重要内容,也与奖赏节妇烈女相呼应,奸淫尤其是近亲之间的乱伦是严惩的首要内容;不务

---

① 如《郑氏规范》明确规定:"立《劝惩簿》,令监视掌之,月书功过,以为善善恶恶之戒。""造二牌,一刻'劝'字,一刻'惩'字,下空一截,用纸写贴。何人有功,何人有过,既上《劝惩簿》,更上牌中,挂会揖处,三日方收,以示赏罚。"——《续修四库全书》第935册,上海古籍出版社,2002,第274页。
② 上海图书馆编,陈建华整理《中国家谱资料选编·凡例卷》,上海古籍出版社,2013,第116页。
③ 如刘君良家累世同居共爨,"兄弟至四从,皆如同气。尺布斗粟,相与共之",子弟遵守礼法,贞观六年,朝廷赐给牌匾表彰他的家族;张公艺家九世同居,以"忍"字为睦族之道,"北齐、隋、唐,皆旌表其门"——《文渊阁四库全书》第696册,台湾商务印书馆,1986,第663页。

正业包括从事倡优胥吏等贱业,从事与主张"息讼"的社会主流规范相悖的讼师职业,出家做和尚、尼姑、道士等;孝悌为人之根本,不孝不悌亦在惩罚之列;偷盗抢劫有违安分守己、与人为善的行为规范,不利于社会稳定,也是处罚的重点;在重视祖先祭祀的古代社会,破坏祖墓、盗取墓内财物尤为家法所不容,也在处罚的行列。在惩罚的方式方面,大体包括精神惩罚、物质惩罚、肉体惩罚三类。费成康在《中国的家法族规》中,将传统家族惩罚方式分为七类,包括叱责、警告、立誓、罚祭、记过等警戒类,请罪、贬抑、标示、押游、共攻等羞辱类,罚钱、罚物、赔偿、充公、拆屋等财产类,罚跪、打手心、掌嘴、杖责、枷号、礅锁等身体类,斥革、革胙、罚停、革谱、出族、驱逐等资格类,拘禁、工役、兵役等自由类,自尽、勒毙、打死、溺毙、活埋、漂河灯、烧死等生命类。① 此外,赣南地区的一些宗族还以"沉塘、处死、剁脚、斩手、灌大粪等"② 方式对违规族人予以惩戒。通过对历代家训资料与《中国家谱资料选编·家规族约卷》中处罚方式的分析,可以看出,叱责、停胙、减胙、革胙、杖责、出族、罚钱、罚跪等处罚方式运用的较多,其他方式运用的较少。

四 父祖提倡、子孙践行的家风熏陶法

家风是在父祖倡导与践行、子孙传承与发扬的基础上形成的以伦理道德教化为主要内容,用以涵养个体品德、规范个体行为的一个家庭中的传统风尚。作为感化、凝聚家庭成员的精神力量,良好的家风一旦形成,会使家人耳濡目染,激励家人继承和发扬先辈的优良品德和传统。家风熏陶法是教化家人族众的又一行之有效独具特色的教化方法。

西晋潘岳著有《家风诗》一文③,潘岳通过追溯祖上美德、称赞家族传

---

① 费成康主编《中国的家法族规》,上海社会科学出版社,2016,第89~100页。
② 谢庐明:《传统与变迁:赣南客家家法族规的地域性分析》,《赣南师范学院学报》2004年第4期。
③ 《家风诗》全文内容为:绾发绾发,发亦鬟止。日祗日祗,敬亦慎止。靡专靡有,受之父母。鸣鹤匪和,析薪弗荷。隐忧孔疚,我堂靡构。义方既训,家道颖颖。岂敢荒宁,一日三省。

统以自我勉励，主要是在"家族优良传统"的意义上使用的。随着魏晋南北朝时期世家大族的兴起，家风家学等词语逐渐流行。钱穆针对魏晋南北朝时期的家庭教育现象指出："当时门第传统共同理想，所期望于门第中人，上至贤父兄，下至佳子弟，不外两大要目：一是希望其能具孝友之内行，一则希望其能有经籍文史学业之修养。此两种希望，合并成为当时共同之家教。其前一项之表现，则成为家风；后一项之表现，则成为家学。"① 在其看来家庭成员在居家生活、行为习惯、为人处世等方面形成的"孝友"的家庭风尚即为家风。罗国杰也持此观点，认为"家风是一种由父母所提倡并能身体力行的、用以约束和规范家庭成员的一种风尚和作风，是一个家庭所长期培育和形成的一种强大的精神力量，是家庭伦理和家庭美德的集中体现"②。正是在父祖辈的言传身教与子孙后代的传承与弘扬中，家风得以形成，它凝聚着一个家庭或家族的精神内核，沉淀着积极向上的正能量，是一个家庭的主流价值观。

理解家风的含义有必要注意以下几点。首先，家风是一个中性词，并不必然具有崇德向善、相亲相爱、爱国爱家的积极意义，否则"优良家风"无疑是一种同义反复。我国几千年文明发展历史过程中，既形成了忠厚传家、德艺兴家、勤俭持家等优良家风，也有着偷奸耍滑、奢侈浪费、不学无术等腐朽落后家风。其次，家风作为一个家庭或家族的文化传统，需要多种因素共同发挥作用，并非一朝一夕形成。家风是在一个家庭或家族中，父祖辈身正示范、提倡教导，继而影响子孙后辈的思想、言行，子孙后辈不断延续上一代长辈的思想行为教导，从而逐渐形成的独特的精神传统。颜氏家族由始至终坚持家风传承，自颜回尚德好学而获"复圣"美誉以来，其家族秉持"儒学传家、忠孝治家、勤俭持家、才艺兴家"的良好家风，使得历代英才辈出。颜师古注《汉书》，颜之推写就《颜氏家训》，颜真卿创立颜体书法，颜杲卿满门忠烈，现今颜回第79代嫡孙颜炳罡传承颜氏家风，在

---

① 钱穆：《略论魏晋南北朝学术文化与当时门第之关系》，《香港新亚学报》1963年第5期。
② 转引自武寅、〔韩〕石竣淏主编《家庭伦理与人格教育》，中国社会科学出版社，2000，第38页。

第四章　传统家训对古代社会主流意识形态的生活化传播

山东大学长期致力于儒学的教学与研究工作等。最后，家风是家庭的精神风尚，凝聚了一个家庭的共同文化心理与核心价值观。可以说，优良家风是一个家庭的宝贵精神财富，是一个家庭的"文化软实力"，在培育个体品德、规训家庭伦理、纯化社会风气等方面发挥了重要作用。

传统家训重视建设和传承各色优良家风，主张在无形的熏陶感染中开展家庭教化。第一，孝友家风。孝友家风注重培养子弟孝顺父母、尊敬长辈、友爱兄弟的德性，使其在日常生活中尊老爱幼、为人友善。第二，忠信家风。忠信家风与孝友家风相辅相成，正是在孝友家风的基础上，忠信家风得以顺利形成。忠信家风重视子弟精忠报国、与人为善品德的培养，使其在社会生活中忠贞报国、处世忠厚。第三，勤俭家风。勤奋家风勉励子弟勤于学业、勤于耕作、勤于经商等，以此立身丰家。节俭家风又称清白家风，强调对金钱美色、权力地位等欲望的克制，对奢侈生活的淡泊，从而不为物役、直道而行。第四，耕读家风。耕读家风又称农士家风，教诫子弟饱读诗书也知稼穑之事，手秉耒耜亦知诗书之义，从而使其在读书耕作的过程中强身健体、涵养德性、增长知识。第五，清白家风。重视家声，不为子孙留过多田畴邸肆、粟麦金帛是传统清白家风的首要内涵[1]；严以修身、不为自己谋私利，严以治家、不为家人谋私利则是传统清白家风的重要内涵[2]。维系清白

---

[1] 东汉太尉杨震不为子孙广置财产，而是把清白美名留给子孙后代的远见卓识历来受到后人推崇。历史记载，杨震的朋友、同僚看到其子孙常常靠吃蔬菜充饥，没有车马代步，就劝他多置产业。杨震不肯，他认为相较于留财产给子孙，不如把清白家风传给后代，使其清正廉洁，个个成才。南朝徐勉效法杨震"以清白传子孙"的做法，同样不为子孙多置产业。房玄龄的父亲房彦谦，家无余财，他说别人做官能够发财，我做官相对而言却变穷，我这样做不为其他，只是想把清白家风留给子孙。

[2] 宋代包拯严以修身、廉洁奉公、执法严峻，历来为后人所称道。在当时有"关节不到，有阎罗包老"（阎罗包老是当时的百姓对包拯的赞称）的流行说法，意思是说包公铁面无私、不畏权势，要想贿赂包公、打通关节，是不可能的。包公曾在广东端州做州官，端州是端砚的产地，以往州官往往收取比上贡数目多十几倍的端砚，去送给达官权贵。但包公从未收取超过给朝廷上贡的端砚数，且任满以后，绝不带走一砚。明代王翱以严以治家、忠诚廉洁著称，官至吏部尚书。王翱的一个女儿嫁给了一个在京郊做官的人，每当女儿要回家时，女婿总颇有怨言地说，"而翁长铨，迁我京职，则汝朝夕侍母；且迁我如振落叶耳，而何吝者"。于是女儿把丈夫的意见告诉了她的母亲。王翱的夫人于是备好酒菜欲请王翱把女婿调到京城，王翱生气夫人和女儿女婿败坏清白家风，竟然十多天住在朝房里，坚决拒绝家人的调动请求。

家风，坚持谨身节用、廉洁修身、廉洁齐家，是节制欲望、涵养心性，从而成才成贤、保持家道隆昌、忠君报国的重要方式。在历代优良家风的熏陶感染下，传统家训教化活动也取得了显著的效果。

五 撰写修订、刊刻重刻的文本制定法

为"整齐门内，提撕子孙"，传统家训制定主体往往根据社会主流规范、祖上遗训、自身经验专门撰写、修订、重刊家训，利用家训文本教诫子孙，并取得了良好的效果。

撰写家范是传统家训制定主体阐释自己的教育理念以训诫子孙的教化活动，在规训程度上有言行劝导、规制、禁止三个程度的区别。黄书琳在为《颜氏家训》所作的序中阐明了撰写家范的缘由，"人之爱其子孙也，何所不至哉！爱之深，故虑焉而周；虑之周，故语焉而详。详于口者，听过而忘，又不如详于书者，足以垂世而行远，此家训所为作也"[①]。依据社会主流规范、古代嘉言懿行、祖上遗训以及个人经验，将对家人的训诫撰写成家书、家训诗、家训格言、家训集等多种体裁的家训文本，以凝聚了家中尊长教诲的文本体裁训诫家人族众，是家训活动行之有效的教化方式。一般而言，家训写作的主体是具有文化资本的文人士绅、官僚士大夫阶层，他们既是社会主流意识形态的传播主体，也是家训教化的主体，具有文化知识基础和理论传播的动机。诸葛亮写作《诫子书》劝导其子志存高远，颜之推作《颜氏家训》以"整齐门内，提撕子孙"，司马光作《温公家范》以规训家人族众谨守礼法，朱熹作训俗性质的《朱子家礼》以广泛传播儒家礼仪，朱用纯的《朱子治家格言》具有训家之效，至今广为传颂。除此之外，民间家训主体也重视家范的撰写，主要表现为民间家长、族长、宗长主持撰写适用于本家族、各小家庭的家规族范，一般载录于各族家谱之中。也有乡里塾师撰写通俗性质的家训文本，如《太公家教》等，以近似于口头语言的文本流传于民间百姓家庭。在家训文本的训诫严厉程度上，一般分为训、规、禁三个层次，家训、

---

① 王利器撰《颜氏家训集解》，中华书局，2014，第594页。

第四章 传统家训对古代社会主流意识形态的生活化传播

家劝主要为劝喻性质，引导家人族众向上向善、践行社会主流规范；家规、族规、宗规为规约性质，规训家人族众应该做什么不应该做什么，遵守并践行家规、族规要求的行为规范则有一定的奖励，如果违背则会有相应的惩罚；家禁、族禁、宗禁则是明文禁止的行为规范，也是具有准法律性质的家法。严厉程度不同的家范共同致力于传播社会主流意识形态，促进家庭家族成员政治化、社会化，三者相辅相成，取得了良好的教化效果。

修订家范是传统家训制定主体对家训文本的拾遗补缺和与时俱进的重新解读，是一种意义深远的家庭教育活动，是对家训活动的推崇和强化。家训文本具有相对性，适用于一定的时空范围。在社会历史逐渐发生变化的大的时代背景下，家训文本也需要随着社会主流意识形态的革新、随着家族的发展变迁有所改进和修订。依据家范修订范围，大体分为家训修订、家规修订。家训修订存在于历代著姓家族，这些大的家族通过与时俱进的家训修订和治家教子有方的家训活动维持家族秩序、教子成贤成才、维系家族繁荣昌盛。以颜氏家族为代表，自颜回尚德好学获称"复圣"以来，颜子第27世孙颜含著《靖侯成规》，第30世孙颜延之著《庭诰》，第35世孙颜之推著《颜氏家训》，第67世孙颜光敏著《颜氏家诫》。这些家训文本随着本家族在不同时代的发展境遇不断修改订正，同时始终贯彻着德艺双馨、诗礼传家的优良传统。家规修订重点是在平民家族中，多由本族族长宗长或族内贤达主导，一般针对"人丁繁衍，趋向殊途"的情况进行修订，如益阳南峰堂龚氏家规不断重修，"今届七修，复行刊刷，凡我族务宜实力奉行"①。修订家规族规的典型代表为范仲淹家族，自范仲淹初步制定了《范氏家规》，"而忠宣诸公修于继，制之密，虑之周也"②，其子孙与时俱进续修家规，陆续有《续定规矩》《续添规约》的问世。家训族规的修订是对已有家训文本的完善与改进，是家训活动进一步开展的必要条件，也是家族繁荣昌盛的保证。

---

① 上海图书馆编，周秋芳、王宏整理《中国家谱资料选编·家规族约卷》上册，上海古籍出版社，2013，第70页。

② 上海图书馆编，周秋芳、王宏整理《中国家谱资料选编·家规族约卷》上册，上海古籍出版社，2013，第7页。

重刊家范，即重刊本族家范、其他家族优秀家范、历史上的优秀家范是普遍的社会教育活动，促进了古代主流规范的民间化。那些"其谊正，其意备。其为言也，近而不俚，切尔不激"的优秀家训，而且具有"孙曾数传，节义文章，武功吏治，绳绳继起"良好效果的家训文本，不仅为本家族所重刊，而且为其他家族所借鉴甚至直接刊发。苏轼曾说"药虽进于医手，方多传于古人。"① 清代黄书琳在重刊《颜氏家训》时所作的序中进一步引申了苏轼的观点，认为"父兄之教子弟，亦犹是也，以古人之训其家者，各训乃家，不更事逸而功倍乎"②。这也就是不断重刊本族家训、其他家族优秀家训、历史优秀家训的重要原因。重刊本族家训，既是对祖传家训的尊重与传承，又是一次影响深远的家训教化活动，增强了依据家训文本治家教子的效果。重刊本时代其他家族优秀家训，以改善自我家族教化，对平民家族而言无疑是简单可行的；对于历史上的优秀家训，也使其为后人所借鉴和重刊。对普通百姓家庭和家族而言，由于缺少一定的文化知识，一般较少有撰写家训修订家训的活动，但是重刊《颜氏家训》《朱子家礼》《朱子治家格言》等本时代和历史上的有名家训族规则是简单易行的方法，事实上这种办法也为部分富贵家族所采用。

第三节　注重开展日常化的教化仪式

　　仪式是指"由传统习惯发展而来、为人们普遍接受的并按某种规定程序进行的行为方式"③。仪式具有庄严性、神圣性、程序化、象征性的特征，同时也具有重要的教化功能。"礼之教化也微，其止邪也于未形，使人日徙善远罪而不自知也。""故朝觐之礼，所以明君臣之义也。聘问之礼，所以使诸侯相尊敬也。丧祭之礼，所以明臣子之恩也。乡饮酒之礼，所以明长幼之序也。昏姻之礼，所以明男女之别也。"（《礼记·经解》）仪礼、仪式的教化功能为

---

① 《续修四库全书》第345册，上海古籍出版社，2002，第420页。
② 王利器撰《颜氏家训集解》，中华书局，2014，第594页。
③ 张紫晨主编《中外民俗学词典》，浙江人民出版社，1991，第140页。

第四章 传统家训对古代社会主流意识形态的生活化传播

传统家训所重视。传统家训主张将日常生活与教化仪式结合起来,通过开展多种形式的日常化的教化仪式活动,潜移默化传播社会主流意识形态,促进家人族众将社会主流规范内化于心、外化于行。

一 以自觉制约、遵制设约为主的制约仪式

家约族约是家庭训诫、家族规范的一种,内容上与传统家训教化内容并无二致,该名称随着乡规民约的制定①和乡约组织的建立而出现。自宋代《吕氏乡约》颁行和相应的乡约组织建立以来,一直存在着自觉制约的设约仪式。明清统治者认识到乡里自治的重要性,也颁布相关条例法规,规定民间设立乡规民约和乡约组织。宋元以来,以自觉制约、遵制设约为基本特征的设约仪式广泛存在,成为传统家训教化的重要形式。

自觉制定家约、族约、乡约规范的制约仪式。家约、族约、乡约指适用于家庭、家族、乡里的行为规范体系,设约仪式即在家庭、家族、乡里设立家约、族约、乡约的活动,是家训教化主体自觉自发的家训活动。家约族约的制定仪式流程一般为本族家长族长个人,或是数名尊长、族人、宗族专门机构等在本族发展的重要时期如修谱、建祠之际制定家约族约;也有请族外文人代为订立家约族约的情况,主要存在于文化水平较低的家族之中。有些制定家约族约的仪式活动还获得了地方官府的认可,如益阳南峰堂龚氏阖族的绅耆一同向地方官府申请颁布条约,地方长官准呈,从而使得该制约仪式获得了合法性和权威性。典型的制约仪式为乡约制定仪式。在聚族而居的古代社会,往往一乡就是一族,"这样地域关系便转化成了血缘关系,乡约也就有了家范的意义"②,乡约由于贴近人民生活、反映人民意愿、符合当地风俗习惯,故成为家训的拓展。乡约制定仪式一般包括以下几个方面。一是设立约正约副,如蓝田吕氏规定"约正一人或二人,众推正直不阿者为之,专主

---

① 乡规民约经历了乡民自发制约、在官府支持下制约、遵制设约的几个阶段,相应的,乡约宣讲经历了以乡里规范宣讲为主,到以乡里规范和国家意识形态内容的宣讲为主再到完全以国家意识形态内容宣讲为主的几个阶段。

② 徐梓:《家范志》,人民出版社,1998,第276页。

平决赏罚当否。直月一人，同约中不以高下，依长少轮次为之，一月一更，主约中杂事"①。二是设立乡约所，即办公机构，"择四达之处立一约所。直月先期循环纠察同约中之善行与过行"②。三是制定乡规民约，多由本族尊长制定，内容上基本以《吕氏乡约》为主，这是由于"其纲领甚切，其节目甚密，其联络督率之法更精详美备，有关于德教风化甚大而远。大纲有四：一曰德业相劝；二曰过失相规；三曰礼俗相交；四曰患难相恤。每纲之下，类分节目，节目所载，准古酌今，更为尽善"③。在约正的主持下制定本乡乡规民约是宋明以来社会教化的行之有效的仪式活动，在拓展家训教化范围、广泛传播社会主流意识形态方面发挥了重要作用。随着明清统治者颁发条例要求全国范围内设约以来，制约仪式更加广泛，也更加正式化。

遵守朝廷设约要求，制定家约族约乡约，建立乡约组织的设约仪式。 以民间化的行为规范体系和民间自治组织为基点，开展社会教化是传统社会尤其是明清时期较为流行的教化策略。明清统治者认识到族约乡约规范体系和乡约组织的重要性，专门颁布诏令要求在全国范围内统一设立家族化、乡里化的规范体系和自治组织。清廷规定各乡需专门设立乡规民约、乡约领导者和乡约会所，并要求将社会主流规范纳入乡规民约和家约族约之中。清顺治十六年颁发诏令"设立乡约"，并颁布了约正约副的选取标准，规定"乡约正、副，不应以土豪、仆隶、奸胥、蠹役充数，应会合乡人，公举六十以上、经告衣顶、行履无过、德业素著生员统摄。若无生员，即以素有德望、六七十岁以上平民统摄"④，雍正七年颁布诏令要求各省设立讲约所，"各直省各州县大乡、大村，人居稠密之处，俱设立讲约之所"⑤。在朝廷着力倡导下，各家族各乡县陆续开展了家约乡约制定和乡约组织建立的仪式活动。"家约"

---

① 《续修四库全书》第934册，上海古籍出版社，2002，第252页。
② （清）雍正：《大义觉迷录》，文海出版社，1969，第231页。
③ （清）雍正：《大义觉迷录》，文海出版社，1969，第230页。
④ （清）素尔讷等纂修，霍有明、郭海文校注《钦定学政全书》，武汉大学出版社，2009，第291页。
⑤ （清）素尔讷等纂修，霍有明、郭海文校注《钦定学政全书》，武汉大学出版社，2009，第292页。

第四章 传统家训对古代社会主流意识形态的生活化传播

"族约"作为传统家训规范体系的名称,正是随着"乡规民约"的繁荣发展而产生的。一些家族专门制定了体现社会主流规范的家约、族约,并在祠堂聚会之际正式颁布刊发或载入族谱,其过程既具有家族自觉性,又呼应了朝廷的制约要求。龙舒秦氏十八世孙学思首先列举了违背"圣谕六言"的法律惩罚,后又进一步推理说明"圣谕六言"的缘由和意义,并书写为书面化的家约规范,在修订族谱之际载入族谱,向族众宣示。就乡约制定仪式而言,其流程一般为乡里尊长结合社会主流规范、典型乡规民约(如《吕氏乡约》《南赣乡约》《泰泉乡礼》等)以及自身乡里的实际情况,依照国家政令设立乡约所和领导机构,向乡里民众颁发乡规民约。嘉靖时期王崇庆主持了约有一百五十人参与的乡约设立仪式,在郡庙宣誓遵守以《教民榜文》为主要内容的乡约。罗钦顺认为,乡约仪式活动具有重要意义,"乡约之议,其诸大学之所谓机也。一人倡之,众人辄从而和之;一家行之,一乡辄从而效之,俗之变而归于厚也"[①]。

二 以家约、族约、乡约宣讲为主的宣讲仪式

在祠堂、乡约所等地由族内尊长宣传讲解族约、乡约、圣谕等内容的宣讲仪式与自觉制约、遵制设约的制约仪式相辅相成,二者前后相连。正是在制定相应族约乡约的基础上,宣讲仪式才得以正式开展。从宣讲内容而言,宣讲仪式可分为家训即家约族约宣讲和扩大化的家训即乡约宣讲。

家训宣讲仪式以家约族约为主要内容,家约族约即适用于个体家庭、家族的思想行为规范体系,是对社会主流意识形态的具体化阐释。家训宣讲仪式一般是在固定日期如每月朔望,或者每天,由家长族长主持,首先祭拜祖先和尊长,此后击鼓数叠,由一人独自诵读或唱诵家训,或由一人领读家训。义门郑氏居于浙江浦江感德乡仁义里,郑氏家族被朱元璋赐以"江南第一家"美称并在此后屡受旌表,该家族在家训宣讲方面形成了固定化、程序化的仪式。郑氏家族在固定节点开展家训宣讲仪式,每月朔望,家长率领家族成员

[①] 《文渊阁四库全书》第1261册,台湾商务印书馆,1986,第102页。

在祠堂拜祭祖先，拜祭过后男女分别坐在堂下，击鼓二十四声，令子弟一人唱诵族训，"朔望，家长率众参谒祠堂毕，出坐堂上，男女分立堂下，击鼓二十四声，令子弟一人唱云：听，听，听，凡为子者必孝其亲，为妻者必敬其夫，为兄者必爱其弟，为弟者必恭其兄……众皆一揖，分东西行而坐。复令子弟敬诵孝悌故实一过，会揖而退"；同时每天也有家训宣讲仪式，要求每日早上击鼓洗漱，入有序堂诵读男训女训，"每旦，击钟二十四声，家众俱兴。四声咸盥漱，八声入有序堂。家长中坐，男女分坐左右，令未冠子弟朗诵男女训戒之辞"①，"诵毕，男女起，向家长一揖，复分左右行，会揖而退"②。也有一些家族在冬至夏至日，或者平常日子中开展家训宣讲仪式活动。

  乡规民约宣讲仪式相对于家约族约宣讲而言更为正式。自蓝田《吕氏乡约》制定以来，朱熹增补了《吕氏乡约》的内容，而且详细阐述了乡约宣讲的具体仪式流程。首先规定了宣讲日期与主持人员，一般在固定日期如每月初一族内聚会，由"约正约副直月本家行礼"。其次将民间教化与正统教化相结合，如设立孔孟等画像于讲约处，"设先圣先师之象于北壁下，无乡校则别择一宽间处"，增强讲约的合法性和严肃性。再次以规整的仪式强化尊卑长幼的秩序，讲约前"先以长少叙拜于东序"，然后"以齿为序，立于门外"，尊者、长者、稍长者、稍少者、少者、幼者先后上台；稍少者、少者、幼者拜约正，约正拜尊者、长者、稍长者，后者并回礼，拜礼与回礼依据身份和年龄的不同也有轻重之别，然后依据尊卑长幼坐下。最后，宣讲乡规民约。宣讲时需大声宣读以使众乡人能够听到，并允许乡人询问，"直月抗声读约一过，副正推说其意。未达者，许其质问，于是约中有善者，众推之。有过者，

---

① 《男训》云：人家盛衰，皆系乎积善与积恶而已。何谓积善？居家则孝悌，处事则仁恕，凡所以济人者皆是也；何谓积恶？恃已之势以自强，克人之财以自富，凡所以欺心者皆是也。是故能爱子孙者遗之善，不爱子孙者遗之恶。《传》曰："积善之家必有余庆，积不善之家必有余殃。"天理昭然，各宜深省。
  《女训》云：家之和与不和，皆系妇人之贤否。何谓贤？事舅姑以孝顺，奉丈夫以恭敬，待娣姒以温和，接子孙以慈爱，如此之类是也；何谓不贤？淫狎妒忌，恃强凌弱，摇鼓是非，纵意徇私，如此之类是也。天道甚近，福善祸淫，为妇人者不可不畏。

② 《续修四库全书》第935册，上海古籍出版社，2002，第272页。

第四章　传统家训对古代社会主流意识形态的生活化传播

直月纠之"。宣讲完毕后，乡人可以自由讨论，但须讲论有益之事，"或说书，或习射，讲论从容。讲论须有益之事，不得辄道神怪邪僻悖乱之言，及私议朝廷州县政事得失，及扬人过恶。达者，直月纠而书之。至晡乃退"①。此后乡约宣讲大多依照朱熹对乡约宣讲仪式的规定进行。但是在内容方面，随着明清统治者对社会教化的重视，逐渐以直接的社会主流意识形态宣讲为主，典型代表为宣讲圣谕②。

明清时期最高统治者颁布了更为具体化生活化的核心价值观念。朱元璋为政时期为进一步促进古代核心价值观的具体化生活化，使其通俗易懂深入贯彻到百姓生活中，专门制定了"圣谕六言"；顺治九年清廷吸取明代做法也颁布了与之一字不差的"圣谕六言"；康熙则将"圣谕六言"更为详细化，改为"圣谕十六条"；雍正将"圣谕十六条"进一步发展为"圣谕广训"，雍正二年（1724年）颁行全国。明清时期各级具有官僚身份和地方士绅身份的家训主体在认同和理解当时核心价值观的基础上，"凡人要学好，不必他求，孝顺父母，尊敬长上，和睦乡里，教训子孙，各安生理，毋作非为，有太祖圣谕在"③，也进一步阐释了其中蕴含的价值理念。乡约宣讲仪式很大程度上沿袭了朱熹所制的在固定的时间、地点，遵循一定的尊卑礼仪，由族内尊长宣讲圣谕，宣讲完毕还需以一定的礼仪结束的流程。乡约宣讲仪式也有从简而行的，"今于宗祠内放乡约仪节，每春秋祭期前一日，族长督率子弟奔赴听讲，各宜恭敬体让，其成美俗"④。

---

① （宋）朱熹著，郭齐、尹波点校《朱熹集》，四川教育出版社，1996，第3910~3912页。
② 洪武三十一年（1398年）颁布《教民榜文》，其中一条规定："每乡里，各置木铎一个，于本里内选年老或残疾不能理生之人，或瞽目者，令小儿牵引，持铎循行本里，俱令直言叫唤，使终闻知，劝其为善，毋犯刑宪。其词曰'孝顺父母，尊敬长上，和睦乡里，教训子孙，各安生理，毋作非为'。如此这每月六次。"顺治十六年颁布诏令："每遇朔望，申明六谕，并旌别善恶。"见（清）素尔讷等纂修，霍有明、郭海文校注《钦定学政全书》，武汉大学出版社，2009，第291页。《士庶备览·卷二》："每月朔望，齐集乡之耆老、里长及读书之人宣讲《圣谕广训》。"
③ 《丛书集成初编0976·药言》，中华书局，1985，第18页。
④ 上海图书馆编，周秋芳、王宏整理《中国家谱资料选编·家规族约卷》上册，上海古籍出版社，2013，第67页。

三 以庆生礼、冠笄礼、嫁娶礼为主的庆典仪式

在人生的重要转折点，传统家训注重借助一定的庆典仪式活动传播社会主流规范，强化"亲亲尊尊长长，男女之有别"的伦理政治秩序，正所谓"婚姻冠笄，所以别男女也"①。这些庆典仪式大抵"谨名分、崇爱敬，以为之本"②，一般选择在诞辰、成人、结婚等人生的重要节点举行，包括生辰礼、冠笄礼、婚姻礼等。

庆生礼。生日即出生的日子，也指每年满周岁的那一天。庆生礼包括出生礼、生日礼、寿诞礼。出生礼是父母、祖父母为新生子孙的出生举办的庆典仪式，族人亲友前来参加本家族新生儿女的宴会，既有彰显家族后继有人、家族人丁兴旺之意，也有联宗聚族、维系大家族紧密团结之情。一般认为出生礼起源于齐梁之际，颜之推在《颜氏家训》中阐述了南北朝时期生辰礼的基本程序，首先是"试儿"仪式，检验婴儿贪廉愚智，"江南风俗，儿生一期，为制新衣，盥浴装饰，男则用弓矢纸笔，女则刀尺针缕，并加饮食之物，及珍宝服玩，置之儿前，观其发意所取，以验贪廉愚智，名之为试儿"；其次举办宴会招待亲表，"亲表聚集，致宴享焉"③。"逮唐宋以后，无不崇饰此日"④。生日礼是在人生历程中继出生礼之后的又一重要仪式，旨在表达"反本乐生"⑤之意。继出生礼之后，"二亲若在，每至此日，尝有酒食之事耳……梁孝元年少之时，每八月六日载诞之辰，常设斋讲"⑥。生日礼多是父母在世时以子孙生日为主要庆祝对象的仪式活动，当父母故去则一般不再隆重庆祝生日，而是采用低调庆祝或者不庆祝的方式。唐太宗李世民念父母劬

---

① 《续修四库全书》第1187册，上海古籍出版社，2002，第84页。
② 《文渊阁四库全书》第142册，台湾商务印书馆，1986，第530页。
③ 王利器撰《颜氏家训集解》，中华书局，2014，第108页。
④ 《续修四库全书》第951册，上海古籍出版社，2002，第159页。
⑤ 《续修四库全书》第951册，上海古籍出版社，2002，第159页。
⑥ 王利器撰《颜氏家训集解》，中华书局，2014，第108~109页。

劳之恩，于是生日之际取消宴乐①，朱元璋承续李世民传统，也在父母亡故之后取消了群臣进贺圣节②，此举直接影响着整个社会风俗的变迁。寿诞礼一般是在个人步入老年，儿孙满堂之际举办的仪式活动，旨在表达尊老爱老、维系家族团结、增强家族凝聚力、彰显家族生机活力之意。寿诞礼一般是在整寿、非整寿、白寿、米寿、喜寿、古稀、花甲、冥寿等时举行，其仪式活动包括布置寿屏、悬挂寿星图、悬挂百寿图、悬挂寿联、吃寿面、吃寿桃等内容，在一些大的家族也有专门作寿序（始于明人）、寿诗寿词（始于唐，盛于宋）、寿联（盛于清）等文化活动。

冠笄礼。冠笄礼是我国古代的成人礼，"男二十而冠，女许嫁而笄，成人之礼也"③。冠礼是在父或兄的主持下为儿子举办的成人仪式。古人举行冠礼一般在十二岁到二十岁④，冠礼是男性的成人礼，成人礼是男性转变社会角色、成长为独立个体的标志性活动，"成人之道者，将责成人之礼焉。责成人之礼焉者，将责为人子、为人弟、为人臣、为人少者之行也"⑤。朱熹在《朱子家礼》中结合百姓日用常行，具体论述了冠礼的基本流程，首先择定日期，并挑选在冠礼仪式上为受冠者加冠的来宾，称之为"戒宾"⑥；其次陈设相应

---

① 《资治通鉴·卷一百九十八》记载，唐太宗李世民在贞观二十年十二月癸未（二十五），即其四十九岁生日庆典之际，对司徒长孙无忌等说："今日吾生日，世俗皆为乐，在朕翻成伤感。今君临天下，富有四海，而承欢膝下，永不可得，此子路所以有负米之恨也。《诗》云：'哀哀父母，生我劬劳。'奈何以劬劳之日更为宴乐乎！"
② 《日知录·卷十四》：洪武五年八月庚辰，罢天下进贺圣节、冬至羡笺，上曰："正旦为岁之首，天运维新，人君法天出治，臣下进表称贺，礼亦宜之。生辰、冬至，于文繁矣。昔唐太宗谓生辰是父母勋劳之日，况朕皇考、皇妣早逝，每于是日，不胜悲悼，忍受天下贺乎？宜皆罢之。"自是每圣节之日，斋居素食，不受朝贺。
③ 《续修四库全书》第1187册，上海古籍出版社，2002，第84页。
④ 司马光在《书仪》中指出"男子年十二至二十皆可冠"，朱熹在《朱子家礼》中认为"男子年十五至二十皆可冠"。
⑤ 《文渊阁四库全书》第142册，台湾商务印书馆，1986，第467页。
⑥ 《朱子家礼·冠礼》：择朋友贤而有礼者一人可也。是日，主人深衣诣其门所，戒者出见如常仪，啜茶毕，戒者起，言曰："某有子某，若某之某亲有子某，将加冠於其首，愿吾子之教之也。"对曰："某不敏，恐不能供事以病吾子。敢辞。"戒者曰："愿吾子之终教之也。"对曰："吾子重有命，某敢不从。"

物品于客厅之中①；再次，在冠礼当天按顺序站立好，当宾客齐集之后，主人迎入升堂，来宾与将冠者举行相见礼等。及笄礼是我国古代一般由母亲主持的为女儿举办的成人礼，女子一般许嫁之时就可以举办及笄礼，如果十五岁之前没有定下婚约则"年十五，虽未许嫁亦笄"，具体流程与冠礼无异，不过主持者为主妇②。

嫁娶礼。嫁娶礼即婚姻礼，在古代主要在黄昏举行，取其阴阳交替有渐之义，因而又称"昏礼"。《古史考》记载"伏羲制嫁娶，以俪皮为礼"，在一定程度上说明三皇时期我国古代就出现了简单的嫁娶仪式，有了嫁娶礼的基本形式。以"媒妁之言"为首要程序的聘娶礼在周代即已形成。周代出现了婚姻礼的较为完整而且对后世影响深远的六个步骤，即"六礼"，"纳采、问名、纳吉、纳徵、请期，皆主人筵几于庙，而拜迎于门外，入，揖让而升，听命于庙"（《礼记·昏义》）。在不同时期，"六礼"的表现形式和具体操作流程有所不同，但始终围绕这六个基本步骤展开，不离"昏礼者，将合二姓之好，上以事宗庙，而下以继后世也"（《礼记·昏义》）的初衷。传统家训重视在子孙成婚之际，以仪式化的婚姻礼加强礼义教化，既完成家族赋予的传统接代的使命，又潜移默化中传达"男女有别""夫妇有别"的价值规范。在适婚年龄方面，男子一般是十六岁到三十岁，女子一般是十四岁至二十岁③，男子过了三十岁、女子过了二十岁"则为失时矣"④。

四 以寝祭、墓祭、祠堂祭祀为主的祭祀仪式

在我国古代社会，祭祀仪式是国家生活和百姓生活的重要内容，"祀，国之大事也"（《春秋左传·文公二年》）。祭祀的对象包括天神地祇人鬼、

---

① 《朱子家礼·冠礼》："设盥帨於厅事如祠堂之仪，以帟幕为房於厅事东北，或厅事无两阶，则以垩画而分，之后放此。"

② 《文渊阁四库全书》第142册，台湾商务印书馆，1986，第541~542页。

③ 《朱子家礼·昏礼》："男子年十六至三十，女子年十四至二十。"《司马氏书仪》："男子年十六至三十，女子十四至二十。"

④ 《文渊阁四库全书》第142册，台湾商务印书馆，1986，第473页。

第四章　传统家训对古代社会主流意识形态的生活化传播

日月星辰、山川林泽等。人鬼即祖先，是祭祀的主要对象。"慎终追远，民德归厚矣"（《论语·学而》），通过寝祭、墓祭、祠堂祭祀等仪式强化尊祖意识向族人实行伦理教化，以强化宗族认同是祭祀仪式的重要功能，也是传统家训教化活动的重要方式。

寝祭是传统家训主体在个体小家庭中开展的祖先祭祀仪式。"寝"即家庭的居室，"凡居室皆曰寝"（《康熙字典·宀部·寝》）。古代个体小家庭的居室一般分为卧室、正厅、东西厢（堂）等，寝祭场所多设置在正厅一侧，朱熹在《朱子家礼》中规定"君子将营宫室，先立祠堂於正寝之东"。寝祭场所多称为"家堂""影堂"等，《司马氏书仪》中将家堂称为"影堂"，《朱子家礼》中则称其为"祠堂"，但这个"祠堂"是小家庭性质的，不同于阖族共祭的宗祠。寝祭即在家堂内开展的祭祀活动，寝祭是古代社会各阶层存在的活动，不仅帝王之家有"日祭于寝"①的传统，而且没有资格建庙的庶人也以寝祭仪式表达对祖先的哀思，"庶人祭于寝"（《礼记·王制》）。家堂的基本设置为设立四龛供奉祖先神位②。寝祭仪式活动在每月朔望、冬夏二至、俗节开展③，寝祭时陈设肴馔，燃香烛、焚烧纸钱，一些大家族的寝祭仪式活动还会邀亲朋相聚饮酒，或延僧道设醮诵经，或以歌乐相助。

墓祭是本家族成员携带祭品到墓地去祭祀祖先的活动，包括扫墓、上坟等活动。学界一般认为三代以上无墓祭，清代赵翼在《陔馀丛考·墓祭》中认为"盖三代以上本无墓祭，故辛有见被发祭野者而以为异"；墓祭起于秦，汉沿袭不变，"古不墓祭，秦始皇起寝于墓侧，汉因而不改"；墓祭活动魏晋一度取消，唐以来逐渐恢复，并沿袭至今，宋赵彦卫在《云麓漫钞》卷六中认为"自汉世祖令诸将出征拜墓以荣其乡，至唐开元诏许寒食上墓同拜埽礼，沿袭至今，遂有墓祭"。墓祭作为传统家训活动的重要仪式活动，一般在晦、望、二十四气、三伏、社、腊、四时等日期举行。具体流程

---

① 《文渊阁四库全书》第 603 册，台湾商务印书馆，1986，第 569 页。
② 详见《文渊阁四库全书》第 142 册，台湾商务印书馆，1986，第 531 页。
③ 《朱子家礼》记载"节如清明、寒食、重午、中元、重阳之类。凡乡俗所尚者，食如角黍。凡其节之所尚者，荐以大盘，间以蔬果，礼如正至朔日之仪"。

为，首先洒扫坟墓，要清除祖坟周围的杂草，祖墓如有损坏也在当天祭祀之际整修，"垣砌碑石有损，则重整之，蓬棘则剪之，树木什器则爱惜之。或被人侵害，盗卖盗葬，则同心合力复之"①。其次，需要在坟茔前摆好果食酒肴，"墓上每分如时祭之品，更设鱼肉米面食各一大盘以祀后土"②。最后，在家长带领下在坟茔前祭拜祖先。墓祭也是通行于民间的较为广泛的祭祖仪式，发挥了一定的家族教化功能。

祠堂祭祀是指在祠堂祭祀祖宗的仪式活动。西周以来就有建立宗庙以祭祀祖先的仪式活动，但具有立庙资格的主要是王室和官僚士大夫阶层，庶人没有资格建庙只能"祭于寝"。司马光在《文潞公家庙碑》中指出"先王之制，自天子至于官师皆有庙……汉世公卿贵人多建祠堂于墓所，在都邑则鲜焉"，表明可以建立祭祀祖先祠堂的阶层为"天子至于官师"。随着宋代家族组织的普遍建立，庶民逐渐获得了祭祀祖先的权利，明初颁布诏令规定庶民可在家祭祀祖祢二代，后来规定可祭祀曾祖祢三代，而品官则可祭祀高曾祖祢四代。嘉靖十五年，明文规定每个家族都有祭祀始祖的权利，"诏天下臣民得祀始祖"③。允许臣民祭祀始祖实际上承认了同姓同宗家族联宗祭祀活动的合法化，自此士庶家族纷纷建立宗祠，宗祠祭祖遂向普遍化、广泛化发展。在祭祀仪式方面，明清以来士庶家族祭祀程序已相差不大，自古至今王室宗庙祭祀仪式尤为庄重和复杂。就士庶阶层通俗性的祠堂祭祀仪式而言，依据祭祀时间和程序，祭祀种类可分为每月朔望程序简单的常祭，族有嫁娶、生子、中举等喜事而举行祭祀的专祭，以及在四仲之月、腊月忌日、中秋、春节等重要日期开展的大祭。大祭也是祠堂祭祀的主要活动，大祭仪式活动开始前，需要做一些准备工作，包括设立祖先牌位、挂好祖先画像、摆好供品、确定好祭祀管理人员等，"凡遇祭祀，为家长者预率子弟致斋三

---

① 《续修四库全书》第951册，上海古籍出版社，2002，第153页。
② 《文渊阁四库全书》第142册，台湾商务印书馆，1986，第578页。
③ 《景印摛藻堂四库全书荟要》第211册，世界书局，1988，第545页。

日，命扫祠堂，洗涤祭器，至期陈设，依礼致祭，勿怠勿慢，慎之慎之"①。祭祀当天，要求族人衣着庄重，早早到达祠堂以免迟到受罚，族人按照世次和年龄站好，"以世次为先后，以年龄为先列，犹如雁序"。祭祀正式开始时会有鸣鼓鸣锣、燃放鞭炮的仪式以增强祭祀仪式的庄严性。祠堂祭祀的程序基本遵循《朱子家礼》的规定，族长主持祭祀仪式首先向祖宗参拜，然后离开享堂迎接牺牲贡品，紧接着是初献礼、二献礼、三献礼仪式，仪式结束后族人依照尊卑年龄次序坐好会餐。

应该注意的是，无论是寝祭、墓祭还是祠堂祭祀，祭祀仪式的基本要求为诚敬为主，"祭祀主敬"（《礼记·少仪》）。具体而言祭祀的情感要求是恭敬虔诚，经济上则要求量力而行，朱熹认为祭礼"但以诚敬为主，其他仪则，随家丰约。如一羹一饭，皆可自尽其诚。若温公书仪所说堂室等处，贫家自无许多所在，如何要行得？据某看来，苟有作者兴礼乐，必有简而易行之理"②。

---

① 上海图书馆编，周秋芳、王宏整理《中国家谱资料选编·家规族约卷》上册，上海古籍出版社，2013，第56页。
② 《文渊阁四库全书》第701册，台湾商务印书馆，1986，第885页。

第五章 传统家训对古代社会教化的规范化保障

随着传统家训教化活动和思想理论的日趋成熟,家训教化机制也逐渐规范化、正式化。在不同社会身份的家训制定主体的协同推进下,传统家训逐渐形成了自帝王、官僚士大夫、地方官与士绅携手推进的自上而下的倡导机制;在不同家族身份的家训教化主体的共同努力下,逐渐形成了家长自发开展道德教化、族长自觉制定家训族规、师长直接传播道德规范的自下而上的践行机制;在源远流长的家训活动中逐渐形成了包括家训劝导约束机制、族规警戒惩罚机制和家仪熏陶感染机制在内的家训教化的具体机制。依靠规范化、正式化的运作机制,传统家训教化活动取得了良好的教化效果,有力促进了人们对古代社会主流意识形态的认知认同与切实践行。

第一节 自上而下的倡导机制

从执政身份而言传统家训制定主体和教化主体涵盖了帝王、官僚士大夫、乡绅等群体,他们作为治国理政的主要群体,作为古代官方意识形态的代表,尤为重视发挥礼义教化的作用,认为"善政,不如善教之得民也"(《孟子·尽心上》)。在加强礼教的过程中,传统家训强调社会管理者阶层自身倡导引领作用的发挥,"士者民之倡"[①]。随着家训教化活动的日益发展,古代社会逐渐形成了上至帝王、中至官僚士大夫、下至地

---

① 《续修四库全书》第951册,上海古籍出版社,2002,第157页。

第五章 传统家训对古代社会教化的规范化保障

方官与乡绅的自上而下的倡导机制,直接促进了家训教化活动的规范化与正式化。

一 帝王倡导各阶层开展家训教化

中国古代帝王除了做臣民之君,兼以做师,在宗法社会环境下又做臣民父母;官僚士大夫除了是百姓的官长,兼做民父母,"中国帝王,下至守宰,皆以其身兼天地君亲师之众责"①。在注重礼义教化的古代社会,帝王官僚士大夫等社会管理者阶层将教化民众、教化家人族众作为自身的重要职责。家不仅是我国古代社会的基本生活、生产单位,也是重要的教育单位,是培养孝子孙、好百姓的重要场所。商周时期古代帝王就认识到在家中开展教化的重要性,《尚书·酒诰》中有周公要求民众"聪听祖考之彝训"的规定。明代朱元璋也提出"治天下者,正家为先"②,提倡开展家庭教化、家族教化。明清时期朱元璋、康熙等专门颁布圣谕以国家诏令的形式要求各阶层加强家训活动。

第一,古代帝王身正示范,率先在家中开展家训活动,引领着天下家训活动的发展方向。古代帝王作为国家最高统治者,认识到"国之本在家"(《孟子·离娄上》)的重要性,尤为强调君王之家的安定和谐、兴旺发展事关社会稳定、国家发展。可以说,"家齐而后国治"(《礼记·大学》)的对象首先是指帝王,帝王是否能够做到齐家是国家是否安定的重要因素,"天下之本在国,国之本在家。故人主之家齐则天下无不治,人主之家不齐则未有能治其天下者也"③。由是历朝历代帝王和王后尤为重视家训活动的开展,"夫王者之道,修身以齐家,家正而天下治矣。自古圣王,未有不以恭己正家为本"④,希望以王室之礼引领国家风气,正所谓"国之所以治,却先须齐

---

① 严复著,王栻主编《严复集》第4册,中华书局,1986,第928页。
② 《续修四库全书》第364册,上海古籍出版社,2002,第378页。
③ (宋)朱熹著,朱杰人等主编《朱子全书》第20册,上海古籍出版社、安徽教育出版社,2010,第619页。
④ (宋)程颐撰,王孝鱼点校《周易程氏传》,中华书局,2016,第164页。

199

家"①。从历史发展来看，根据有记载的家训文献可以看出帝王家训文献和家训活动的出现早于仕宦家训和平民家训。这既是因为王室阶层有经济和文化实力开展和记载家训活动，又源于帝王和王后培养国家继承人、训导王室人员明礼守法的需要，尤其是帝王训诫太子的活动更是事关朝代兴亡发展。因此西周时期就有关于文王、武王、成王家训活动的记载，此后刘邦、刘庄、李世民、赵匡胤、康熙等均有家训活动的记载。古代帝王作为最高统治者，其率先垂范的影响力是巨大的。在此基础上，官僚士大夫、文人乡绅、平民百姓等社会各阶层纷纷开展家训活动，而且这种活动和记载一直存在于我国历史发展过程中从未间断，成为中华文化历史上浓墨重彩的一笔。帝王亲自开展家训活动的重要意义不仅在于维系王室家族的和谐稳定，而且在于普及家训活动，实现"天下之家正，则天下治"②的治国目标。

第二，古代帝王钦定圣谕，为家训教化活动的开展提供具有操作性、生活化的价值规范。古代帝王在号召天下开展家训活动时，还通过制定圣谕的办法为家训活动提供切实可行的生活化价值规范。明清时期随着家训理论和实践的进一步完善，加之社会上家族组织的普遍建立，帝王为进一步加强礼义教化，于是制定圣谕，为社会提供具体的价值规范。明太祖朱元璋借鉴朱熹的《劝谕文》③制定"圣谕六言"；清世祖福临下令编写《孝经衍义》，并借鉴明代教化经验，推崇和推行"圣谕六言"；清圣祖玄烨发展了"圣谕六言"的思想，制定"圣谕十六条"，内容更加详细全面；清世宗胤禛详细推衍"圣谕十六条"，制定了"圣谕广训"。从内容上来看，"圣谕六言"紧紧围绕着家庭邻里关系的处理和治家教子的要求展开，并运用通俗化的语言将这种要求表达出来。"圣谕十六条"，范围广泛而又落脚于日常生活，一方面要求百姓努力做到孝悌忠信、礼义廉耻、守法安分，另一方面规定了

---

① 《文渊阁四库全书》第700册，台湾商务印书馆，1986，第224页。
② （宋）程颢、程颐著，王孝鱼点校《二程集》第2册，中华书局，2004，第1046页。
③ 朱熹治理漳州时，针对当地不良习俗的问题，劝喻百姓要"孝顺父母，恭敬长上，和睦宗姻，周恤邻里，各依本分，各修本业，莫作奸盗"。参见朱熹《朱熹集·卷100·公移·劝谕文》，第5100页。

如何具体做孝子顺孙、好百姓、忠诚烈士，明确指出哪些事应该做，哪些事不应该做。"圣谕广训"作为我国古代最高统治者写的长篇教化教材，是对"圣谕十六条"的详细推衍，"自纲常名教之际，以至于耕桑作息之间，本末精粗，公私钜（巨）细，凡民情之所习"①，皆有涉及。"圣谕广训"的直接目的在于为社会各阶层提供基本的价值规范，期望百姓能够"共勉为谨身节用之庶人，尽除夫浮薄嚣凌之陋习"，由是"风俗醇厚，家室和平，在朝廷德化，乐观其成尔，后嗣子孙并受其福"②。明清统治者崇儒重道，亲自撰写制定适用于天下的生活化、通俗化的行为规范③，不仅是对儒家主张的礼义教化的继承和发展，也为当时家训活动的开展提供了直接的教化内容。

第三，古代帝王通过确立多种教化制度倡导和要求社会各阶层开展家训活动。古代最高统治者基于"家齐而后国治"的治国考虑，一般通过发布诏令的形式倡导和要求人们自觉地教化子孙、开展家教活动。明清时期这种直接的政令规定尤为明显，逐渐形成了木铎宣诵制度、乡约教化制度、学校教化与科举考试制度、家族教化制度。在木铎宣诵制度方面，如朱元璋于洪武三十年诏令天下，每里各置木铎一个并选举年老有德之人，每月六次持木铎沿途宣诵"教训子孙"等内容的圣谕④；于第二年钦定《教民榜文》，明确规定设立木铎宣讲制度。在乡约教化制度方面，顺治十六年设立乡约制度，规定以乡约宣讲的形式在每月朔望宣讲"圣谕六言"，并甄别乡人善恶表现，登记簿册，分别奖惩。雍正时期进一步推行并普及乡约制度，着重宣讲"圣谕广训"，也正是在雍正时期乡约宣讲正式制度化了，此后

---

① 《文渊阁四库全书》第717册，台湾商务印书馆，1986，第589页。
② 《文渊阁四库全书》第717册，台湾商务印书馆，1986，第590页。
③ 帝王亲自制定并向全国颁布社会规范，从意识形态教化的角度而言，有助于弥补其他家训教化主体影响范围小的缺陷。《圣谕广训·序》鲜明指出了这一点，"历代以来，如家训世范之类，率儒者私教于一家，琴堂谕俗编之类亦令令自行于一邑"，朱元璋作为最高统治者曾命人撰写《资治通训》，"而义或不醇，词或不雅，世亦无述焉"。——《文渊阁四库全书》第717册，台湾商务印书馆，1986，第591页。
④ 中研院历史语言研究所校印《明实录》第5册，上海书店，1984，第3677页。

清王朝统治者都尽力维护这一制度。在学校教化与科举考试制度方面，明清统治者强调通过学校教育与科举考试的方式贯彻"教化子孙"的圣谕要求。如雍正三年将"圣谕广训""颁发各省学政，刊刻刷印，赍送各学，令司铎之员朔望宣诵"①，各直省各学童儒"凡不能背录者，不准录取"②；道光时规定学政在任时需将"圣谕广训""恭书刊刻，便颁乡塾。俾民间童年诵习，激发良知，涵育熏陶风俗"③。在家族教化制度方面，古代帝王为了使教训子孙的教化活动切实融入日常生活中，还在江西等地区专门任命族正，规定在祠堂祭祀之际"将'圣谕十六条'句解字释，高声曲喻"，"务各心领神会，悟父慈子孝、兄友弟恭、夫和妇顺、敦族睦渊，以成仁厚之俗"。④

二 各级官僚在理论和实践上引领家训教化

为了贯彻教化子孙、开展家训活动的王朝政令，为了实现孝子贤孙、义夫节妇、忠臣烈士的教化目标，官僚阶层⑤作为社会的管理者阶层，不仅在理论上引领社会上的家族教化，而且在实践上积极引领百姓家训活动，促进了家训活动的普遍化。

官僚士大夫亲自撰写家训文本，并在自身个体家庭和家族组织中开展家训活动。在"整齐门内，提撕子孙"的直接情感驱动和端正家庭风气、引领社会风气的责任使命下，古代官僚士大夫阶层亲自撰写针对性强、生活化、通俗化的家训文本，并积极开展了家训教化实践活动。首先，在家训文本写作方面，官僚士大夫阶层既是古代官方意识形态的代表，有着传播主流意识形态的需要，又有着文化知识基础能够游刃有余地写作家训文本，还因为具有一定的经济实力而能为本家族世代传承和保存撰写家训文本，因而成

---

① 《四库未收书辑刊》第 3 辑第 19 册，北京出版社，2000，第 536 页。
② 《文渊阁四库全书》第 633 册，台湾商务印书馆，1986，第 672 页。
③ 《清实录》第 37 册，中华书局，1986，第 1150 页。
④ 林庆彰等主编《晚清四部丛刊》第 5 编第 54 册，文听阁图书公司，2011，第 132 页。
⑤ 自魏晋南北朝实施九品中正制以来，历代官制的主要特点在于实施九品官制，正常情况下品官的等级影响官职、官禄和权责。在本书中，各官僚主要以官品区分等级。

为家训文本写作主体。汉代以来，各级官僚阶层多有家训文本传世。在丞相家训文本写作方面，如汉代开国明相萧何作《诫后世》要求后世贤能子孙效法他的节俭①；汉元帝时丞相韦玄成作《诫子孙》② 要求子孙勤俭节约、小心谨慎、忠君爱国；唐代"救时宰相"姚崇作《遗令诫子孙文》要求子孙在他死后薄葬、毋作佛事③；司马光作《训俭示康》告诫其子俭以成德的道理。在丞相以下各级品官家训文本写作方面，如西汉尚书陈咸作《戒子孙》告诫为政子孙议罚从轻④；唐代检校工部员外郎杜甫作《宗武生日》训诫其子宗武诗可传家亦可传情⑤，作《又示宗武》训诫宗武在要事上下功夫⑥等；明代福建巡抚庞尚鹏作《庞氏家训》训诫家人务本业、考岁用、遵礼度、禁奢靡、严约束、崇厚德、慎典守、端好尚⑦；清代名臣曾国藩重视治家教子，一生写下三百三十余封家书，不仅对家人而且对后世有深刻影响。其次，在家训教化实践方面，各级官僚以自己撰写或祖上遗传的系统化、理论化而又生活化、通俗化的家训文本为依据积极开展治家教子活动。在自己的小家庭中加强对子女、妻子以及俾仆的训诫，尤其是加强对儿子的引导和训诫，是古代仕宦家训的普遍现象。古代官僚还在本家族组织中依据家训文本开展家训教化，明代吕坤致仕还乡，作"宗约"使宗人修祀事、

---

① 《史记·萧相国世家》："后世贤，师吾俭；不贤，毋为势家所夺。"
② 《汉书·韦贤传》："嗟我后人，命其靡常，靖享尔位，瞻仰靡荒。慎尔会同，戒尔车服，无惰尔仪，以保尔域。尔无我视，不慎不整；我之此复，惟禄之幸。於戏后人，惟隶惟栗。无忝显祖，以蕃汉室！"
③ 《旧唐书·姚崇传》："死者无知，自同粪土，何烦厚葬，使伤素业。若也有知，神不在枢，复何用违君父之令，破衣食之资。吾身亡后，可殓以常服，四时之衣，各一副而已……夫释迦之本法，为苍生之大弊，汝等各宜警策，正法在心，勿效儿女子曹，终身不悟也。吾亡后必不得为此弊法。"
④ 《全汉文·卷五十五》："为人议法，当依于轻。虽有百金之利，慎无与人重比。"
⑤ 《杜工部集·宗武生日》："小子何时见，高秋此日生。自从都邑语，已伴老夫名。诗是吾家事，人传世上情。熟精文选理，休觅彩衣轻。凋瘵筵初秩，欹斜坐不成。流霞分片片，涓滴就徐倾。"
⑥ 《杜工部集·又示宗武》："觅句新知律，摊书解满床。试吟青玉案，莫羡紫罗囊。假日从时饮，明年共我长。应须饱经术，已似爱文章。十五男儿志，三千弟子行。曾参与游夏，达者得升堂。"
⑦ 《丛书集成初编0976·庞氏家训》，中华书局，1985，第1~11页。

讲宗法、睦族情，又作"宗约歌"八十五首，用"极浅、极明、极俚、极俗"之文字，"但令人耳悦心，欢然警悟"①。范仲淹本着同祖一体之意，不仅将自己所得俸禄均分族人，还专门置义田、设义庄，制定《义庄规矩》，并据此管理义庄、周济和教化族人。

各级官僚积极撰写汇编通俗家训文本，并通过多种途径推广通俗家训。首先，官僚阶层为促进家训活动的普遍化，撰写汇编了浅显易懂的通俗家训。宋代时任乐清县令的袁采以"厚人伦而美习俗"为宗旨，写成《俗训》，其好友、权通判隆兴军府事刘镇在为该书作序时认为"其言精确而详尽，其意则敦厚而委屈，习而行之，诚可以为孝悌，为忠恕，为善良而有士君子之行矣"；其不仅可以施行于当时袁采任职的乐清县，还可以"堂诸后世"，因而更名为《袁氏世范》②。《四库全书·世范》提要中将该书列为"《颜氏家训》之亚"，指出："其书于立身处世之道，反覆详尽。所以砥砺末俗者，极为笃挚。虽家塾训蒙之书，意求通俗，词句不免于鄙浅，然大要明白切要，使览者易知易从，固不失为《颜氏家训》之亚也。"朱熹作大众性质的《朱子家礼》。方孝孺认为"化民必自正家始，作《宗仪》九篇"③。在通俗家训汇编方面，如清代名臣陈宏谋记录历代治家教子的嘉言懿行，汇编了《养正遗规》《教女遗规》《训俗遗规》等普世读物；清代时任福建巡抚的张伯行汇编历代家庭教育和儿童教育的材料，编成《养正类编》22卷；清代官员张师载汇编了《课子随笔钞》10卷，这些汇编的家训文献为家训活动提供了指导性材料。其次，各级官僚还注重通过多种方式推广通俗性家训文本。明代时任南赣巡抚的王阳明创立乡约，在其制定的《南赣乡约》中要求乡人教化子孙，"自今凡尔同约之民，皆宜孝尔父母，敬尔兄长，教训尔子孙，和顺尔乡里"。王阳明还兴办社学，将"教化子弟"的要求写入告示，要求家长配合学校搞好家教，"以各童生之家，亦各通行戒饬，务在隆师重道，教训

---

① （明）吕坤撰，王国轩、王秀梅整理《吕坤全集》下册，中华书局，2008，第1252页。
② 《丛书集成初编0974·袁氏世范·序》，中华书局，1985，第1页。
③ 《文渊阁四库全书》第457册，台湾商务印书馆，1986，第735页。

子弟，毋得因仍旧染，习为偷薄，自取愆咎"①。陈宏谋为了实现家训教化的普及化，专门刊发《朱子治家格言》《朱子家礼》《四礼翼》《五种遗规》等训俗性教化书文。各级官僚撰写汇编通俗家训以及通过刊刻重刻推广家训的系列活动，引导和推动了民间家规族训的编著和制定。明人何春孟认为"家之有训非私言也"，训俗性质的家训文本"所著为甚悉，理精而事切，真可贻训于来世。是虽一家之云，而岂姁姁私言，专为其子孙计哉"②。

三 地方官与乡绅协力推进乡约宗约教化

切实把国家教训子孙的政令落实到每个家庭、家族中，还需要地方官与乡绅的密切配合与积极作为。在推动家训教化政令切实落地的过程中，明清时期地方官与乡绅自觉采取了乡约教化与宗约教化的方式，有效推进了家训教化的普遍化，促进了家训教化习俗的形成。

乡绅在地方官的倡导和支持下，制定乡规民约、成立乡约组织开展乡约教化，引领乡村治家教子风气的形成。乡绅是"（明清）在乡缙绅之省称，具有举人、进士身份及资格而居乡有势力之人的总名"③。乡绅作为乡里具有政治身份、文化修养以及一定经济实力的群体，实际上成为乡里领袖，担负着教化乡里百姓向善的职责。地方官在加强地方治理、实施社会教化的过程中，重视发挥乡绅的作用，乡绅实际上成为地方官与百姓的直接沟通桥梁。明清时期在要求各地普遍设立乡约的政令倡导下，地方官借助乡绅的力量有效开展了乡约教化，具体表现在以下几个方面。一是地方官倡导建立乡约，选举乡绅担任约长。明代时任广东潮州知府的王源，"刻《蓝田吕氏乡约》，择民为约正、约副、约士，讲肄其中"④，约正、约副人选多为乡绅，由乡绅成员构成的乡约组织在乡约教化方面发挥了重要作用；王源在致仕归里后身

---

① 王云五主编《四部丛刊正编》第75册，台湾商务印书馆，1979，第522页。
② 《四库全书存目丛书·子部》第102册，齐鲁书社，1995，第78页。
③ 龚延明：《中国历代职官别名大辞典》，上海辞书出版社，2006，第74页。
④ （清）张廷玉等：《明史》第24册，中华书局，1974，第7196页。

份变为乡绅，毅然担负起乡绅教化职责继续倡行乡约①。嘉靖四十五年，"知县申嘉瑞申明事例，坊厢都图各设谕长、谕副、乡耆，凡朔望令会民于约所"②，谕长、谕副即为约正、约副的别称，主要由乡里德高望重者担任，乡绅是重要构成群体。二是乡绅与地方官府密切配合推进乡约教化。明代福建按察使胡直致仕回乡后既委托乡耆制定乡约，又将自己在楚蜀实行的乡约文件汇编成册请当地官府推行乡规民约，发挥了乡绅在官府教化与百姓接受教化之间的桥梁作用。三是乡绅在地方官的倡导下自觉主动成立乡约组织、制定乡规民约。明代嘉靖年间乡绅王崇庆成立了约一百五十人规模的乡约组织，定期在郡庙宣誓遵守乡约，乡约的内容以《教民榜文》为主。明代泰和罗钦顺致仕回乡后致力于乡约教化，在嘉靖十年四月甲子，与本乡士绅聚于龙福寺讨论制定《云亭乡约》，"众志素协议，即时以成"③。明代杨储致仕回乡后"居乡务善俗，乃立乡约"，垂暮之年"犹率行乡约，冠服竟日无惰"④。

乡绅在地方官的支持和监督下，制定宗约，施行宗约教化，促进了乡里家训习俗的形成。在儒家"君子之德风，小人之德草，草上之风，必偃"（《论语·颜渊》）的思想观念影响下，不少乡绅认识到乡约的切实推行在于榜样人物和榜样家族的引领示范，"一人倡之，众人辄从而和之；一家行之，一乡辄从而效之，俗之变而归于厚也"⑤。乡绅作为地方杰出代表，既有乡里教化的责任，还有着教好家人和子弟的职责，《乡绅约》指出："乡绅家第一要教子弟，教子弟不是单单教他做文章，第一要教他明道理，教出一个明道理的子弟来，便是家门之福，也实是地方之福。第二就要教家人。"⑥ 乡绅教好家人和子弟的重点在于贯彻社会主流价值观念，使其明

---

① 嘉靖《龙岩县志·卷下·文教志第四》记载"正统三年，邑人王源邑中行乡约"。
② 《天一阁藏明代方志选刊·隆庆仪真县志·卷八》第15册，上海古籍书店，1981。
③ 《文渊阁四库全书》第1261册，台湾商务印书馆，1986，第102页。
④ 《文渊阁四库全书》第1287册，台湾商务印书馆，1986，第737、738页。
⑤ 《文渊阁四库全书》第1261册，台湾商务印书馆，1986，第102页。
⑥ 《清代诗文集汇编》编纂委员会编《清代诗文集汇编-204》，上海古籍出版社，2010，第25页。

道理、做好人，教化的主要方式则在于依据乡约理念制定适应本宗族的宗约，并且践行宗约。乡绅在地方官的倡导下自觉制定并践行宗约，把乡约推行到本宗族，以教好家人和子弟，并引领本乡其他家族开展家训活动，逐渐形成家训习俗[1]。明代致仕官王澈回乡后投身宗约教化，不仅制定族约，设立约正、司讼等宗族机构，还设立祠堂、义田、义塾、家礼、户役，从多方面保证宗约教化的开展[2]。宗约教化则是通过朔望聚会读约、扬善惩恶流程实现的。明代乡绅陈明良在《陈氏乡约》的"序"中比较详细地说明了宗约教化的方式，"月朔，群子姓于其祠，先圣训以约之尊，次讲演以约之信，次以歌咏以约其性情，又次之揖让以约其步趋。不知孝顺、尊敬者，约之孝顺、尊敬；不知和睦、教训者，约之和睦、教训；不知安生理、毋作非为者，约之使安生理、毋作非为"[3]。在本宗族中推行乡约是推进乡约教化的主要方式，章学诚也认为"自宋以来有乡约之书，名似为一乡设，其实皆推家范、家礼之意，欲一切乡党为之效法，非专为所居之乡设也"[4]，表明宗族乡约设立目的在于引领其他乡党效法，以推进家训习俗的形成。

第二节 自下而上的实施机制

从血缘身份而言传统家训教化主体涵盖了家长、族长、师长等群体，他们作为国家管理的主要参与者，既有着治国平天下的远大理想，也有着教导家人族众成贤成才、维系家族发展的直接愿望。在自上而下倡导机制的作用下，也相应形成了家长自发加强道德教化、族长自觉制定家训族规、师长直

---

[1] "三代下，乡无乡师党正之教，每因其风气而成俗，俗始于富家巨室。一家偷则相与偷之矣，一家僭则相与僭之矣，一家正则相与正之矣"。——《中国地方志集成·乡镇志专辑》第30册，江苏古籍出版社，1992，第53页。
[2] 《续修四库全书》第1343册，上海古籍出版社，2002，第269页。
[3] 参见国家档案局二处等编《中国家谱综合目录》，中华书局，1997。
[4] 章学诚著，王重民通解《校雠通义通解》，上海古籍出版社，1987，第174页。

接传播主流规范的自下而上的践行机制，从而在民间层面确保了社会主流意识形态教化的切实运行。

一 家长在个体家庭中自觉加强道德教化

无论帝王将相、官僚士绅还是文人商贾、平民百姓，总是生活在个体家庭之中。个体家庭又存在于一定社会之中，受到主流意识形态教化的引导。家长①作为个体小家庭之统率，为了促进社会成员的政治化、社会化，往往在个体家庭中自觉加强道德教化。

家长是在个体家庭中进行教化的直接主体。古代社会在包括父母子女的两代家庭中父亲（母亲）是家长，在包括三代人的家庭中祖父（祖母）是家长。在以父母妻子或父母妻子兄弟为主的个体家庭中，家长直接承担了教化子孙的职责。首先，家长与子女之间有着深厚的血缘感情，对子女有着谆谆爱护之意。爱子当教子成人，教子成人当有道，"爱之不以道，适所以害之也"②。古代家长出于爱子的人之常情，秉持"爱子，教之以义方"③的教育理念，强调日常生活中加强对子孙的训诫教导，"子生咳嗯（啼），师保固明孝仁礼义，导习之矣。凡庶纵不能尔，当及婴稚，识人颜色，知人喜怒，便加教诲，使为则为，使止则止。比及数岁，可省笞罚。父母威严而有慈，则子女畏慎而生孝矣"④。其次，古代统治者认识到广大家庭稳定有序对国家稳定的重要意义，发布政令要求家长依据社会主流规范教训子孙。明清时期的"圣谕六言""圣谕十六条"均有"教训子孙"的规定。古代家长在王朝政令的引领下也自觉开展家训教化。最后，我国古代法律规定家长具有教训子孙的权利，规定了子孙孝顺家长的义务。《吕氏春

---

① "家"在我国古代有个体家庭与家族组织双重含义，"家长"作为一家之尊也就有了个体小家庭之家长与家族组织之家长的双重含义。在本章节中为表述清晰，将"家长"界定为个体小家庭之统率，将"族长"界定为家族组织之统率。
② 《文渊阁四库全书》第306册，台湾商务印书馆，1986，第120页。
③ 《春秋左传·隐公三年》记载石碏劝谏卫庄公以义方教子，"臣闻爱子，教之以义方，弗纳于邪，骄奢淫泆，所自邪也，四者之来，宠禄过也"。
④ 王利器撰《颜氏家训集解》，中华书局，2014，第8页。

第五章 传统家训对古代社会教化的规范化保障

秋》有"家无怒笞,则竖子婴儿之有过也立见"的说法,表明当时社会上已经承认了家长对子孙的教化惩戒权,从法律上来说则是法律赋予了家长教化惩戒子孙的权力,若子孙违背教令家长有权行使惩戒权。秦代的这种家长惩戒权甚至包括了生杀权①,随着法律制度的完善,生杀权也从父家长手中转移到国家手中,汉代家长已无权杀子②,唐宋元明清律则规定家长杀子需要服刑,但是杀子的刑罚相较于其他人而言仍是较轻的③。由是在血缘情感、政令倡导、法律规定等因素的综合影响下,家长成为个体小家庭中进行教化的直接主体。

家长在个体小家庭中自觉加强礼义教化。从意识形态教化的角度而言,家长属于社会教化体系中的一员,在家庭领域承担着教化子孙的职责。家长作为家庭教化的直接主体,自觉进行着对子孙的礼义教化。"礼义"指儒家提倡的思想道德规范,家长自觉加强礼义教化表现在理论和实践两个方面。理论上,依据社会主流规范、古人嘉言懿行、祖上遗训、个人生活经验撰写修订家训文本,系统化阐述和总结家训理论,指导家训实践。家书、家训诗形式的家训文本多就事论事,针对子孙生活学习方面存在的具体问题予以修正,专著形式的家训文本在教化范围上是综合性的,涉及子孙生活成长的方方面面。从阶段教育而言,古代家长在胎教、婴儿教养、幼儿教育、儿童教育、女子教育等方面有着深刻的论述。在胎教方面,强调孕妇在视听言动方面需合乎儒家规矩,"怀子三月,出居别宫,目不邪视,耳不妄听,音声滋味,以礼节之。书之玉版,藏诸金匮"④。规定孕妇在食色性情方面有所节制,在言行方面动静合宜,"古者教道贵豫,今来教子宜自胎教始。妇妊子

---

① 秦二世胡亥矫秦始皇诏令赐死扶苏时,扶苏说:"父而赐子死,尚安复请!"(《史记·卷八七·李斯列传》)
② 《白虎通德论·诛伐》:"父煞其子当诛何?以为天地之性,人为贵,人皆天所生也,托父母气而生耳。王者以养长而教之,故父不得杀也。《春秋传》曰:'晋侯煞世子申生不出蔡。'"
③ 参见《唐律疏议·斗讼律》《宋刑统·斗讼律》《元史·刑法志》《明律·刑律·斗殴》《大清律例·刑律·斗殴》。
④ 王利器撰《颜氏家训集解》,中华书局,2014,第8页。

者，戒过饱，戒多睡，戒暴怒，戒房欲，戒跛倚，戒食辛热及野味。宜听古诗，宜闻鼓琴，宜道嘉言善行，宜阅贤孝节义图画，宜劳逸以节，动止以礼"①。在婴儿教养方面，"及婴孩怀抱，毋太饱暖，宁稍饥寒，则肋骨坚凝，气岸精爽。毋饰金银珠玉绮绣"②。在幼儿时期就需要正式开始加强对子女的教诲，"当及婴稚，识人颜色，知人喜怒，便加教诲，使为则为，使止则止"③。步入童年则需教其规矩、文艺，"日教之孝悌，教之谨信，教之泛爱众亲仁，看略有余暇时，又教之文学。不疾不徐，不使一时放过、一念走作，保完真纯，俾无损坏"④。朱熹认为在童蒙教育方面宜先道德后文章，"夫童蒙之学，始于衣服冠履，次及言语步趋，次及洒扫涓洁，次及读书写文字，及有杂细事宜，皆所当知"⑤。家教也包括女子教育，《女诫》《女论语》《内训》《女范捷录》为古代女子家教范本，详细阐述了女教的内容与方法。在实践方面，古代士大夫阶层的家长依据自己撰写或祖上留下的家训文本加强礼义教化，平民家长则主要在社会倡导下依据通俗家训、乡规民约等开展家训活动。身处一定社会时期的古代各阶层家长，自觉主动地加强礼义教化，最广泛地传播了古代社会主流意识形态、促进了社会主流规范在日常生活领域的落实。

二 族长在家族组织中主动开展族规教化

秦汉以来我国家族逐渐形成了以血缘关系为纽带的系统化的组织机构。族长作为家族组织的核心人物，为了使族人适应社会发展的要求以促进本家族的发展，往往自觉在本家族中开展族规教化。

以血缘亲疏为依据，古代家族逐渐形成了以族长、族谱、祠堂、族规、族学、义田为主的组织机构，它们构成组织化、规范化、制度化的运行系

---

① 《丛书集成初编0975·许云村贻谋》，中华书局，1985，第2页。
② 《续修四库全书》第938册，上海古籍出版社，2002，第538页。
③ 王利器撰《颜氏家训集解》，中华书局，2014，第8页。
④ 《丛书集成初编0976·药言》，中华书局，1985，第2页。
⑤ 《续修四库全书》第951册，上海古籍出版社，2002，第5页。

第五章 传统家训对古代社会教化的规范化保障

统。古代社会重视血脉传承,视已故祖先、在世父祖、后代子孙为一体,个体家庭逐渐聚集为上至祖先、中及自身、下至子孙的家族。在以农业为主的古代社会,农民阶层占人口总数的大多数,农民之家主要表现为个体小家庭,但并非分散无序,而是以血缘为纽带,以族长、族谱、祠堂、族规、义田、义学为基本结构聚族而居的家族组织。因而在古代诸多村落,多为同姓家族聚居,有着较强的凝聚力和向心力。贵族官僚、文人士大夫阶层在人口数量上占据少数,但在社会上有重要的影响力,是治国平天下的主体,尤为注重齐家。贵族官僚、文人士大夫阶层的家族结构与平民家族结构类似,但更加完善、有序,表现为族长权利与义务更加明确,祠堂的祭祀、议事等功能更加完善,族规家范修订、刊刻更为规范,义田、义学运转更为普遍等。

族长是在家族组织中进行教化的主要主体。族必有长,族长为本家族之内的尊长,多由本族德高望重的成员担任,如累世义居的陆九渊家族,族长由最年长者担任,"陆象山家于抚州金溪,累世义居,一人最长者为家长,一家之事听命焉"①。族长在家族中有着重要的职责,包括主持家族祭祀、主持家谱修纂、训导族人、调解族内纠纷、管理家族资产等,也就是说"家长总治一家大小之务"②,族中各项事情"事无大小,毋得专行,必咨禀于家长"③(这里的"家长"指的是一族之长),司马光在《居家杂仪》中指出"号令出于一人,家政始可得而治矣"④。族长的教化权等权力首先得到了官府与族众的认可和承认。族长相较于地方官而言与族人在血缘亲疏、地缘远近方面更为亲近,相较于父兄家长而言更能够从严管教族人,清冯桂芬在《复宗法议》鲜明指出了这一点,"牧令所不能治者,宗子能治之,牧令远而宗子近也;父兄所不能教者,宗子能教之,父兄可从宽而宗子可从严也"⑤。宋代苏轼、张载、程颐、朱熹等也不断论证族长设立的

---

① (宋)罗大经撰,孙雪霄校点《鹤林玉露》,上海古籍出版社,2012,第196页。
② 《续修四库全书》第935册,上海古籍出版社,2002,第272页。
③ 《续修四库全书》第951册,上海古籍出版社,2002,第114页。
④ 《文渊阁四库全书》第142册,台湾商务印书馆,1986,第534页。
⑤ (清)冯桂芬:《校邠庐抗议》,文海出版社,1971,第111页。

合理性和重要性①，在此基础上不少家族强调择定族长的重要性，"族得其长族必昌，盖家法严而家声振瑞，于长是视，任綦重哉。族无长则涣"②。宋明以来随着家族组织的普遍化，族长成为教化族众、管理族务的主要主体，尤其强调族长的教化职责，"族众有未读书、未闲礼法者，家长当时时教诲，引以当道""族众有乖于礼法者，家长与其父兄谕以禁之"③。国家也以政令法律的形式赋予了族长教化权，康熙曾颁布诏令"族长不能教训子孙，问绞罪"④。

族长自觉在家族组织中开展族规教化。族长不仅是一族之长，而且多为一定社会时期、具有责任担当的社会管理者。他们既站在维系家族发展的角度，更站在稳定天下人心、维护社会稳定的立场开展规训教化，表现在以下三个方面。首先，族长借助族长权威阐释了古代社会主流意识形态的合理性，对其进行了通俗化、生活化解读。湖南常德楚南詹氏族长阐明了当时的社会主流价值观念"圣谕十六条"的合理性与价值性，"圣谕十六条，皆修身齐家之要，义类深切，词旨晓畅。遵其训者，可为寡过之阶，亦可为作圣之杭，庸可忽诸?"⑤。其次，族长自觉制定族规族训。南宋实录院检讨官吕祖谦，也是著名的理学家、教育学家、史学家和文献学家，重视对吕氏族人的训诫教化，为了和睦亲族、规范祭祀、教化族人，在家族冠婚丧祭、衣食住行、财务管理等方面制定了详细的规范，并撰写成《宗法条目》。宋明时

---

① 苏轼认为"欲民之爱其身，则莫若使其父子亲、兄弟和、妻子相好。夫民仰以事父母，旁以睦兄弟，而俯以恤妻子，则其所赖于生者重，而不忍以其身轻犯法。三代之政，莫尚于此矣。今欲教民和亲，则其道必始于宗族"，提出从宗族出发，用宗法制度"以收天下不相亲属之心"（曾枣庄、舒大刚主编《三苏全书》，语文出版社，2001，第 348～349 页），张载主张"立宗子法""以管摄天下人心，收宗族，厚风俗"（张载:《张子全书·卷四·宗法》），程颐进而指出"若宗子法立，则人知尊祖重本，人既重本，则朝廷之势自尊。"
② 上海图书馆编，周秋芳、王宏整理《中国家谱资料选编·家规族约卷》上册，上海古籍出版社，2013，第 327 页。
③ 上海图书馆编，周秋芳、王宏整理《中国家谱资料选编·家规族约卷》上册，上海古籍出版社，2013，第 55 页。
④ 《清史资料（第 1 辑）》，中华书局，1980，第 114 页。
⑤ 上海图书馆编，周秋芳、王宏整理《中国家谱资料选编·家规族约卷》上册，上海古籍出版社，2013，第 122 页。

期郑氏族长制定的《郑氏规范》也是代表性家族规训，前录58由郑氏六世孙龙湾税课提领郑大和制定，后录92则由郑氏七世孙青梌府君钦、江浙都事郑铣制定，后录162则由郑氏八世孙太常博士郑复率领诸弟增损。郑大和、郑铣、郑复皆为具有一定官职且贤达者，实际上是以族长的身份为郑氏家族制定家规族训。清代浙江兹邑泾浦楼氏族长楼士扬遵从"教化子孙"的圣谕，"以立训约事"，制定楼氏《族长训约》①。最后，族长依据族规族训开展家族教化。湖南常德楚南詹氏族长规定"当祭祀之日，宜仿古读法之例，先设圣谕于上，祠宪祠长率族之子弟，行三跪九叩首礼，然后祠宪升于台上，东向讲解。群弟子聪听。讲毕，行礼如初"②。广东佛山霍氏宗族每逢春秋祭期前一日，"族长督率子弟齐赴听讲"③。族长时时教化子弟，方能培养出好子孙、贤子弟，这就要求族长"执家法以御群众，严君之职，不可一日虚矣"④。

三 师长在家塾义学中直接传播主流规范

家塾义学是由宗族出资举办，由本族优秀儒生或者专门教师为本族子弟讲授课程的家族性质的学校。家塾义学主要承担了民间蒙学教育、经学教育的任务，师长在家塾义学开展对本族子弟的教育是传统家训活动的重要补充，发挥着直接传播社会主流意识形态的功能。

家塾义学是由家族贤能之士出资创办、旨在向本族子弟传播道德文章

---

① 楼士扬在《族长训约》中详细阐述了制定族约的缘由与期许，"窃谓盛朝新政，以化民无讼为先。上壹仁恩，以教民迁善而止。乃吾族中其率教者固多良善，其梗化者亦多顽恶。随致习染颓俗，而不为比屋可封矣。等因，与族中约，各宜遵奉教化、涤心改虑、悔过迁善。又当于善良则同为扶植而使知勤勉，奸恶则同为屈抑而使知惩戒。庶得族中皆化为循良，以成美俗矣"。参见上海图书馆编，周秋芳、王宏整理《中国家谱资料选编·家规族约卷》上册，上海古籍出版社，2013，第285页。
② 上海图书馆编，周秋芳、王宏整理《中国家谱资料选编·家规族约卷》上册，上海古籍出版社，2013，第122页。
③ 上海图书馆编，周秋芳、王宏整理《中国家谱资料选编·家规族约卷》上册，上海古籍出版社，2013，第67页。
④ 《续修四库全书》第951册，上海古籍出版社，2002，第174页。

的家族教育。据笔者搜集的资料,在宋代"家塾"用法出现并普遍化①。狭义上"家塾"着重指殷实之家在个体家庭中为子孙延师设塾的家庭教育,广义上的"家塾"为家族性质的家族教育场所,其意接近于宗族义学。"义学"有官办义学、民办义学的区分,官办义学在东汉时期即已出现②,宗族义学则是宋代以来出现的私学教育形式。宋代以来家族组织渐趋普遍化,一些大家族的家长族长认识到子孙培育对本家族和国家的重要性,从同出一祖一脉出发,自觉出资建立家族学校为本族贫家子弟提供就学机会。自范仲淹置屋聘师设立义学,并设义田保障义学经费来源以后,旨在解决本族贫寒子弟接受教育问题的"义学"形式逐渐普遍③。在本研究中,"家塾"主要在狭义上使用,指在家延师设塾的家庭教育,"义学"也是在狭义上使用,主要指在宗族中为本族子弟延师设塾的家族教育。④ 家塾义学的教育以明伦知耻、启迪普通学识为目标⑤,并不以子孙封官拜相为主要目的,当然本族子弟若聪颖好学,能够进入仕途光宗耀祖则更好。"教则明礼

---

① 《宋史·王居安传》:"刘孝韪七月八日过其家塾,见居安异凡儿,使赋'八夕诗'。"南宋文人耐得翁在其游记《都城纪胜》中提到:"都城内外,自有文武两学,宗学、京学、县学之外,其余乡校、家塾、舍馆、书会,每一里巷须一二所,弦诵之声,往往相闻。"
② 东汉什邡令杨仁设立义学,"宽惠为政,劝课掾史弟子,悉令就学。其有通明经术者,显之右署,或贡之朝,由是义学大兴"(《后汉书·儒林列传下》),"掾史弟子"即官僚弟子,表明此时的义学在办学性质上乃是官办。
③ 清湖南邵阳金潭魏光焘从培育子孙出发主动出资建立家塾,"人才资教育以成,而境遇则有丰啬之别。我族枝派繁衍,资富能训者固多,因贫废读者亦不少,尝有聪颖子弟未获熏陶,良可惜也。焘荷祖宗遗泽,忝晋,崇阶,欲为一本之亲培成寒畯",在光绪年间"捐租二百余硕,分设东西亲睦二塾,师生膏火食均取给焉"(上海图书馆编,顾燕整理《中国家谱资料选编·教育卷》,上海古籍出版社,2013,第72页)。
④ 对"家塾"作"家庭教育"、"义学"作"家族义学""家族教育"的理解,也能够在历史资料中找到诸多依据。江苏宜兴陈氏宗谱《义塾规条》记载,"欲家设一塾,户延一师,惟富者能之,不可责之贫窭子也。盖必公设义学,俾族中贫家子弟皆得入学,庶几文章华国,诗礼传家,先世之簪缨可勿替而"(上海图书馆编,顾燕整理《中国家谱资料选编·教育卷》,上海古籍出版社,2013,第394页)。
⑤ 朱熹在《小学》中阐明小学教育应以明伦敬身为宗旨,借夏商周蒙学教育内容阐明了自己的教育主张:"古者小学,教人以洒扫,应对,进退之节;爱亲,敬长,隆师,亲友之道。皆所以为修身,齐家,治国,平天下之本,而必使其讲而习之于幼穉之时。"朱熹的这一教育主张既是关于古代小学教育的理论凝练,也反映出古代小学教育的基本主旨,即以明伦知礼为核心。

第五章 传统家训对古代社会教化的规范化保障

义,知廉耻,孝子悌弟并起其间。倘蒙祖宗德庇,英才辈出,他日朱紫相耀,得显宗门之冠带,则当其头角崭然、丰姿惊人时,尤须淘淑而栽培之"①。家塾义学的教育内容以浅显易懂融汇儒家思想的《三字经》《百家姓》《千字文》《弟子规》等为入门教材,以《孝经》《论语》《孟子》等儒家经典、应用书算为主要教材。② 家塾义学教育属于蒙学教育,类似于现代的幼儿园、中小学教育,教育对象在8岁到15岁③,因而家塾又可称为启蒙家塾④。

塾师是在家塾义学中教化子弟的主体。家塾义学按照教学对象和内容可分为蒙学教育和经学教育两个层次,蒙学教育指对儿童进行启蒙的教育,教师称"蒙师";经学指"解释和阐述儒家经典之学"⑤,经学教育指对本族有一定知识积累的子弟进行的教育,教师称"经师"⑥。蒙师和经师作为在家族中进行道德教化和知识教育的主体,多是德才兼备之人。明末清初教育家唐彪在《家塾教学法》中指出蒙师经师需要具备"学优而又严且勤者"⑦三个特征,塾师惟有自身学问好才能准确有效地教导学生,惟有自身端正严格才能率先垂范、以德服人,惟有勤谨教学才能"严师出高徒",不少族长

---

① 上海图书馆编,顾燕整理《中国家谱资料选编·教育卷》,上海古籍出版社,2013,第269页。
② 上海图书馆编,顾燕整理《中国家谱资料选编·教育卷》,上海古籍出版社,2013,第342页。
③ 上海图书馆编,顾燕整理《中国家谱资料选编·教育卷》,上海古籍出版社,2013,第382页。
④ "启蒙家塾"表明了家塾教育的教学阶段,该词至迟在清代出现。清湖南长沙大路李氏上珍公捐资"设立义学为族中家塾聘师课读",所立家塾即命名为"启蒙家塾"。——上海图书馆编,顾燕整理《中国家谱资料选编·教育卷》,上海古籍出版社,2013,第170页。
⑤ 诸伟奇等编著《简明古籍整理辞典》,黑龙江人民出版社,1990,第190页。
⑥ "经师"最初意为官府体系中讲授儒家经典的老师,汉代郡县学多设经师,即教授生徒的学官,郡学有易师、尚书师等,专教一经;县学亦设经师,《汉书·平帝纪》载:"郡国曰学,县、道、邑、侯国曰校,校、学置经师一人。"宋以后"经师"不仅仅指官办讲师,在书院等私立教育中传授儒学经学的教师也被称为经师。
⑦ (清)唐彪辑注,赵伯英、万恒德选注《家塾教学法》,华东师范大学出版社,1992,第5页。

也认识到这一点，强调"家塾之师，必择正学端严可为师法者为之"①。塾师为本家族讲授学业时，在教学内容和教学方法上也体现了家训主体的意志。塾师聘请的决定权在家训主体手中，因而塾师的教育内容也以家训主体的意志为主，家长族长在聘师设族学的过程中，也在自觉主动地设立塾规、塾约，塾规塾约的内容涵盖了子弟需遵守的规范、塾师的权利和义务、族塾的管理等方面。不少塾约规定了塾师教学的内容，以道德教育和经学教育为主，两者之中又以道德教育为主。清浙江鄞州《张氏家塾原定规约·塾约》记载，塾师需教导家族子弟对照《小学》内嘉言懿行和日记故事中所记载的可师可法内容，"傍晚令记一条"，"以长其良心，俾知读书之所以然"；在经学教育方面，塾师以教生徒识字和讲解经书内容为要，"每日师长诵读经书诗律，令诸生细心环听"，并且每日"必严饬生徒端坐朗诵"②。塾师在开展蒙学教育和经学教育的过程中，注重训以字义、教以礼节，在完成对古代家族子弟知识教育的同时，也辅助传统家训主体"课子弟以明伦""涵养性情，扩充识见，非徒辨明亥豕，分别鲁鱼"③，塾师成为在古代家族中直接传播社会主流规范的重要主体。

第三节 家训教化的具体机制

在自上而下的教化机制和自下而上的践行机制的双重作用下，传统家训教化活动日趋完善，理论总结也渐趋成熟。宋明以来，传统家训逐渐形成了系统化的教化机制，表现出教化与惩戒并行、直接训诫与间接熏陶相统一的基本特征。

---

① 上海图书馆编，周秋芳、王宏整理《中国家谱资料选编·家规族约卷》上册，上海古籍出版社，2013，第27页。
② 上海图书馆编，顾燕整理《中国家谱资料选编·教育卷》，上海古籍出版社，2013，第483页。
③ 上海图书馆编，顾燕整理《中国家谱资料选编·教育卷》，上海古籍出版社，2013，第170页。

第五章　传统家训对古代社会教化的规范化保障

一　家范劝导约束机制

家范即家训主体制定的适用于家庭家族的言行规范，属于劝导性质的规范而不具有强制执行的性质。家范有文本形式和口头形式两种，有的家范影响力较大也为其他家族所采用。家训教化主体在开展家训教化的过程中，沿袭自家制定的家范或者采纳借鉴其他家族的优秀家范，形成了家范劝导约束机制。概括说来，该教化机制可分为以下三个步骤。

一是形成家范经典范本规范家训理论导向和实践导向。古代帝王、各级官僚、文人士绅等各层次家训主体在家庭、家族、家塾等场域传播社会主流意识形态的过程中，依据传播要求和家族实际制定了适用于不同阶层的家范文本。帝王家训经典范本有《帝范》《庭训格言》等，仕宦家训的经典有《颜氏家训》《温公家范》《朱子家礼》《聪训斋语》《澄怀园语》《曾文正公家训》等，民间家训经典有《太公家教》《袁氏世范》《药言》《朱子治家格言》《宗约歌》等，女训经典有《女诫》《女孝经》《女论语》《内训》《女范捷录》等。这些家范经典文本表面上反映了家训主体对家人族众的谆谆告诫、对家族事务的精细管理，实际上是对古代社会主流意识形态的生活化、通俗化阐释，规范了家训活动的理论导向和实践导向。理论导向是指为家训的理论发展指示、引导方向。家范经典文本作为古代社会主流意识形态的生活化、通俗化文本载体，规范引导着家训思想理论的发展方向。以《颜氏家训》《袁氏世范》为代表的经典文本在家训领域实际上具有权威教科书般的指导意义，为历朝历代、各阶层的家训思想理论提供写作范式和内容指导。家训主体也自觉以经典家训文本为指导，撰写修订本家族家训思想理论。综观自汉至清代的家训文本，基本以"整齐门内，提撕子孙""厚人伦而美习俗"[①]为教化主旨，以修身、治家、处世、报国为主要教化内容，以日常训诫、家风熏陶、家长身教等为主要教化方法，体现着《颜氏家训》《袁氏世范》等家训经典文本的思想印迹。实践导向是指为家训的实践发展指示、引导方向。理

---

① 《文渊阁四库全书》第698册，台湾商务印书馆，1986，第596页。

论是实践的先导,实践的发展需要有一定理论的指导。家训经典文本作为家训领域里的教科书,为家训活动的开展提供着实践指导。在传统家训活动中,一些世家大族、名门望族的家训主体,以其自身的使命担当意识和经济文化实力,能够在经典家训文本的指导下依据家族实际制定家范,以家族范本治家教子、修身齐家;民间家训主体更多地依照《袁氏世范》《朱子治家格言》等民间经典家训范本开展家训活动。

二是依据书面家范或口头家范规劝引导家人族众的思想行为。 清代名臣陈宏谋在《训俗遗规》的"序"中指出,适时引导人们的思想行为是天下治平的关键,"古今之治化见于风俗,天下之风俗征于人心。人心厚,则礼让兴而讼端息矣",并进一步指出如若父兄等家训教化主体能够依据《训俗遗规》对子弟进行化导,"父诫其子,兄勉其弟",则家训教化对象"莫不群趋于善,而耻为不善之归",这种教化活动诚能普及开来,"将见人心日厚,民俗日淳,讼日少而刑日清"[①],反映出传统家训这一教化方式受到古代统治者阶层的重视,而且家训教化的关键在于对教化对象的心灵纯化,也就是思想引导。在日常生活中,家训教化主体重视对家人族众的思想引导和行为规劝,"父母教子,当于稍有知识时,见生动之物,即昆虫草木,必教勿伤,以养其仁。尊长亲朋,必教恭敬,以养其礼。然诺不爽,言笑不苟,以养其信。稍有不合,即正言厉色以谕之"[②],引导和规劝的依据则在于通行于家族的书面家范或口头家范。以书面家范规劝引导家人族众的教化机制多适用于王室家族、仕宦家族、商贾家族等,以口头家范规劝引导家人族众的教化机制多适用于庶民家族。无论是书面形式还是口头形式的家范训诫,家训教化主体均注重对教化对象的谆谆告诫,通过情理结合的说理引导规训家人族众的思想行为,在人伦日用中传播社会主流规范。

三是依据书面家范或口头家范约束家人族众的视听言动。 家范教化机制还包括对教化对象言行举止的约束,使其言行符合一定社会的主流规范。孔

---

① 《续修四库全书》第951册,上海古籍出版社,2002,第113页。
② 《续修四库全书》第951册,上海古籍出版社,2002,第194页。

第五章　传统家训对古代社会教化的规范化保障

子强调"非礼勿视,非礼勿听,非礼勿言,非礼勿动",表明应以社会主流规范对人的视听言动进行一定程度的约束。在家范中也多有"切勿""不可""戒""莫"等禁止性语言的表达①,这些消极性的语言实际上反映了对教化对象言行的约束限制,目的在于使教化对象的视听言动不越过国法家范的限度。这些禁令性的家范同样包括书面形式和口头形式,为家训教化活动的进一步开展提供了依据。家训教化主体在治家教子的过程中同时也注重依据禁令性的家范规定约束家人族众的视听言动。家训主体在约束子孙视听言动的教化过程中,着重对他们的生活、学习、职业行为予以规训约束。曾国藩作为晚清中兴名臣"时举先世耕读之训,教诫其家"②,他依据"书蔬鱼猪,考早扫宝,常说常行,八者都好;地命医理,僧巫、祈祷,留客久住,六者俱恼"的曾氏家范,在日常生活实践中引导家人族众践行耕读家风、反对迷信,同时规范子弟言行举止,"养生以少恼怒为本,立身以不妄语为本,治家以不晏起为本,居官以不要钱为本,行军以不扰民为本"③。家训教化主体对家人族众言行举止的劝导与约束,有助于教化对象顺利完成社会化、政治化。但是这并不意味着教化对象必然潜心接受家范教化,尤其是在人口较多、辈分复杂、较难管理的大的家族组织,还需要强有力的惩戒机制,正所谓明刑以辅弼。

二　族规警戒责罚机制

族规是传统家训主体制定的以强制力保证执行的、约束整个家族的行为规范,属于禁止性规范,也有成文规范和口头规范之分。在传统家训教化活动中,家训教化主体依据准法律性质的家族规范对家人族众的行为予以规范,形成了族规警戒责罚机制,具体来说包括以下几个方面。

---

① 以《朱子治家格言》为例,禁止性训诫如"宜未雨而绸缪,毋临渴而掘井。自奉必须俭约,宴客切勿留连";"居家戒争讼,讼则终凶;处世戒多言,言多必失";"施惠无念,受恩莫忘";"人有喜庆,不可生妒忌心;人有祸患,不可生喜幸心"。吕坤在《宗约歌》中也有"戒不孝""戒忤逆""戒骄矜"等训诫。
② (清)赵尔巽等撰《清史稿》,中华书局,1977,第2917页。
③ 《续修四库全书》第952册,上海古籍出版社,2002,第179页。

一是家训教化主体自觉制定族规经典范本，为族规教化提供条令依据。族规教化机制的有效施行首要在于具备操作性强、适用于家族实际的规训条令。传统家训主体往往在家族人口兴旺、修订族谱、兴建祠堂之时，以明刑弼教、符合国法①为基本遵循制定族规，明不善以示戒。族规经典范本有《义门家法》《郑氏规范》《王士晋宗规》《家规辑略》等。通过对家训经典范本的分析，依据文字体例族规可分为法令式条文和训诫式条文。法令式家法族规以简明扼要的文字明确了家庭、家族、家塾生活中的禁戒性或正当性行为以及惩罚方式和惩罚强度，具有简明直观、易于对照的优点。《郑氏规范》《义门家法》等将家族成员需要遵守的规矩法度列为若干条，并规定了对违反家法行为的惩罚方式和惩罚机构，是法令式族规的典型范本。训诫式家法族规往往篇幅较长，不仅指出了对不当行为的惩罚，还阐明了禁止某一行为的道理，具有说理透彻的特征。以湖南安化《刘氏家规》为例，为说明"毋争讼"的道理，该家规首先依据《释文》"讼，公言也"说明争讼的缘由在于有不平之事，引用谚语"官里人情如纸薄"和《易经》"终讼终凶"之语说明争讼有可能求伸反屈；继而追溯本家族敦厚和睦家风，并阐明一旦争讼则荒废事业、浪费钱财，以此规诫族人以和为贵、切勿争讼。②无论是法令式家法族规还是训诫式家法族规，依据禁戒程度可分为禁、戒、规三个层次。家禁是家族规范中最为严厉的禁令规定，明确了人之绝对不可为的恶行，"禁以立之防闲"；家戒同样明确了人之失范的不当行为，但相较于家禁严厉程度较轻，"戒则绳其践履"；家规较家族禁戒，侧重于衣食住行、冠婚丧祭等日常生活层面的禁忌规定，重在使"子孙知所帅履，贤者从容适道，钝者伛偻循墙"③。族规的制定和完善为家训教化活动的开展提供了基本遵循。

---

① 族规制定以符合国法为基本原则，表现为家法视国法为转移，以辅助政府法令所不及为宗旨，这也是族规得以长久存在并顺利应用到家族中的关键。
② 上海图书馆编，周秋芳、王宏整理《中国家谱资料选编·家规族约卷》上册，上海古籍出版社，2013，第226页。
③ 上海图书馆编，周秋芳、王宏整理《中国家谱资料选编·家规族约卷》上册，上海古籍出版社，2013，第108~110页。

二是家训教化主体依据族规警戒家人族众。针对家人族众较轻的行为过失，传统家训主体往往采取族规警戒机制，以使其知非改过。依据警戒方式的不同，族规警戒机制包括叱责警戒、记过警戒、恶行公示警戒等。叱责警戒机制是指家训主体在日常生活中对违背族规的族人采取严厉警告，具体来说主要是针对子弟言行较轻的行为过失，先由父兄教导，如若不改或行为较重则由父兄报告房长、族长，由房长、族长严加训斥。记过警戒机制是指对违背族规的行为采取族内记过的方式以规范其行为。受到朝廷多次旌表被誉为明代"江南第一家"的郑氏家族，设立《劝惩簿》并令端严公明、可以服众之人执掌，执掌《劝惩簿》之人又称监视，负责每月书写族人功过，将有过族人的行为写在"惩簿"上，"以为善善恶恶之戒"[①]。也有的家族将族人劣行写入家谱，以示劝惩、谨法戒。恶行公示警戒机制是指对违背族规之人采取族内公示的方式以敦促其知非改过。如郑氏家族制"劝""惩"二牌，监视负责将族人功过写到纸上并粘到奖惩牌上，"挂会揖处，三日方收，以示赏罚"[②]。

三是家训教化主体依据族规惩罚家人族众。针对家人族众较重的行为过失，传统家训教化主体往往采取族规责罚机制，以使其知非改过。依据责罚方式的不同，族规责罚机制可分为身体责罚、财物责罚和精神责罚。身体责罚机制是指对家长族长依据族规在祠堂等场所对违规族人施以笞打、鞭打、杖责等处罚。江州陈氏《义门家法》作者为陈氏家族七世长并担任银青光禄大夫等职务的陈崇，明确规定若家人族众"不遵家法，不从家长令"，则在刑杖厅内对违背家法或族长命令的子弟施以笞打、决杖、剥落衣装、与雇工共同服役等惩罚。[③]吕祖谦在《宗法条目》中规定"子弟不奉家庙，未冠执事很慢，已冠颓废先业，并行榎楚"[④]。财物责罚机制是指家长族长依据族规在祠堂等场所没收过失族人

---

① 《续修四库全书》第935册，上海古籍出版社，2002，第274页。
② 《续修四库全书》第935册，上海古籍出版社，2002，第274页。
③ 费成康主编《中国的家法族规》，上海社会科学院出版社，2016，第202页。
④ （宋）吕祖谦著，黄灵庚、吴战垒主编《吕祖谦全集》第1册，浙江古籍出版社，2008，第305页。

部分财物或全部财物,包括罚钱、罚物、充公等,没收的财物归家族所有。罚钱是最为常见的财物处罚方式,罚钱数额一般较少,为几百文到几两[①]。罚物的方式多样,包括罚请戏班唱戏[②]、罚买祠祭墓祭时所用的供品[③]、罚没应得的胙肉[④]等。没收财物是指没收违规族人或者其个体小家庭的财物充归家族或官府所有。精神责罚机制是指通过贬低过失族人的人格、名誉或者剥夺过失族人在家族中的部分权利、资格等,从而规训族人因自身耻感、害怕丢人而不敢再犯。精神责罚包括贬低人格[⑤]、族谱除名[⑥]、被罚出族[⑦]、驱逐家乡[⑧]等方式。这类责罚较身体责罚、肉体责罚更为严厉,一旦过失族人受到家族精神责罚则表明该人失去了作为本家族成员的各种权利,失去祖宗庇护

[①] 安徽淳源《饶氏祠规》记载,宗祠外栅门内,"毋许放纵牛马猪畜,损污祠宇,祠内并不许堆积木料草穰等物,违者罚银一两,立刻搬出"。——上海图书馆编,周秋芳、王宏整理《中国家谱资料选编·家规族约卷》上册,上海古籍出版社,2013,第164页。

[②] 安徽淳源《饶氏祠规》记载,宗祠内祭器桌凳等物件,"毋许借出,违者罚戏一台"。——上海图书馆编,周秋芳、王宏整理《中国家谱资料选编·家规族约卷》上册,上海古籍出版社,2013,第164页。

[③] 广东顺德大良《龙氏惩戒规条》记载,如若子孙触犯尊长,经训诫后仍不悔改则"量罪轻重,酌定罚胙次数"。——上海图书馆编,周秋芳、王宏整理《中国家谱资料选编·家规族约卷》上册,上海古籍出版社,2013,第405页。

[④] 广东广州黄氏《淳渊堂族规》记载,族人如有提倡不修族谱而"忍令祖籍泯没者,是为蔑祖,即集祠杖责,永远革胙"。——上海图书馆编,周秋芳、王宏整理《中国家谱资料选编·家规族约卷》上册,上海古籍出版社,2013,第380页。

[⑤] 浙江东阳吴宁《康氏家规》记载,族众有违背礼法的行为,如若不遵从父兄与族长训诫,"悛终不改,则削而不书"(上海图书馆编,周秋芳、王宏整理《中国家谱资料选编·家规族约卷》上册,上海古籍出版社,2013,第55页),也就是说有过之人没有了被记载入族谱的资格,这也就等于贬低了该人在族内的地位。

[⑥] 浙江湖州《王氏谱规》记载,对于违反家规者,阖族共规之、治之,如若不改,"削谱其名"。——上海图书馆编,周秋芳、王宏整理《中国家谱资料选编·家规族约卷》上册,上海古籍出版社,2013,第127页。

[⑦] 浙江东阳西源《马氏家规》记载,对于再三忤逆尊长而拒不悔改的族人予以出族的惩戒,"不孝逆德,古今之所同嫉,天地之所不容。有此等子弟,即宜痛惩切责。至三犯不悛,则悖德已成,不容再留"。——上海图书馆编,周秋芳、王宏整理《中国家谱资料选编·家规族约卷》上册,上海古籍出版社,2013,第33页。

[⑧] 广东番禺茅冈周氏《诫族规条》记载,"包藏窝匪,结党联盟,左道惑众,将本人革胙,仍联名送究,驱逐出乡"。——上海图书馆编,周秋芳、王宏整理《中国家谱资料选编·家规族约卷》下册,上海古籍出版社,2013,第572页。

也就意味着失去了根深蒂固的精神依托，还意味着失去了基本的立身做人之本，失去了参与家族事务、投身社会工作的通行证。

三 家礼熏陶感染机制

家礼指家用日常之礼，是适用于家庭、家族的礼仪规范，具有融礼义教化于日常生活的特征。传统家训教化主体认识到礼义教化潜移默化影响人的思想行为，"礼使人化""礼使人亲"①，自觉结合日常生活与时俱进增损家礼规范，在家庭、家族中主动施行家礼以熏陶感染家人族众。

家训教化主体自觉增损家仪规范，为推行和实施家礼教化提供实用规范。我国古代关于饮食起居、视听言动、冠婚丧祭等家庭家族日常生活方面的仪礼规范主要记载于《礼记》中的《曲礼》《内则》等篇以及历代礼制法典中。《礼记》中的家礼规范的适用对象主要为士大夫阶层，难以在广大百姓之间施行；《礼记》中的家礼规范多为上层规范，也就具有详细具体而烦琐复杂、伤财费事的特征，对士大夫阶层而言同样较难在日常生活中实行，以致"汉晋以来士礼废而不讲"②；同时随着时代变迁一些礼仪规范也需要与时俱进有所增损。传统家训主体认识到家礼规范对于潜移默化传播社会主流规范，进而规范人伦秩序、社会秩序的重要作用，自觉撰写家礼范本。南朝刘宋徐爰所著《家仪》，主要讲节日庆贺仪节，内容较为简单。③朱熹和司马光在推进古代家礼理论大众化方面作出了卓越贡献。司马光从当时社会实际情况出发，对古代家庭家族礼仪进行了删减和变通，在许多地方提出"今从俗""从简易""今从便"。二程、张载等人也曾编订家礼，朱熹通过对比司马光与二程等人的家仪理论，认为"二程与横渠多是古礼，温公则大概本《仪礼》而参以今之所可行者；要之，温公

---

① 《续修四库全书》第951册，上海古籍出版社，2002，第164页。
② 《文渊阁四库全书》第649册，台湾商务印书馆，1986，第501页。
③ 《太平御览·时序部十八》记载了《家仪》内容，"《家仪》曰：蜡本施祭，故不贺。其明日为小岁贺，称初岁福始，馨无不宜。正旦贺，称元旦首庆，百物惟新。小岁之贺，既非大庆，礼止门内"。

较稳,其中与古不甚远,是七分好"①。也即司马光的家仪理论更具可操作性和实用性,但是其内容由于"与古不甚远",还有待进一步生活化、民间化。朱熹从"崇化导民"的角度出发,以"谨名分、崇爱敬"②为原则,参考古代礼制的规定并结合日常生活实际制定了简洁易行、涵盖士庶阶层的《朱子家礼》,以此为时人提供家礼范本。《朱子家礼》包括五个部分的内容,包括饮食起居、孝亲敬长等日用常行之礼,以及冠礼、婚礼、丧礼、祭礼。

家训教化主体依据家礼规范对家人族众实施礼义教化,以熏陶、感染、教化对象。《朱子家礼》与《家仪》成为宋代以来家训教化主体开展教化活动的主要文本依据,尤其是当《朱子家礼》获得古代社会权威家礼范本地位之后③,更是直接规定着家族礼仪的理论导向和实践导向。在理论方面,明代王士晋以《朱子家礼》为依据,"师其意而用其精"④,制定本家族家礼规范。在实践教导方面,明兵部员外郎杨继盛要求其子"冠婚丧祭,必照《家礼》行"⑤,清代蔡梁村依据《朱子家礼》实施家族教化三十年,"以文公家礼倡吾闽三十年"⑥。此外《泰泉乡礼》《郑氏规范》⑦等家训文

---

① 《文渊阁四库全书》第142册,台湾商务印书馆,1986,第458页。
② 朱熹在《朱子家礼》中将"礼"区分为"礼之本"和"礼之文",他认为"谨名分、崇爱敬"为礼之本,"冠婚丧祭,仪章度数者"为礼之文。"谨名分"即每个人的言行要符合其在家庭家族社会中的身份、地位及相应的职责,人人谨名分则有利于维护人伦秩序、社会秩序,这实际上体现了礼教的目标。"崇爱敬"指个体要做到爱护、尊敬他人,尤其是卑幼要尊敬尊长、尊长要爱护卑幼,这体现了礼教的基本原则。
③ 朱熹所撰《朱子家礼》影响深远,逐渐成为官方推行礼义教化的依据。明初国家制礼,《朱子家礼》成为修订士庶家礼的参考:"洪武元年、令凡民间嫁娶、并依朱文公家礼行""嘉靖八年题准、士庶婚礼、如问名纳吉、不行已久。止仿家礼纳采纳币亲迎等礼行之。所有仪物、二家俱母过求"(《大明会典·卷七十一》)。永乐年间,朝廷正式颁布《朱子家礼》于天下,其被编入《性理大全》,天下学子均需学习《朱子家礼》。《朱子家礼》由此获得了士庶家礼权威范本的地位。在地方官和致仕官的礼教实践中亦屡见教民行《朱子家礼》的事例,如黄佐《泰泉乡里》规定"四礼:俱依文公《家礼》"。
④ 《续修四库全书》第951册,上海古籍出版社,2002,第157页。
⑤ 《丛书集成初编0976·杨忠愍公遗笔》,中华书局,1985,第6页。
⑥ 《续修四库全书》第951册,上海古籍出版社,2002,第188页。
⑦ 《泰泉乡里》:"庙主之制,同堂异室,则左昭右穆;同堂不异室者,依《家礼》,以右为上"。《郑氏规范》:"至于作家制度,已有《家礼》可法,不必过奢"。

本中均有遵循《朱子家礼》以开展教化的记载。

概括言之，传统家训主体在实施家礼教化时着重从以下三个方面展开。一是贯彻"守名分、崇爱敬"的家用日常之礼。家用日常之礼包括子弟事亲、进退洒扫、待人接物、饮食宴会等礼仪规范，如"拜揖必恭，言语必逊，坐次必依先后。不论近族远族，俱照叔侄序列……若同族义男。亦必有约束，不得凌犯疎（疏）房长上"①等。二是开展以庆生礼、冠笄礼、嫁娶礼为主的庆典仪式。在人生的重要转折点，传统家训主体往往借助一定的庆典仪式活动传播社会主流规范，增强"亲亲尊尊长长，男女之有别"的伦理观念。这些庆典仪式一般选择在人诞辰、成人、结婚等人生的重要节点上举行，包括生辰礼、冠笄礼、婚姻礼等。这些庆典仪式大抵以"谨名分、崇爱敬，以为之本"②。三是开展以寝祭、墓祭、祠堂祭祀为主的祭祀仪式。在我国古代社会，祭祀仪式是国家生活和百姓生活的重要内容，"祀，国之大事也"（《春秋左传·文公二年》）。祭祀的对象包括天神地祇人鬼、日月星辰、山川林泽等。人鬼即祖先，是祭祀的主要对象。"慎终追远，民德归厚矣"（《论语·学而》），传统家训主体通过寝祭、墓祭、庙祭、祠堂祭祀等仪式强化尊祖意识对族人进行伦理教化，以强化宗族认同。

---

① 《续修四库全书》第951册，上海古籍出版社，2002，第154页。
② 《文渊阁四库全书》第142册，台湾商务印书馆，1986，第530页。

第六章　传统家训的历史评析与当代价值

传统家训作为古代社会教化的重要载体，在传播社会主流意识形态方面发挥了重要作用；但也因时代条件、社会制度以及时人认识水平的限制而不可避免地存在落后、腐朽的东西。这就需要以"有鉴别的对待、有扬弃的继承"[①]为基本原则，坚持古为今用、推陈出新，借鉴传统家训的优秀教化经验，促进当前思想政治教育的发展。

第一节　传统家训的历史评析

从思想政治教育史视角来看，植根于古代封建社会的传统家训活动，在传播古代社会主流意识形态、培育适应古代社会环境和社会发展的人才方面发挥了重要作用，但是也存在着压抑人的个性自由、强化尊卑等级、推崇明哲保身等方面的弊端。

一　传统家训的积极作用

（一）促进了古代主流意识形态的民间化

自汉武帝时期"罢黜百家，独尊儒术"直至清末，我国古代社会的主流意识形态基本以儒家思想为指导。在思想形态上儒家思想经历了两汉经学、魏晋玄学、隋唐佛学、宋明理学、清代朴学等阶段，其核心理论主要载

[①] 习近平：《在纪念孔子诞辰 2565 周年国际学术研讨会暨国际儒学联合会第五届会员大会开幕会上的讲话》，《人民日报》2014 年 9 月 25 日。

于《论语》《孟子》《孝经》等儒家典籍中。儒家经典内容精深、艰深难懂,广大庶民百姓较少有系统学习经学的机会,也就因其自身文化水平低而难以准确理解。"儒者之道,必始于亲。"① 传统家训活动将全社会所有成员②纳入教化体系中,最广泛地拓宽了教化对象,有效促进了古代社会主流意识形态的民间化。

一方面,传统家训促进了民众对古代社会主流意识形态的认知认同。教育是传播儒家思想的主要方式,然而在古代社会生产力较为落后,在教育资源分配等方面存在着稀缺性的问题,也就意味着不是所有社会成员都能够进入官学体系中,不能进入官学体系表明仅有一部分社会成员能够直接接受经学教化以系统掌握儒家思想的内容。传统家训恰好弥补了这一缺陷。传统家训以家长族长师长为教化主体,他们从家族身份而言是一家之长、一族之长,从社会身份而言多是管理者阶层,接受过系统的儒家思想教化,在推进儒家思想民间化方面发挥了重要作用。首先,家训制定主体以通俗易懂、深入浅出的语言和生活化的表达方式,将博大精深的儒家经典理论通俗化,撰写成通俗家训文本供家人族众持久学习,从而使一般平民百姓也可以通晓儒家思想理论。"正欲其易而易知,简而易能,故语多楳(朴)直。使愚夫赤子,皆晓然无疑"③。其次,家训教化主体以日常训诫、身教示范、家风熏陶等生活化的教化方法将熔铸于日常生活的儒家伦理规范传播给家人族众,并通过家范劝导约束、族规警戒惩戒、家礼熏陶感染等日常化的教化机制增进教化对象的认知,在日常生活实践中切实感知儒家思想。最后,家塾教育是传统家训活动的重要组成部分,家塾教育中以《三字经》《弟子规》等儒家经典蒙学读物和《论语》《孟子》等儒家经典为主,以师长为主

---

① (宋)吕祖谦著,黄灵庚、吴战垒主编《吕祖谦全集》第 1 册,浙江古籍出版社,2008,第 284 页。
② 家训活动不仅将庶民百姓、贱民阶层纳入教化体系中,而且将社会上一半的女性成员纳入其中。因而就教化对象而言,家训教化与学校教化、社会教化相比无疑是最广泛的。
③ 《丛书集成初编 0976·庞氏家训·序》,中华书局,1985,第 1 页。

体的教育者承担着直接传播理论性的社会主流意识形态的职责。在家长、族长、师长等多方教化主体的积极推动下，家人族众在接受家训教化过程中增进了对儒家思想的多方面的深度理解，并在日常生活伦理实践中增强了认同。

另一方面，传统家训促进了民众对古代社会主流意识形态的切实践行。从阶级分析的角度来说，儒家思想作为古代社会主流意识形态，本质上维护的是以君主为核心的封建地主阶级的利益，维护的是以君主专制为核心的封建等级制。这种阶级性要求反映到民众的思想行为层面，就是要求民众在国家稳定时期做一个好百姓，在国家战乱时期成为忠臣烈士。好百姓的具体要求表现为循理守法、按时缴纳赋税、按时服徭役兵役等，忠臣烈士则要求为了国家民族的利益勇于牺牲个人利益以致马革裹尸、泯躯济国。传统家训作为古代思想政治教育的重要载体，以儒家思想为指导，以培育孝子贤孙、节妇义夫、好百姓、忠臣烈士为教化目标，通过多样化方式方法助推民众成为爱国爱家的贤子孙、好百姓。传统家训活动的基本教化理论逻辑是在家族生活领域要求子孙孝养、孝顺、孝敬父母祖父母曾祖父母等一家之长，并推衍为对族长、师长、官长、君主的敬爱；要求弟妹对兄姐恭敬爱护并推衍为对年长之人的敬爱；等等。当然也在一定程度上包括父母对子女、兄对弟、夫对妻的责任与义务。也就是说通过家训教化活动强化家族伦理向政治伦理的推衍。具体表现为以下两个方面。一是在思想道德方面，家族成员在日常的家训教化活动中不仅增进了对儒家思想的认知和认同，而且切实践行着父慈子孝、兄友弟恭、夫义妇顺、尊敬长上等日用而不知的人伦道德规范，这些贯穿着"亲亲尊尊长长，男女之别"的儒家伦理恰恰是生活层面儒家思想的具体体现。在日常化的家训伦理实践中家人族众形成了循理守法的基本品格，不断为家族培育一代又一代的孝子贤孙、节妇义夫，为国家培育一代又一代的好百姓、忠臣烈士，促进了社会的稳定与发展。二是在履行对国家的义务方面，家训教化主体在很大程度上承担了敦促族人按时缴纳赋税的职责，不少族规家范要求早完国课、率先缴纳赋税而后经营自己的产业①，家训教化主体则承担起征收本族各户官赋的职责，如有拖欠或不交的族人则依据族规家法在祠堂等场所予以惩戒。缴纳赋税按时服徭役兵役是古代民众履行国家义务、践行儒家思想的重要表现，保证了国家财政收入和徭役供给的充足。

（二）促进了古代核心价值观的生活化

传统家训主体作为官方意识形态的代表，积极推动古代核心价值观的生活化，在人伦日用的居家生活中潜在地将"仁义礼智信"等主流价值观渗透到家庭生活中去，促进了民众对古代核心价值观的认同和践行。

一方面，传统家训促进了民众对古代核心价值观的认知认同。在治国理政方面儒家思想主张实行仁政，实施礼义教化，认为"自修身以至于为天下，不可一日而无礼"②，"礼"的核心理念即为"五常"。传统家训体现了父子、君臣、夫妻、长幼、朋友等人伦关系的礼仪规范要求，将"仁义礼智信"等主流价值观具体化为家族成员"尊亲敬长、孝友勤俭、与人为善、谦敬礼让、忠君爱国、清正廉洁、诚实守信"等具体行为准则。以人伦关系为主线，古代核心价值观渗透于祖父母、父母、子女、孙女、伯叔父、侄、兄弟、姑姐妹、丈夫、妻子、舅甥、舅姑、妇妾、乳母等纷繁复杂的人伦关系之中。可以说，在国家政权和政令支持下传统家训教化主体将本应平等的人际关系进一步规范为卑幼对尊长的义务。子对父、臣对君、弟对兄、妻对夫的服从和义务，不仅具有伦理约束力，而且具有法律效力。其次，传统家训主张通过多样化的教化形式、生活化的教化方法和日常化的教化仪式③将古代核心价值观直接或间接地传递给家人族众，告诫教化对象什么是

---

① 承担敦促赋税缴纳职责的家族多为明清时期组织化家族。如安徽南陵《张氏宗谱·家规》规定，"田地者，朝廷之土宇，军国之重需。吾人得以安居粒食，何莫非朝廷之恩赐也。钱粮不完，是弊民矣。务依期输纳官赋，既完，方可以营私计。谚云：'公事完，心便宽。'如有奸滑等辈，故意拖欠，致累户族比赔。或兜收包揽，名曰代完，是则侵渔，亲族、族长共攻以治之"。——上海图书馆编，周秋芳、王宏整理《中国家谱资料选编·家规族约卷》上册，上海古籍出版社，2013，第527页。

② （宋）朱熹著，朱杰人等主编《朱子全书》第6册，上海古籍出版社、安徽教育出版社，2010，第81页。

③ 具体内容参见本书第四章。

正确的、应该的、合理的，什么是错误的、不应该的、不合理的，不断通过重复性的日常训诫强化族人对古代核心价值观的认知，并通过日常事务的具体实施和成功实践强化家人族众对古代核心价值观的认同。

另一方面，传统家训促进了民众对古代核心价值观的切实践行。在家训教化的反复实践中，古代家族成员在视听言动、进退洒扫、待人接物、冠婚丧祭等具体的生活实践中不断地将古代核心价值观内化于心、外化于行。一是家族成员自觉服从家族内各级尊长的教化，不断践行着以"孝"为核心的人伦规范，并将对家族尊长的顺从自觉推衍为对家族之外的师长、官长、君主的敬爱。以子女、弟妹、妻子为代表的家庭成员在日复一日的家训教化中日益礼敬于各级尊长权威。二是家族成员将"仁义礼智信"的价值观念贯彻在个体衣食住行、生产经营、人际交往、冠婚丧祭、思维方式等方方面面，形成了人伦日用的文化传统。在物质生活生产领域家族成员遵循着"仁爱和谐""以义制利""诚实守信"等价值观要求，自觉规范着自我的视听言动、衣食住行、生产经营等活动；在人际交往领域依照"礼尚往来"的价值理念进行社会交往；在思想观念领域则形成了"推己及人、由人及物"的思维方式。

（三）促进了古代道德教化的有序运行

我国古代的道德教化是意识形态教化和社会核心价值观教化的具体表现，以培养"循理守法"的民众、形成注重人情和义理的差序化的人伦秩序为目标。对家训教化主体而言，其教化目标不仅在于为社会培养遵守社会主流规范的成员，还在于完善家族成员德性、提升人的素质。传统家训以"公德者，私德之推也"[1]为主要思维方式，主张通过多样化的方式方法促进古代道德教化的有序运行。

首先，培育了个体品德，凸显了人的道德自主性。

传统家训培养了具有孝亲敬长、忠君爱国、勤俭持家、与人为善、公正廉洁、诚信待人、爱惜物命等道德品格的孝子贤孙、好百姓。传统家训尤为

---

[1] 梁启超：《饮冰室合集》第6册，中华书局，1989，第119页。

第六章 传统家训的历史评析与当代价值

重视孝道理论的灌输，遵循私德外推即为公德的思维模式，主张移孝于忠、忠孝一体。主张着重培养子弟孝亲敬长、忠君爱国的品质，以此维系家族秩序与社会稳定；同时重视兄弟之间的和谐相处，强调兄友弟恭，并进一步将兄弟之间的人伦规范外推为对朋友的友善诚信；在居家生活之中强调不仅要重视家庭伦理，还主张勤俭持家，耕读兴家；具体到为政经商等领域，强调要具备基本的职业操守，如清正廉洁、诚信经营等。此外，传统家训还主张以"仁爱"为基本原则处理人与人之间的关系，并进一步外推为人与物之间的关系，主张"爱物"，以仁民爱物、民胞物与的原则处理人与物、人与自然之间的关系，从而达到天人合一的境界①。

传统家训在个体品德培育方面的一大贡献在于强调每个人可以自主地做出道德判断和道德选择，每个人都有成贤成圣的可能性，认同并反复向家人族众灌输"为仁由己"（《论语·颜渊》）、"人皆可以为尧舜"（《孟子·告子下》）、"涂之人可以为禹"（《荀子·性恶》）的思想道德观念，凸显了人在道德领域的主观能动性。其一，传统家训从人性本善出发，认为人人皆有为善的可能性；但是后天环境不同人们可以为善也可以为恶，因而又以"性待教而善"为理论基础，论证大部分人能够做到"教而后善"。颜之推、邵雍等人在"性三品"理论基础上，主张占社会大多数的"中庸""中品"之人②都能够做到教而后善，这就在道德领域肯定了人的自我意识，肯定了人的主体性。其二，在肯定人的自我意识的基础上，将"我"之外的人、事、物对象化，将"我"与"我"之外的对象区分开来，认为伦理道德是人与动物的本质区别，"人之所以异于禽兽者，伦理而已……于伦理明而且

---

① 如康熙在《庭训格言》中指出："仁者以万物为一体，恻隐之心，触处发现。故极其量，则民胞物与，无所不周。而语其心，则慈祥恺悌，随感而应。凡有利于人者，则为之；凡有不利于人者，则去之。事无大小，心自无穷，尽我心力，随分各得也。"——《文渊阁四库全书》第 717 册，台湾商务印书馆，1986，第 618 页。
② 颜之推从孔子"唯上知与下愚不移"（《论语·阳货》）的人性论出发，依据人的智商将人划分为"上智""下愚""中庸"三类，认为"上智不教而成，下愚虽教无益，中庸之人，不教不知也"（《颜氏家训》）。邵雍则依据人的道德品性将人划分为"上品""中品""下品"三类，认为"上品之人不教而善，中品之人教而后善，下品之人教亦不善"（邵雍《邵雍集·诫子孙》）。

尽，始得称为人之名，苟伦理一失，虽具人之形，其实与禽兽何异哉"①，强调了道德是人之为人的根本，是人立身处世的"通行证"。其三，家训主体注重在日常生活实践中开展家族教化，引导规训不同身份的教化对象的视听言动，同时又注重循循善诱，解释为善行善的可能性、必要性，在道德领域不仅实现了"百姓日用"，也实现了"使知之"。在指向人格修养的家训德育训诫中，强调了"尽其在我"的人的道德主体性，"虚心实力勤苦谨慎八字，尽其在我者而已"②。"'尽其在我'四字，可以上不怨天，下不尤人；亦可以仰不愧天，俯不怍人。"③

其次，规训了家族伦理，维护了家族秩序。

我国自古便有"国之本在家""积家而成国""家齐而后国治"的观念，人的生老病死、人际交往、教育娱乐、衣食住行均可以在家中获得满足，一切人际关系和社会组织均以家为中心，"故中国社会亦以家族本位为其特色之一"④。"家"在古代不仅指个体家庭，更主要指"家族"。家族是以血缘关系为纽带集生产、生活、人际交往、教育、娱乐等于一体的古代基本组织单位，也是我国古代最重要的组织单位。家族作为由同姓同宗、一般为五服之内的个体小家庭组成的家族组织，在人际关系、日常生活、家族财务管理等方面较难管理。传统家训有效传播和规训了家族伦理，促进了家族秩序的稳定。具体来说，表现为以下几个方面。

在人际关系方面，传统家训强化了家人族众对家族人伦规范的认知和践行，维护了尊卑有等、长幼有序、男女有别的家族人际秩序。古代家族人际关系复杂，《白虎通德论》中强调"诸父、兄弟、族人、诸舅"的基本家族人际关系，在《古今图书集成》之明伦汇编·家范典》中则列出了30余种关系，既包括长辈与晚辈之间，如父母与子女、姑媳、翁婿、叔侄、姑侄、

---

① （明）薛瑄撰，孙玄常等点校《薛瑄全集》上册，山西人民出版社，1990，第661页。
② （清）曾国藩撰，邓云生编校标点《曾国藩全集·家书》第2册，岳麓书社，1985，第1094页。
③ 《续修四库全书》第951册，上海古籍出版社，2002，第196页。
④ 陈顾远：《中国法制史》，中国书店，1988，第63页。

甥舅等的人际关系，又包括同辈之间，如兄弟、姐妹、妯娌之间的关系，还涵盖了男女之间，如夫妇、叔嫂等关系，此外还包括由血缘关系引申出的尊卑关系，如嫡庶、主仆关系等。概括言之，传统家训对家族人际关系的处理以"亲亲尊尊长长，男女之有别"为基本原则，以"敬诸父兄，六纪道行，诸舅有义，族人有序，昆弟有亲，师长有尊，朋友有旧"[①] 为基本规范。在此基础上，主张通过多样化的教化方式和常态化的运行机制，在家人童蒙时期就依据他们的身份角色予以规训，致力于形成父慈子孝、夫义妇顺、兄友弟恭、姑媳和睦、妯娌和谐、族人互助的和谐家族人际氛围，形成长辈与晚辈之间尊卑有等、同辈年长与年少之间长幼有序、男女之间有别的家族人际秩序，促进家族的人际和谐。

在日常生活方面，传统家训规训了家族内以"勤俭节约"为主要内容的物质生活，以"尊祖敬宗"为核心内容的精神生活，以"冠婚丧祭"为主要内容的文化生活，保证了家族生活的有序运行，稳定了家族生活秩序。在家族经济方面，传统家训强化了自强不息、勤劳致富的致富观，强化了制才用节、统筹安排、量入为出的理财观，以及"农工商贾，无可不为"的择业观。正是在家训教化的基础上，家人族众增强了对致富理财以及择业的认知和认同，并且日益践行着为家族和社会所提倡的行为规范，促进了家族经济秩序的平稳运行。在家族精神生活和文化生活方面，传统家训通过寝祭、墓祭、祠堂祭祀等规范化的祭祀仪式和庆生礼、冠笄礼和嫁娶礼为主的庆典仪式等，强化了族人之间的情感联系，丰富了族人的精神文化生活，维系了家族的凝聚力。在家族精神文化活动中，族人日渐接受家训活动传达的思想理念和道德规范，认同和践行着传统家训主张的家族伦理规范，在文化心理层面增进对家族伦理的认同和践行。

最后，规训了政治伦理，维护了政治秩序。

我国古代社会结构以家国同构为基本特征，反映到意识形态方面表现为家族伦理推衍出政治伦理，典型表现为移孝于忠。古代家族伦理以孝为核

[①] 王云五主编《四部丛刊正编·白虎通德论》第22册，台湾商务印书馆，1979，第59页。

心，孝实际上表达的是卑幼对尊长的顺从、服从；古代政治伦理以忠为核心，忠则要求臣民对国家、君主、官长的服从和忠心。个体在家中形成对尊长顺从的品格后，在国家政治生活中则易形成对君主官长的顺从[①]。加之在古代思想家将天类比为天子（帝王）父母，将天子类比为臣民父母，将官长类比为百姓父母，在家为孝子、做官为忠臣的思想观念逐渐深入人心。以血缘关系为基础讲究远近亲疏的家族伦理成为主张尊卑有序的政治伦理的基石。传统家训在规训家族伦理的基础上，既为家人遵循政治伦理做了情感和认知铺垫，又直接规训了政治伦理，促进了臣民从家族伦理向政治伦理的转移和认同，维护了尊卑有序的古代政治秩序。古代士农工商的基本职业定位，也是一种等级定位，士农工商均有对国家对君主尽忠的义务，工农商作为大众阶层则有着对国家、帝王、官长尽忠的义务。不同社会阶层既有着忠君报国的一般性要求，也有着具体的报国行为规范，"君子尽忠，则尽其心。小人尽忠，则尽其力"（《忠经·尽忠》）。"忠"的一般性要求表现为顺从、服从尊长，对尊长尽职尽责，而这种顺从的心理和态度首先是在传统家训活动中培养出来的。传统家训的重要功能之一即在于培养家人对家长、族长、兄长、师长的敬爱之心和敬爱之道，当教化对象逐渐认同并践行敬爱之道，并形成一种对家中尊长的顺从型性格时，家训主体往往进一步引导规训其对王朝、帝王、官长的尊敬和爱护、服从和忠心，具体表现为循理守法。"忠"的特殊性要求表现为不同社会阶层的具体行为规范，传统家训主张对不同职业的家人族众进行分层次教化，对从政的家人着重进行官德教育，对务农、工艺、经商的家人着重开展相应的礼义教化，向家人族众灌输精忠报国的具体行为规范，告诫他们做好分内之事，要守法安分，不可为非犯法。可以认为，传统家训的这些伦理教化实际上是为家族成员内化和践行政治伦理服务的，就政治稳定而言是为了维护既定的尊卑等级秩序，是为了维护现存的政治秩序。

[①] 潘光旦认为，古代社会个人与社会并没有严格的界限，"就理论说，这种关系是一种'推广'与'扩充'的关系，即从修身始，经齐家治国，而达于平治天下"。——潘光旦：《过渡中的家庭制度（上）》，《华年》1936年第33期。

二 传统家训的消极影响

从阶级分析的角度来说，传统家训作为古代社会教化的载体，本质上维护的是封建地主阶级的利益、以君主专制为核心的封建制度，存在制度上的局限性；从历史发展的角度来看，传统家训是古代社会的产物，也就不可避免地带有时代的局限性。这也表明传统家训不可避免地存在消极影响，主要表现为以下三个方面。

（一）压抑了个性自由

我国古代社会以自给自足的农耕经济为主，人们多安土重迁、聚族而居，加之交通不便，人与人之间多处于彼此熟悉的状态，也就形成了伦理本位的"熟人社会"。以伦理组织社会的一大特征在于看重人与人之间的责任与义务，"伦理关系，即是情谊关系，亦即是其相互间的一种义务关系"[①]，少有考虑个体的主观意志。人们不去考虑自己的意志是不是自由的、人格是不是独立的，而是一切以社会主流规范要求自己、规训家人、管理民众，久而久之在家庭家族生活、社会生活中形成了顺从服从的性格。"中国传统伦理要求做子女的必须敬重、服从父母，而不能在父母面前独立的行事，甚至父母死后也要'三年无改于父之道'。这种家庭伦理的长期熏陶，必然要形成对父母、家庭的遵从和依赖感"[②]。由于过于重视家族，强化父家长的权威，"致将个人完全隐没，尤其漠视卑幼之能力与妇女之人格"[③]。父家长在传统社会的家庭中扮演极其重要的角色，掌握着家庭家族的财产权、管理权、婚嫁权等，出于家族和睦、家族兴旺的考虑，父家长倾向于为子孙的职业选择、婚姻选择做出安排，而少有考虑子孙的志向与兴趣。如果子孙违背家长的意愿，不听从家族的安排，不仅被视为不孝，甚至会被切断经济来源。此时子孙为了自身的生存发展与家族的兴旺，基本会放弃自己的真实意

---

① 梁漱溟：《中国文化要义》，上海人民出版社，2011，第79页。
② 焦国成：《对中国传统文化反思的反思》，上海人民出版社，1990，第172页。
③ 陈顾远：《中国法制史概要》，商务印书馆，2011，第247页。

愿而遵从长上的安排。依附于家庭家族、依附于父祖的性格一旦形成，就会保守有余而创新不足，缺乏自主性与创造性，难以形成自立自强的独立人格。

传统家训在教化内容与教化方式方法方面有着压抑家人族众自由意志、反对自由见解的弊端，不利于他们自立自强的独立人格的形成。在训诫内容方面，传统家训主要向家人族众传播和灌输孝悌忠信、礼义廉耻等社会主流价值观念，直指以"三纲五常"为核心的伦理化的政治教化内容，"这种偏重五常的思想一经信条化，制度化，发生强制的作用，便损害个人的自由和独立"①。在训诫方式方面，传统家训提倡以严治家，若子孙家人犯有过错、不从父命，轻则训斥，重则鞭笞体罚，甚至会被处死，子孙家人在这种严厉的家法面前基本会遵从家长意见而压抑自己的内心意愿。久而久之，人们基本不会展现自己的真实想法，而是皆以家庭家族为本位，以伦理为本位，只考虑应不应该做某事，在做事情时缺乏热情与活力，不具创造性与自主性，自立自信自强的独立人格难以形成。

（二）强化了尊卑等级

儒家思想主张为政以德、明刑弼教的施政方针，以德治国的施政方略体现为"以孝治天下"。"孝"在一定程度上有卑幼顺从尊长的意味，是处理上下级关系的规范要求，目的在于维持社会秩序的有序运行，"其为人也孝弟，而好犯上者，鲜矣；不好犯上，而好作乱者，未之有也"（《论语·学而》）。传统家训是践行"以孝治天下"治国方略的至关重要的思想政治教育载体，正是王室、官僚士大夫、庶民百姓等各阶层家训活动的开展，使广大家族成员将对父母天然的爱意转化为义务性质的顺从，并将这种顺从延伸为对师长、官长、君主的顺从和忠心，从而进一步强化了贵贱有等的等级秩序。传统家训教化活动强化了家族领域"父尊子卑""兄尊弟卑""夫尊妻卑"的尊卑等级秩序，并将亲属之间的尊卑等级外推为尊长与卑幼、上级与下级、君主与臣民、男与女之间的等级秩序，强化了"亲亲尊尊长长，

---

① 贺麟著，张学智编《贺麟选集》，吉林人民出版社，2005，第143页。

第六章　传统家训的历史评析与当代价值

男女之有别"的人伦秩序。① 首先，传统家训教化活动强化了子孙对父祖、弟对兄的义务与责任，父祖子孙、兄弟之间更多地表现为支配与服从的关系。在家训教化活动中家长、族长、师长无疑居于主导地位，他们既通过自身主导的家训活动强化了父家长的权威，又通过家训活动灌输了"尊尊长长"的价值观念，并进一步将子孙在家庭家族领域对父兄的敬爱转移场域和对象，由家族领域向社会、国家领域转化，引导着子孙将对父兄的敬爱转化为对师长、官长、君主的敬爱、顺从和忠心。正是由家训主体主导的家训活动，强化了家族领域的尊卑等级秩序，并为社会国家领域的尊卑等级秩序奠定了基础。其次，在男女关系上传统家训强调"男尊女卑"，突出反映了男女关系的不平等。传统家训可以专门分出一类，如"女训"，"女训"的核心思想可以说是对"男尊女卑""三从四德"的强化。不仅男性制定"女训"，如第一部"女训"便是东汉蔡邕所著《女训》；而且古代优秀的女性也自发制定"女训"，如东汉班昭著《女诫》，明仁孝文皇后著《内训》等，认为女子应具备"妇德、妇言、妇容、妇功"，要顺从丈夫，教诫子女，孝顺姑婆，要恪守妇道、从一而终，等等。"在中国，一个妇人的主要生活目标就是做一个好女儿，一个好妻子和一个好母亲"，"一位真正的中国妇人是没有自我的"②。这种对女性职业选择、婚嫁择偶、生活交际的限制，在传统家训中更是得到强化，进一步强化了男女关系的不平等。

（三）推崇明哲保身

在为人处世上，传统家训教诫子弟以淡泊名利的态度处理人与人之间的关系，重伦理轻财物，凡事能忍则忍，吃亏是福。之所以淡泊名利，不仅是

---

① 人与人之间的血缘关系有亲疏之分、长幼之别，在古代社会形成了以个体为中心的爱有等差、爱有亲疏的差序格局。这种差序格局其实是以血缘关系的亲疏、长幼规定人与人之间的权利与义务。以君主为例，从横向上看，与"我"关系近者便贵为皇亲国戚、享厚禄有特权，与"我"关系远者则为庶民百姓，需缴赋纳税；从纵向上看，比"我"尊者当敬之顺之，比"我"幼者当教之爱之。人与人之间的亲疏逐渐外推为贵贱关系，人与人之间的长幼逐渐外推为尊卑关系，这种贵贱尊卑在家国同构的宗法等级社会更是得到了有力的支持，人与人之间有着等级分明的身份之别，人分九流、官分九等。

② 辜鸿铭：《中国人的精神》，海南出版社，1996，第 83 页。

由于儒家文化重义轻利思想的濡染与统治者的提倡，还在于古人对世道险恶的认识。世道险恶，世事无常，如何才能从容地立身处世？最好的方法便是遵从既有的社会规范，以一种淡然中庸的态度消极被动地应对。这种处世态度的结果便是可以保身全生、避免祸患。传统家训在为人处世方面体现出明哲保身的处世态度。如与人相处应当言语谨慎，言多必失，甚至可引发诉讼之事，给自己带来不必要的麻烦，即使交情深厚言语也要适度得当，处世应谦虚忍让，争强好胜者多会招人反感，不利于人际关系的和谐。凡事是相互转化的，福祸相依，这种藏愚守拙的处事方式目的仍是保身全生，以防飞来横祸。此外，传统家训强调子弟要以耕读为本，反对子孙弃农经商，鼓励子孙用财制节，反对子孙举借外债等，目的在于希望子孙立身处世、安居乐业，但这也在一定程度上反映了保守有余、进取不足、一味求取安定的处世思想。显然，这种明哲保身的处事方式在充满活力、强调竞争的市场经济条件下是不足为取的。

第二节　传统家训的当代价值

党的十八大以来中国特色社会主义进入新时代，站在新的历史方位，需继续加强社会主义核心价值观教育，加强社会主义思想道德建设和社会主义家庭文明建设，为实现中华民族伟大复兴中国梦提供思想保证、精神力量、道德滋养。传统家训作为古代思想政治教育的重要组成部分，在阐释和传播社会主流意识形态、培育个体品德方面发挥了重要作用，也为当前意识形态建设提供了一定的资源借鉴。

一　家、家训在当代中国的地位

传统家训意识形态教化功能的发挥，有赖于特定的经济基础、社会结构与国家支撑。新时期我国经济基础、社会结构、国家制度体系、思想理论等方面均发生了深刻的变化，相应的家的结构与功能、家训的制度性质和表现形式也有了一定的改变。探讨传统家训的当代价值，首先需要回答家、家训在当代中国的地位与特征,回答传统家训是否能够与当代社会相适应、是否具有可借鉴的现代价值、有益资源。

当代中国家庭的主要形态是个体家庭。随着时代的变迁,我国的家庭结构逐渐以核心家庭为主,家庭人际关系日趋简单,家庭规模日渐缩小。当前我国家庭结构以核心家庭为主,主干家庭占据了较大比例,其他类型家庭比例较小。① 家庭结构反映出家庭代际关系的基本类型和家庭的基本规模,当前我国家庭以夫妻和未婚子女两代人为主构成,家庭人口数在 2~3 人。据统计 2014 年我国"城乡平均户规模为 2.72 人"②。2020 年,第七次全国人口普查数据显示,平均每个家庭户的人口为 2.62 人,家庭户规模继续缩小。此外,由祖父母、父母及未婚子女三代人组成的主干家庭也占据了一定的比例。现代家庭形态显然与古代的家有所不同,古代的家庭结构以主干家庭、核心家庭为主,以聚族而居、累世同居为特色,大家族形态是古代家庭结构的理想形态。相应的家庭人际关系也更为复杂,家庭规模明显高于当前的平均人口,"在我国长达数千年的历史上,除少数朝代家庭户的平均规模出现过高和过低的记载外,多数朝代家庭户的平均规模都略高于 5 人,大致在 5.17~5.38 人之间波动。当代民间学者的社会调查也表明,旧中国家庭户的平均规模在 5 人左右"③。

在新的时代条件下家庭的功能也发生了一定的变化。中国古代的家是集物质资料的生产、人自身的生产、抚育子女、教化子女、赡养老人、娱乐休闲、情感交流和精神慰藉等功能于一体的生产生活共同体。新时代条件下我国家庭功能发生了以下变化。一方面经济生产功能收缩。与以男耕女织为主要生产方式的农耕经济不同,现代工业经济强调社会协作,需要更多的人投

---

① 家庭可以按照不同的标准分类,《中国家庭发展报告(2014)》依据家庭代际层次和亲属关系,将家庭分为"核心家庭、直系家庭、联合家庭、单人家庭和其他家庭",直系家庭又称"主干家庭",是包含至少两代已婚者的家庭类型,联合家庭则是指由父母和两个及以上已婚子女组成的家庭,其他家庭包括隔代家庭、单亲家庭、丁克家庭、婚前同居家庭、大龄独居家庭等。
② 国家卫生计生委家庭司编《中国家庭发展报告(2016)》,中国人口出版社,2016,第 4 页。
③ 梁方仲编著《中国历代户口、田地、田赋统计》,中华书局,2008,第 385 页。

入社会化大生产中。家庭不再具备独立生产经营的经济基础，家庭成员也就失去了从事家族经营的机会，而是更多地投入需要广泛合作的社会各行各业中，社会生产功能已经从家庭移向社会。另一方面，家庭抚育子女、教育子女、赡养老人等一部分功能移向社会，为社会所代替。现代家政服务的发达反映了家庭抚育子女功能向社会的转移，社会上各类知识教育机构和技能、才艺教育机构的普遍化反映出家庭教育功能的转移，而养老金政策的实施、养老院的流行则体现了家庭养老功能的转移。

当代我国的家庭形态与功能发生了转化，家庭人际关系更加民主和平等，但是家庭作为社会的基本细胞和个体成长发展的第一场所的基本功能没有发生变化。从家庭数量上来说，中国是世界上家庭数量最多的国家，2010年第六次全国人口普查数据显示，大陆31个省、自治区、直辖市共有家庭约4.0亿户；《中国家庭发展报告（2014）》指出，中国家庭数量达4.3亿户；2020年第七次全国人口普查数据显示，全国共有家庭户49416万户。世界家庭数量则更为客观。家庭的广泛存在表明家庭作为由血缘、姻缘和收养关系组成的生活共同体，依然有着存在的现实意义和天然基础。习近平总书记着重强调了家庭在社会发展和个人发展中的重要作用，指出"不论时代发生多大变化，不论生活格局发生多大变化，我们都要重视家庭建设，注重家庭、注重家教、注重家风"[①] "家庭是社会的细胞。家庭和睦则社会安定，家庭幸福则社会祥和。"[②] 2014年春节期间央视播出的节目《新春走基层·家风是什么》引起了社会的广泛关注，充分说明了家庭、家风广泛的社会根基。世界也在强调家庭对国家、社会、个人的作用。为了促进各国对家庭的关注，联合国将1994年定为"国际家庭年"，以后每年的5月5日定为"国际家庭日"；世界各地区日益重视家庭问题，1993年5月，"国际家庭年"亚太地区筹备会议在北京举行，通过了被称为"闪光声明"的《亚太地区家庭问题北京宣言》和《家庭在发展中的作用的建议》。

---

① 习近平：《在2015年春节团拜会上的讲话》，《人民日报》2015年2月18日。
② 习近平：《在会见第一届全国文明家庭代表时的讲话》，《人民日报》2016年12月12日。

家庭作为人生的第一所学校，对人们思想、行为的影响是直接而又深刻的。家庭教育在个人思想道德素质培养以及社会化过程中发挥了重要作用，对于人们扣好人生的第一粒扣子、迈好人生的第一个台阶意义重大。家长必然要将生活中基本经验、为人处世中的基本原则、社会要求的基本规范传授给子女，以使其更好地立身处世。习近平总书记指出："家庭是孩子的第一个课堂，父母是孩子的第一个老师。家长要时时处处给孩子做榜样，用正确行动、正确思想、正确方法教育引导孩子。要善于从点滴小事中教会孩子欣赏真善美、远离假丑恶。要注意观察孩子的思想动态和行为变化，随时做好教育引导工作"[1]，强调家庭教育的核心在于品德教育，"家庭教育涉及很多方面，但最重要的是品德教育，是如何做人的教育"[2]。《新时代公民道德建设实施纲要》指出，"家庭是社会的基本细胞，是道德养成的起点。要弘扬中华民族传统家庭美德，倡导现代家庭文明观念"。现代家庭在个体品德培育中依然发挥着重要的功能。可以说，只要人与人之间的亲情依然存在，只要家庭依然存在，只要长辈与晚辈之间、长幼之间、男女之间的关系依然需要调节，家训就有存在的天然基础和现实意义。

二 传统家训为社会主义核心价值观培育提供经验借鉴

在古代国家治理中，传统家训运用行之有效的教化方略，在教育子女、治理家庭、维系家族、维护统治方面发挥了重要的教化作用，有效促进了古代核心价值观的培育和践行。党的十八大以来，习近平总书记多次强调要重视家庭、重视家庭德育，强调要发挥家庭在培育和践行社会主义核心价值观中的作用。家作为核心价值观培育的重要场所，家庭德育作为价值观培育的重要载体，在立德树人、人才培养方面发挥着重要作用。党的十九大报告强调要加强社会主义核心价值观的培育和践行，"强化教育引导、实践养成、制度保障""把社会主义核心价值观融入社会发展各方面，转化为人们的情

---

[1] 习近平：《从小积极培育和践行社会主义核心价值观——在北京市海淀区民族小学主持召开座谈会时的讲话》，《人民日报》2014年5月31日。

[2] 习近平：《在会见第一届全国文明家庭代表时的讲话》，《人民日报》2016年12月12日。

感认同和行为习惯"①。传统家训作为古代社会教化的重要载体,与新时代背景下社会主义核心价值观培育有着诸多相似之处,二者本质上都是一种意识形态教化,都以立德树人为价值目标;二者同根同源,有着共同的地域文化基础与文化心理积淀,在培育内容上体现为批判性继承与创新性发展的关系,其中蕴含的有益教化经验,能够为当前社会主义核心价值观的培育和践行提供一定的方略启迪。

(一)重视发挥家庭德育培育社会主义核心价值观的作用

传统家训本质上作为一种家庭德育,在古代核心价值观培育中发挥了重要的立德树人作用。"无论时代如何变化,无论经济社会如何发展,对一个社会来说,家庭的生活依托都不可替代,家庭的社会功能都不可替代,家庭的文明作用都不可替代。"② 新时代背景下,尽管家庭结构和家庭规模发生了较大变化,然而家庭依然是人们成长发展的第一场所和终身场所,家庭德育在人们的价值观养成中依然发挥着不可替代的作用。当前实现社会主义核心价值观的日常化和生活化,就需要紧密结合家庭德育,注重发挥家庭德育在社会主义核心价值观培育中的载体作用。具体而言,有必要把握以下三个着力点。第一,注重增强家长自身的家国情怀与社会责任。传统家训的成功教化实践首先得益于家训教化主体爱国爱家的责任意识。在家国一体的社会背景下,古代家长们具有浓厚的家国情怀,有着修身进德、治理家庭、安邦兴国、济世报国的志向与情感。这种家国情怀是由内而外、由身及家、由家及国的,更是由自然情感向政治情感的转化、由血缘伦理向政治伦理的演化,体现了个体对家庭家族、国家社会的责任感、义务感。当前有效发挥家庭德育培育和践行社会主义核心价值观的作用,重要前提在于加强家长家国情怀与责任意识的培养。第二,增强家长在家庭德育中的教化主体意识。在以核心家庭为主要结构形态的现代社会,家长对社会主义核心价值观的理性认知、价值认同和切实践行,深刻影响着个体小家庭中家庭成员的道德养成

---

① 《习近平谈治国理政》第三卷,外文出版社,2020,第33页。
② 《习近平谈治国理政》第二卷,外文出版社,2017,第353页。

与价值观养成。增强家长的价值观培育意识和实际生活中的以身作则、身教示范,是贯彻家庭德育培育和践行社会主义核心价值观的关键所在。第三,在具体的培育策略上,有必要注重实现对社会主义核心价值观的通俗化阐释和生活化传播,在日常的点滴生活中加强对家人的价值观引导。

(二)实现思想内容的通俗化阐释和层次化表达

传统家训制定主体和教化主体有着明确的教化担当意识,他们紧密结合家庭家族生活实践,运用多数人熟悉知晓的语言,如运用歌谣、俗语、谚语、成语、格言、历史典故等,以此由浅入深、以小见大推演说明儒家义理。同时他们还注重对古代核心价值观的层次化阐释,将系统化的思想内容转化为层次化的规范要求。家训主体自觉的理论阐释,为古代核心价值观的民间化提供了理论前提。借鉴传统家训教化经验,有必要从以下三个方面进一步对社会主义核心价值观理论本身做出通俗化阐释和层次化表达。一是注重理论本身与日常生活实践的联系,针对人们生活实践中出现的矛盾和问题,引导人们加以正确认识。二是增强语言表达的生活化、通俗化。这就需要针对不同层次的教育对象或者具体的个人,结合他们的日常生活、学习、工作实践,具体问题具体分析,增强理论的真实可信性和可操作性。关键在于将学理化、政治化的话语转化为通俗易懂的生活化的语言,增强所讲义理的可接受性。习近平关于"像石榴籽一样紧紧抱在一起""时代是出卷人,我们是答卷人,人民是阅卷人"等生活化表达无疑有助于增进人们对政治话语的理解和认同。三是在真正学懂弄通的基础上将思想理论层次化、条理化,增强理论的现实指导性。社会主义核心价值观这个概念对人民群众而言并不陌生,陌生的地方在于对整体内容、基本观点的把握和理解,在于对社会主义核心价值观的实际运用。这就需要理论工作者在具备扎实的理论基础上,将理论层次化,既可以沿着个人、社会、国家三个层次,又可以沿着价值观念、道德规范等层次予以归纳,以增强生活化和实践化。

(三)运用多样化的传播形式与生活化的传播方法

传统家训通过运用多样化的教化形式和生活化的教化方法,有效传播了古代核心价值观,增进了家庭成员的理性认同与价值认同。当前推进社会主义核心价值观的生活化与日常化,一方面,需注重传播形式的多样化以及不同传播形式的相互结合。在社会主义核心价值观的教育与宣传工作中,有必要系统掌握和熟练运用说理引导与训诫斥责相统一的对话形式、不同风格特色的书面形式以及意义物品、实践锻炼等形式。其中,社会实践是促进民众认同和确立社会主义核心价值观的生动形式,可以借鉴传统家训中蕴含的强化实践体验环节、丰富实践载体、创造实践育人基地等方式,促进核心价值观的落地生根。此外,还需结合实际情形,灵活运用和适时组合不同传播形式,从而实现培育效果的最大化。另一方面,注重传播方法的生活化,注重不同方法的综合运用。有效培育和践行社会主义核心价值观,需依据说理对象的特点与实际的教育环境,熟练掌握和灵活运用各种教育方法,比如可以合理科学借鉴传统家训中日常训诫法、身教示范法、奖惩激励法以及文化熏陶、文本制定等方法,以此提高传播实效性。

(四)推进社会主义核心价值观的仪式化传播

传统家训将古代核心价值理念融入各种生活仪式和礼俗仪式之中,潜移默化地引领着人们思想行为的合理发展。习近平指出,"礼仪是宣示价值观、教化人民的有效方式,要有计划地建立和规范一些礼仪制度",对一些重大礼仪活动"要上升到国家层面,以发挥其社会教化作用"[①]。目前已逐步展开社会主义核心价值观的仪式化传播,但也在不同程度上存在着形式化、官方化、商业化等倾向。传统家训注重实现古代核心价值观与日常仪式、社会仪式、国家仪式的有机结合,充分调动受众群体的参与热情,使人们在切实参与各种仪式活动中亲身感悟价值观的魅力。借鉴家训仪式化教化经验,推进社会主义核心价值观的仪式化传播,有必要在以下三个方面着力用功。首先,注重实现社会主义核心价值观与仪式活动的有机结合。仪式活动在价值观传播过程中充分实现了受众的参与、互动和体验,因此,应注重实现核心价值话语与日常仪式、民间仪式、国家仪式等不同

---

① 《习近平关于全面深化改革论述摘编》,中央文献出版社,2014,第89页。

层次的仪式活动的有机结合。其次,把社会主义核心价值观仪式化传播贯穿于社会生活、日常生活之中。融入社会主义核心价值观的各种仪式活动,需要进一步深入到民众的日常生活、广阔的社会生活中去,在具体的仪式化实践中切实增强社会主义核心价值观的影响力。再次,把民众意愿落实在社会主义核心价值观仪式化传播实践中。传统家训在制约仪式、宣讲仪式和庆典仪式等一系列的仪式化传播活动中,一大特色在于非常关注受众群体的情感意愿和参与度。面对当前社会主义核心价值观传播中存在的形式化等问题,尤有必要将民众意愿切实落实在社会主义核心价值观仪式化的传播实践中。

(五)构建自上而下和自下而上相结合的系统化运行机制

传统家训在古代核心价值观培育过程中逐渐形成了系统化的整体性教化机制,全方位、多角度对民众的思想行为展开规范化引导。当前,进一步深入推进社会主义核心价值观的培育和践行,"不仅要靠思想教育、实践养成,而且要用体制机制来保障"[①],进一步形成规范化、系统化的长效运行机制。借鉴家训教化机制有益经验,需要进一步建立健全自上而下的领导体制和自下而上的民主助推机制。一方面,需强化自上而下的宣讲和传播机制。在以往社会主义核心价值观教育过程中,我们形成了党政干部和理论工作者在各级宣传部门带动理论宣讲氛围,学校、企业、社区纷纷开展理论宣传活动的自上而下的传播机制,取得了良好的效果。在新的时代条件下更应继续强化该机制,并不断创新具体的方式方法。另一方面,需要着力构建自下而上的践行机制。自下而上的践行机制是指积极发挥来自民间的传播主体的作用,以广泛的群众性传播推动社会各领域社会主义核心价值观教育的开展。在此基础上实现自上而下和自下而上教化机制的密切配合和相互促进。同时,在教育系统、传媒系统、生产生活系统、文艺系统等各个价值观培育系统中,均存在传播的方法机制的问题。这就有必要借鉴传统家训的有益教化经验,注重建立劝导约束机制、熏陶感染机制和警戒惩罚机制,同时实现

[①] 《习近平关于全面深化改革论述摘编》,中央文献出版社,2014,第89页。

三者之间的有效互动。此外,还需注重发挥法律对道德建设的促进和保障作用,着力构建体现价值理念的法律保障机制。

三 传统家训为新时代公民道德建设提供资源支撑

公民道德建设工程是提高人民思想道德水平、文明素养的重要举措。党的十九大报告指出要"推进社会公德、职业道德、家庭美德、个人品德建设,激励人们向上向善、孝老爱亲,忠于祖国、忠于人民。"① 为此"必须加强全社会的思想道德建设,激发人们形成善良的道德意愿、道德情感,培育正确的道德判断和道德责任,提高道德实践能力尤其是自觉践行能力,引导人们向往和追求讲道德、尊道德、守道德的生活,形成向上的力量、向善的力量"②。传统家训作为古代思想政治教育的重要载体,蕴含着丰富的德育资源,其中的修身观、治家观、处世观与当前公民道德建设中的个人品德、家庭美德、社会公德在内容上具有契合之处,"在传统文化和传统道德中,蕴含着不可忽视的、超越时代的、可继承的优秀遗产"③,因此有必要汲取其中有益的德育思想来为当前公民道德建设提供资源借鉴。

(一)借鉴优秀修身思想,推进个体品德建设

传统家训蕴含的修身观与当前公民道德建设的契合点应是个人品德领域。传统家训强调修身是个体立身处世的前提,是齐家治国平天下的基础,因而非常重视个体的道德修养。党的十七大报告提出要加强个人品德建设,强调个体道德涵养对于公民道德建设的重要性,"个人品德建设不好,社会公德、职业道德和家庭美德建设都将是空中楼阁,无根之本,无源之水"④。

---

① 习近平:《决胜全面建成小康社会 夺取新时代中国特色社会主义伟大胜利——在中国共产党第十九次全国代表大会上的报告》,人民出版社,2017,第43页。
② 中共中央文献研究室编《习近平关于社会主义文化建设论述摘编》,中央文献出版社,2017,第137页。
③ 罗国杰、夏伟东:《古为今用 推陈出新——论继承和弘扬中华传统美德》,《红旗文稿》2014年第7期。
④ 马奇柯:《社会公德、职业道德、家庭美德、个人品德关系论析》,《学术交流》2008年第2期。

传统家训在内容上与当前个人品德建设具有承接之处。传统家训认为勤劳节俭、谦虚谨慎、与人为善是个体基本的道德规范。勤劳是个体谋生的一种手段，又是自立自强的表现，勤可以"免饥寒""远淫僻""致寿考"①，因此勤于治生方能自立自强，勤于治学方可成才成贤。针对当前一些人好逸恶劳、不思进取的现象，更应强调辛勤劳动、勤奋学习、勤奋工作的重要性，培育个体勤奋奉献的品德。"慎"是个体处理事务、处理人际关系内心生敬的一种境界，是"人们在道德修养中所形成的一种道德感情和道德信念，并由这种信念形成一种境界，它使人们在任何情况下，都能坚持按道德规范去行事"②，培养谦虚谨慎的品德是加强个体道德修养的重要方面。与人为善、团结友爱是个体立身处世的基本要求，与人相处时器量须大，心境须宽，待人要宽和，即与人为善，由此才能形成和谐的人际关系。

传统家训在修德方式上可以为个人品德建设提供借鉴。传统家训主张立志以修德，读书以变化气质、陶铸德性，这为当前个人品德建设提供了有效借鉴。立志重在成为品行高尚的人，"以尧舜君民为志""以廉恕忠勤报国安民为职"③，一旦确立志向，便应意志坚定地为之努力。提高个体道德素质，首先应该具备坚定的理想信念，牢固树立共产主义远大理想和中国特色社会主义共同理想，而不是缺乏理想目标，整日无所事事。勉学也是涵养品德的重要方式，"凡人进德修业，事事从读书起"④，读书学习能够变化气质，陶铸德性，从而提高人生修养，提升人生境界。因此，为提高自身修养，就有必要鼓励人们勤于学习，多读书，多好书，利用大众传媒等多种手段读书，形成勤学勉学的良好风气。

（二）借鉴优秀治家思想，推进家庭美德建设

传统家训的治家观与当前公民道德建设的契合点应是家庭美德领域。家庭作为个体教受教育最早的地方，作为个体社会化的第一场所，对个体的成

---

① （清）王晫、张潮编纂《檀几丛书》，上海古籍出版社，1992，第92页。
② 罗国杰主编《伦理学名词解释》，人民出版社，1984，第147页。
③ 《丛书集成初编0975·许云村贻谋》，中华书局，1985，第4页。
④ 《文渊阁四库全书》第717册，台湾商务印书馆，1986，第660页。

长成才至关重要。良好的家庭氛围、和谐的家庭人际关系无疑有助于和谐家庭的构建与个体的健康成长。传统家训中的治家思想虽然不可避免地带有鲜明的尊卑等级的烙印，片面强调子对父、夫对妻的责任与义务，但其中不乏具有时代价值的治家思想。

传统家训中睦亲齐家、勤俭持家的治家观可以为现代家庭美德建设提供内容借鉴。首先，在家长与子女之间的关系上传统家训主张父慈子孝，父道在于严慈相济，孝道在于敬养父母。本着批判继承的原则，父慈子孝思想的深刻内涵可以丰富当今"尊老爱幼"思想，在家庭生活中应该赡养父母、敬重父母，进一步外推为"老吾老以及人之老"而不是不尽赡养义务、不尊重父母、不尊重老人；在教育子女问题上应爱教结合、严慈相济，进一步外推为"幼吾幼以及人之幼"，而不是溺爱子女或者动辄棍棒相加。其次，传统家训在家庭经济关系上强调勤俭持家、量入为出、制才节用，可以丰富当前"勤俭持家"的家庭美德，在家庭生活中应坚持适度原则，量入为出，适度消费，而不是盲目攀比、追求高消费。最后，传统家训在夫妻关系上主张夫妻应相互尊重，"夫妇之际，以敬为美"①，在邻里关系上强调言顺气和、救贫济乏、和睦相处，根据时代要求进行批判继承，其对于当今"夫妻和睦、邻里团结"的家庭美德建设具有重要的借鉴意义。

传统家训中教化兴家的治家观可以为现代家庭美德建设提供方法借鉴。在将道德规范内化为个体道德意识、外化为个体道德行为方面，传统家训充分运用家人之间的血缘亲情关系，将伦理教化寓于血缘亲情之中，在居家生活、待人接物、衣食住行、冠婚丧祭方面通过日常训诫、身教示范、环境熏陶、引导家人自我教育等方法，将为人处世、居家守业的基本道德规范传递给家庭成员，使其内化于心、外化于行，从而对家人在居家生活、立身处世中形成一种道德约束，促进家庭和谐、社会秩序稳定。传统家训中这些教化兴家的方式方法可以为现代家庭美德建设所借鉴，家长可以在日常生活中对子女的言谈举止、视听言动等进行及时、反复的温情劝导与纠偏惩戒，同时

---

① 《文渊阁四库全书》第696册，台湾商务印书馆，1986，第706页。

自身要做到身教示范，只有家长以身作则，孩子才能从心里对其教育的内容做到内省认同。此外，进行家庭美德建设，还需要营造良好的家庭环境，形成优良家风，使家庭成员在和谐的家庭环境中熏陶濡染，在日用而不觉的家风熏陶中提高自身道德修养。

（三）借鉴优秀处世思想，推进社会公德建设

传统家训中的处世观与当前公民道德建设的契合点应是社会公德领域。传统家训中的处世思想与社会公德一样，是人类社会生活的一些基本准则，在当代仍有一定的借鉴价值。理应在"批判继承、古为今用"原则基础上，深入挖掘、努力探索其与现今社会公德领域的契合点。

传统家训以儒家伦理道德规范为指导，以"仁"为原则处理人与人之间的关系，认为要以礼待人、谦下诚实，宽以待人，与人为善，旨在营造和谐的人际关系、稳定社会秩序。其初衷虽然在于避免祸患、明哲保身，但不可否认的是这种谦敬礼让、文明有礼的处世之道确实有助于崇德向善社会风气的形成。当今社会要形成"讲正气、促和谐"的社会风尚，加强社会公德建设，形成和谐的人际关系，可以借鉴传统家训中以礼待人、谦敬礼让、与人为善、诚实守信等处世思想。人与人相处应该做到语言文明、仪表整洁、以礼待人，在视听言动方面文明有礼，这不仅是尊重他人的表现，也是个体修养的体现；人与人相处还应博施济众，以仁爱之心处理人际关系，发扬"人人为我，我为人人"的助人为乐的精神，对于社会上的老、弱、病、残、孤、寡以及其他弱势群体给予更多关爱与帮助。

传统家训将这种"仁爱"思想推己及物，以"仁民爱物、民胞物与"的原则处理物我关系，可以为"保护环境"这一社会公德理念提供理论借鉴。"爱物"在于爱惜动物的生命，适度利用自然资源，戒贪婪，尚节俭，不乱砍滥伐森林，并将"爱物"提高到养心、积德的高度，"爱物"是积德行善的体现，是个体进德修身的必然要求。其将这种与自然和谐相处的生态观赋予伦理色彩。凡事不可过度，做到适度最好，与自然相处更是如此，大自然的资源并非取之不竭，动植物也有生命，爱惜物命、珍惜资源不仅旨在保护自然，寻求人与自然的和谐，更重要的在于这是一种人之为人的体现，

是个体进德修身、自我修养的要求。"保护环境"这一行为体现了个体的道德修养，也是社会文明程度的标志，在当代，更应做到爱惜物命、珍惜资源，注意公共卫生，以营造优美环境。

第三节 传统家训在新时代的创造性转化

党的十八大以来，习近平总书记多次强调传统文化的创造性转化问题，指出"要处理好继承和创造性发展的关系，重点做好创造性转化和创新性发展"①。传统家训作为我国历史发展中的文化现象，在新的时代条件下同样需要实现创造性转化和创新性发展。实现传统家训的创造性转化，首先需要明确传统家训创造性转化的基本内涵、转化条件，在此基础上探讨实现创造性转化的合理性、原则与路径。

一 传统家训创造性转化的基本内涵

"创造性转化"一词最早由林毓生在《五四时代的激烈反传统思想与中国自由主义的前途》一文中提出②。他认为，创造性转化是指"把一些中国文化传统中的符号与价值系统加以改造，使经过创造性转化的符号与价值系统，变成有利于变迁的种子，同时在变迁的过程中，继续保持文化的认同。这里所说的改造，当然是指传统中有东西可以改造、值得改造，这种改造可以受外国文化影响，却不是硬把外国东西移植过来"③。该定义包含了以下要点：一是创造性转化的传统文化是指仍具有时代价值和现实意义的优秀内容，故需要对传统文化予以批判鉴别、反省审视；二是在创造性转化的过程中既要适应时代变迁的现实环境，也需要理性审视外来文化，合理吸收借鉴

---

① 《习近平谈治国理政》，外文出版社，2014，第164页。
② 近代以来面对经济文化落后的社会现实，在器物救国、制度救国收效甚微的情况下，不少中国人希望通过思想救国。思想救国的文化运动可分为两种路径，一是打倒旧传统、建立全新的文化体系；二是通过创造性转化，推陈出新。正是在这样的背景下，以林毓生为代表的知识分子主张在尊重传统、批判借鉴传统文化和外来文化的基础上，建立新文化。
③ 林毓生：《中国传统的创造性转化》，生活·读书·新知三联书店，2011，第328页。

外来文化的精华，故实现创造性转化需要兼顾时代性和世界性；三是创造性转化的目的在于古为今用，促进当前社会的发展，也即立足点在当下社会。此后，"创造性转化"一词在学界逐渐被广泛使用①，在使用上基本沿袭林毓生的定义。

党的十八大以来习近平总书记多次强调传统文化的创造性转化问题，为处理好中华文化继承和发展的关系提供了基本遵循。新时代传统文化创造性转化命题的强调，凸显了当前我国建设社会主义文化强国、实现中华民族伟大复兴的时代诉求，体现了对传统文化的理性审视，是文化自觉、文化自信的体现。当前语境下传统文化的创造性转化的基本内涵与林毓生等学者语境下的内涵有一定的联系，也有所区别。共同之处在于均是为了解决传统文化和现代化的关系问题，为了解决中华文化继承和发展的关系问题，二者都以尊重传统、批判继承为基本前提，都以汲取传统精华以促进当前文化发展为目标。区别在于林毓生等学者提出传统文化的创造性转化，在于应对人们当时文化迷茫、文化不自信的情境，当前则是为了增强人们的文化自信、增强国家的文化软实力；同时当前不仅强调创造性转化，还强调创新性发展，这是对传统文化创造性转化的深入推进，凸显了新时代传统文化更强的生命力。

传统家训在我国历史发展过程中逐渐形成了独特的文化现象，是文化传承的重要载体，在意识形态教化中也发挥了重要作用。传统家训作为传统文化的重要组成部分，在推进传统文化创造性转化和创新性发展的当前社会，同样需要实现创造性转化。但是传统家训在形成发展过程中，不可避免地会受到当时的时代条件、社会制度以及人们认识水平的限制，因而也不可避免地带有阶级性和历史性的局限。传统文化要实现现代价值，就需要创造条

---

① 当代新儒家更加强调对传统文化的创造性转化，如当代第三代新儒家杜维明（哈佛大学哲学系教授）、刘述先（台大哲学系教授）、成中英（夏威夷大学哲学系教授）等均重视儒家思想与现代化的关系问题，对儒家文化持"同情的理解"的态度，认为儒家文化仍具有重要的现实价值，可以实现创造性转化。此外，王易、葛晨虹、张践、钱逊、方克立、王殿卿、黄钊等学者也强调发挥儒家文化的现实价值即进行现代转换。

件，对其进行创造性的转化，实现创新性发展，从而为当代中国特色社会主义文化建设提供精神支撑。面对新的时代背景与国内实践，中华家训文化并不是传统家训文化的直接转化，而是在新的实践和理论基础上的升华和质变，是区别于一般性转化的创造性转化，并致力于在创造性转化的基础上实现创新性发展。

首先，传统家训的创造性转化不同于一般性转化。一般性转化是共性的转化，遵循一般原则、具有普遍规律；而创造性转化是特殊性的转化，是具有特定指导思想、目标原则等的转化。从历史发展来看，传统家训的思想内容经历了从全面化的家族教育向伦理化的政治教育为主的转化，表现形式经历了从较单一的书信、散文向书信散文、诗歌词曲、专著汇编等多样化形式的转化，训诫方式从以对话、书面为主向对话、书面、实物、活动等多样化的转化。这是传统家训转化的一般，是其"苟日新，日日新，又日新"（《礼记·大学》）的与时俱进的内在特质使然。传统家训思想内容、表现形式、训诫方式等的转化本质上是一致的，皆植根于古代以农耕经济、君主专制、儒家文化为核心的社会基础，服务于古代社会大一统的国家目标。传统家训在历代发展过程中又有着适应各自历史发展阶段的特殊要求与时代特色，这是其转化的特殊。在当代中国，实现家训的现代转化，既需要进行一般性的转化，即根据文化发展的规律，促使其自我更新；又需要对传统家训实现创造性转化，即立足于当下中国特色社会主义实践，促使其自我超越与发展。

其次，传统家训的创造性转化是其创新性发展的前提和基础，传统家训的创新性发展是其创造性转化的飞跃。传统家训创新性发展的目标，直接指向社会主义家庭文明建设①，不仅致力于幸福美满的千万家庭的形成，而且旨在"用我们4亿多家庭、13亿多人民的智慧和热情汇聚起实现'两个一百年'奋斗目标、实现中华民族伟大复兴中国梦的磅礴力量"②。传统家训的创造性转化是一个有着特定历史任务和要求的伟大的基本工程，是通过一

---

① 习近平总书记在会见第一届全国文明家庭代表时指出："动员社会各界广泛参与，推动形成爱国爱家、相亲相爱、向上向善、共建共享的社会主义家庭文明新风尚。"
② 习近平：《在会见第一届全国文明家庭代表时的讲话》，《人民日报》2016年12月12日。

定的条件而实现自我更新与发展的。这些条件包括社会历史发展的客观条件，也包括社会各阶层的主观能动性的积极发挥。只有在条件成熟的情况下，传统家训的创造性转化才能实现，从而促进传统文化的创新性发展。也只有通过传统文化的创造性转化这一中间环节，传统家训才有可能实现创新性的发展。

传统家训的创造性转化是当下加强社会主义文化建设、增强文化软实力，从而增强国家整体实力、实现中华民族伟大复兴的时代要求，又是面对世界文化激荡、增强国家文化安全的必然选择。本书认为，传统家训的创造性转化是指，在马克思主义的指导下，根据时代发展要求与中国特色社会主义实践发展需要，对中华优秀传统家训文化（主要是指中华优秀家训思想文化，如价值理念、道德规范等），赋予新的时代内涵与现代表达形式，使中华优秀传统文化与当前现实文化相结合、相融通，共同服务于建设社会主义家庭文明新风尚与实现中华民族伟大复兴的历史任务。

二 传统家训创造性转化的原则与路径

在新的时代条件下，传统家训具有实现创造性转化的合理性和现实需要。实现传统家训的创造性转化，需要遵循一定的原则，心怀虔诚敬畏之心，心怀批判继承的理性态度，运用合适合理的方式实现其现代转化。

（一）传统家训创造性转化的基本原则

历史唯物主义认为，社会存在决定社会意识。传统家训要在新的时空条件下继续获得生命力和影响力，服务于新时代的文化建设，就需要顺应时代潮流，遵循以下基本原则。

坚持马克思主义的指导。从性质上而言传统家训是古代社会教化的载体，以儒家思想为指导，为传播儒家思想服务。我国作为社会主义性质的国家，以马克思主义为指导思想。在时空转换的条件下，传统家训要活得崭新的时代活力和生命力，前提在于认识到社会主流意识形态的转换。而这也就意味着传统家训要转换为适应当前我国社会发展的现代家训，就必须坚持以马克思主义为指导。坚持以马克思主义为指导，也就意味着必须坚持马克思主义的立场、观点、方法,以辩证唯物主义和历史唯物主义为原则扬弃传统家训。

立足于当前历史方位。理论来源于实践,理论的转化与完善也是在变化了的社会实践基础上形成的。因而实现传统家训的创造性转化,必须立足于中国特色社会主义的伟大实践,立足于改革开放和社会主义现代化建设的实践,立足于中国特色社会主义新时代的历史方位,使之与当代社会相适应,与中国特色社会主义民主政治、市场经济、先进文化实现深度融合与互动发展。具体而言,就是在按照中国特色社会主义建设事业的要求的基础上,以是否有利于广大人民群众思想道德素质的提升,是否有利于形成知荣辱、讲正气、作奉献、促和谐的良好社会风尚,是否有利于培育和践行社会主义核心价值观,是否有利于推进社会主义家庭文明建设,选取创造性转化的时代内容,从而做好转化工作。只有植根实践,回应现实问题与挑战,传统家训的创造性转化才能具有持久的生命力。

树立整体视野。传统家训的创造性转化需要解决的是自身与现代化的关系问题,具体来说则是传统家训如何适应现代化发展,并在现代化过程中发挥现代价值。实现传统家训现代转化,重要任务是面对时代发展的客观需要,对其做出新的诠释与更新。对此需要做到以下两点:一是全面客观地认识传统家训在当今我国社会主义现代化建设过程中的作用,以敬畏而又批判性继承的理性态度对待传统家训,"要坚持古为今用、以古鉴今,坚持有鉴别的对待、有扬弃的继承,而不能搞厚古薄今、以古非今"[①];二是在经济全球化的时代背景下,面对世界思想文化的激荡,既要保持清醒的认识,又要具有国际胸怀与国际视野,能够以开放的态度对待西方文化,坚持博采众长的原则,做到为我所用。

(二)传统家训创造性转化的主要路径

实现传统家训的创造性转化,核心要义在于挖掘传统家训自身蕴含的优

[①] 习近平:《在纪念孔子诞辰 2565 周年国际学术研讨会暨国际儒学联合会第五届会员大会开幕会上的讲话》,《人民日报》2014 年 9 月 25 日。

秀内容、方法、载体，依据古为今用、推陈出新的原则进行辩证分析，赋予时代新意。这种时代新意，"必定要旧中之新，有历史有渊源的新，才是真正的新"①，也就是说要从旧的里面发现新的，"旧"是指具有历史价值和现实价值的优秀传统内容，"新"则是适应新的时空条件、为当代社会服务的新。"那些具有科学性、民主性和人民性因素的独特的、优秀的文化道德遗产，按照古为今用、推陈出新的原则加以甄别改造之后，必将成为中国特色社会主义伟大事业独特的文化依托和文化优势"②。传统家训作为传统文化的重要遗产，其成功实现创造性转化后必将成为中国特色社会主义文化事业的重要依托和文化优势。

深入挖掘和精准提炼传统家训内容精华，结合时代条件赋予传统家训内容新的涵义。 传统家训的创造性转化，首先是对其内容的现代转化，故而需要深入挖掘传统家训蕴含的丰富内容。传统家训内容十分丰富，涵盖了修身齐家、立身处世、精忠报国、理财治生、家学家艺传承等诸多内容，但始终围绕治家教子展开，始终以德育训诫为核心。这样深入挖掘传统家训的内容可以以德育内容为主，传统家训的德育内容又可以分为修身观、治家观、处世观、报国观四条主线。要通过尽可能全面地搜集整理家训资料，系统总结和分析传统家训的修身、齐家、处世、治国思想，并对家训每一思想观念的概念、内容、意义予以深入分析、精准提炼，从而清晰而又全面地把握传统家训内容。在此基础上，结合时代条件赋予其新的时代涵义。以"立志"内容为例，传统家训主张志当存高远，一旦立下心口合一的志向，应当充分发挥自我的主观能动性，努力为之奋斗，同时不为外物和内欲所限制，不为琐碎小事所局限，这些内容在当代依然有着重要的时代价值，需要继续弘扬。然而在立志的目标上传统家训主张"读书志在圣贤，为官心存君国"，这就涉及扬弃继承的问题。"圣贤"与"君国"均具有一定的历史性、具体性，在现代中国，实现"立志"内容的现代转化，就需要对立志的目标和

---

① 贺麟著，张学智编《贺麟选集》，吉林人民出版社，2005，第141页。
② 罗国杰、夏伟东：《古为今用 推陈出新——论继承和弘扬中华传统美德》，《红旗文稿》2014年第7期。

典型人物代表作出现代阐释。

深入挖掘和精准提炼传统家训方式方法，结合时代条件创新传统家训方式方法。传统家训的创造性转化还包括方式方法的转化。传统家训的方式方法丰富多样，可以从多样化的教化形式、生活化的教化方法、日常化的教化仪式三个方面深入挖掘，如在教化形式方面就包括对话、书面、活动、实物等，在教化方法方面包括日常训诫、身教示范、奖惩激励、家风熏陶、家训制定等，在教化仪式方面包括制约、宣讲、庆典、祭祀等内容。在深入挖掘传统家训方式方法的基础上，需要对具体的运行方式、实际效果以及所需的外在条件予以分析进而全面了解、精准把握传统家训的方式方法。在新的时代条件下，对其实现创造性转化，有必要从以下几个方面考虑。一是对传统家训中优秀的仍具有现实价值的方式方法，如情理结合的日常训诫法、以身作则的身教示范法、说理引导的对话形式等可以进一步继承和发扬。二是对传统家训中在当时发挥历史作用在现代需要加化转换的方式方法则需要批判继承，如祠堂聚会的活动形式在古代社会发挥了重要的敬宗收族的作用，然而在当代社会家族祠堂已不再流行，因而祠堂聚会的形式也难以发挥现代效力。尽管如此，我们可以对祠堂聚会这一形式予以现代转换，如将"祠堂"的地点改为"家庭"，转换为家庭聚会形式，即形成一种家庭民主生活会。三是传统家训中有一些"糟粕"性质的方式方法，如严酷严苛的家法惩戒方法，对其就没有进行现代转换的必要。

以社会主义家庭文明建设为契机建构现代家训模式。习近平总书记在2016年会见第一届全国文明家庭代表时的讲话中指出，"要动员社会各界广泛参与家庭文明建设，推动形成爱国爱家、相亲相爱、向上向善、共建共享的社会主义家庭文明新风尚"，这为推进当前家庭文明建设提供了基本遵循。社会主义家庭文明建设作为社会主义精神文明建设的重要组成部分，作为推进国家治理体系和治理能力现代化的重要方面，是亿万家庭实现"两个一百年"奋斗目标、实现中华民族伟大复兴中国梦的精神力量之基。近年来我国社会主义家庭文明建设如火如荼开展、社会主义家庭文明建设的有效推进，离不开中华优秀家训家风的滋养。传统家训蕴含的优秀内容与方式方法可以为现代家庭文明建设提供资源借鉴，传统家训本身也可以以此为契机实现二者的深入对接，积极构建现代家训模式。传统家训在内容、方式、机制和国家支撑等方面有着特定的时代条件，当前应以社会主义家庭文明建设为依托，着力在内容、方法、机制和国家支撑方面向现代家庭文明建设靠拢，向现代化的社会主义中国靠拢，构建具有深厚历史底蕴、现代社会特色、时代精神的现代家训模式。

参考文献

古籍类

[1] （清）永瑢、纪昀等撰，顾廷龙主编《续修四库全书》，上海古籍出版社，2002。

[2] （清）永瑢、纪昀等撰《文渊阁四库全书》，台湾商务印书馆，1986。

[3] （清）阮元校刻《十三经注疏》，中华书局，2009。

[4] 《十三经译注》，上海古籍出版社，2009。

[5] 司马迁等著，顾颉刚校《点校本二十四史》，中华书局，1962~1974。

[6] （清）赵尔巽等撰《清史稿》，中华书局，1977。

[7] 傅璇琮主编《四库全书总目提要》，上海古籍出版社，1965。

[8] （清）严可均辑《全上古三代秦汉三国六朝文》，商务印书馆，1999。

[9] 王云五主编《丛书集成初编》，中华书局，1985。

[10] 上海图书馆编《中国丛书综录》，上海古籍出版社，1982~1984。

[11] 傅璇琮主编《中国古籍总目·子部》，中华书局，2010。

[12] （清）黄虞稷《千顷堂书目》，上海古籍出版社，1990。

[13] （明）徐溥等纂修《大明会典》，国家图书馆出版社，2009。

[14] 刘海年、杨一凡总主编《中国珍稀法律典籍集成》，科学出版社，1994。

[15] 上海图书馆编《中国家谱资料选编》，上海古籍出版社，2013。

[16] （唐）长孙无忌等撰《唐律疏议》，中华书局，1985。

[17] （唐）魏徵等编撰，刘余莉主编《群书治要译注》，中国和平出版社，2013。

[18]（宋）朱熹著，郭齐、尹波点校《朱熹集》，四川教育出版社，1996。

[19]（宋）司马光撰，李文泽、霞绍晖校点《司马光集》，四川大学出版社，2010。

[20]（宋）刘清之撰《戒子通录》三秦出版社，2006。

[21]（宋）范仲淹：《范文正公全集》，浙江文艺出版社，1998。

[22]（宋）张耒撰，李逸安等点校《张耒集》，中华书局，1990。

[23]（宋）吕祖谦著，黄灵庚、吴战垒主编《吕祖谦全集》，浙江古籍出版社，2008。

[24]（宋）包拯撰，杨国宜整理《包拯集编年校补》，黄山书社，1989，第256页。

[25]（明）吕坤撰，王国轩、王秀梅整理《吕坤全集》，中华书局，2008。

[26]（明）方孝孺著，徐光大点校《方孝孺集》上册，浙江古籍出版社，2013。

[27]（明）王守仁著，谢延杰辑刊《王阳明全集》中册，中央编译出版社，2014。

[28]（明）霍韬：《霍渭厓家训》，广西师范大学出版社，2015。

[29]（清）雍正：《大义觉迷录》，文海出版社，1969。

[30]（清）陈立撰，吴则虞点校《白虎通疏证》，中华书局，1994。

[31]（清）曾国藩：《曾国藩全集》，岳麓书社，2012。

[32]（清）王晫、张潮编纂《檀几丛书》，上海古籍出版社，1992。

[33]（清）陈宏谋辑《五种遗规》，中国华侨出版社，2014。

[34]（明）朱舜水著，朱谦之整理《朱舜水集》，中华书局，1981。

[35]（清）库勒纳等撰，平之校点注释《日讲书经解义》，海南出版社，2012。

[36]（清）张履祥著，陈祖武点校《杨园先生全集》，中华书局，2002。

[37]（清）赵慎畛撰，徐怀宝点校《榆巢杂识》，中华书局，2001。

[38]（清）黄宗羲著，沈芝盈点校《明儒学案》，中华书局，2008。

[39]（清）陈确：《陈确集》，中华书局，1979。

[40]（清）唐彪辑注，赵伯英、万恒德选注《家塾教学法》，华东师范大学出版社，1992。

[41]（清）曾国荃撰，曾约农编《湘乡曾氏文献补》，台湾学生书局，1975。

[42]（清）焦循著，上海图书馆整理《里堂家训》，上海科学技术文献出版社，2016。

[43]（清）张英、张廷玉著，江小角等点注《聪训斋语　澄怀园语》，安徽大学出版社，2013。

[44] 郑观应著，夏东元编《郑观应集－救时揭要（外八种）》，中华书局，2013。

[45] 王栻主编《严复集》第4册，中华书局，1986。

[46] 凌景埏、谢伯阳编《全清散曲》，齐鲁书社，1985。

[47] 王晓传：《元明清三代禁毁小说戏曲史料（第3编）》，上海古籍出版社，1958。

著作类

[48]《马克思恩格斯选集》（1～4卷），人民出版社，2012。

[49] 习近平：《决胜全面建成小康社会　夺取新时代中国特色社会主义伟大胜利——在中国共产党第十九次全国代表大会上的报告》，人民出版社，2017。

[50] 习近平：《习近平谈治国理政》，外文出版社，2014。

[51] 习近平：《习近平谈治国理政》（第二卷），外文出版社，2017。

[52] 中共中央文献研究室编《习近平关于社会主义文化建设论述摘编》，中央文献出版社，2017。

[53] 陈先达：《马克思主义和中国传统文化》，人民出版社，2015。

[54] 安启念：《马克思恩格斯伦理思想研究》，武汉大学出版社，2010。

[55] 摩尔根：《古代社会》，商务印书馆，1977。

[56] 王利器撰《颜氏家训集解》，中华书局，2014。

[57] 徐少锦、陈延斌：《中国家训史》，陕西人民出版社，2011。

[58] 赵振：《中国历代家训文献叙录》，齐鲁书社，2015。

[59] 马镛：《中国家庭教育史》，湖南教育出版社，1997。

[60] 闫爱民：《中国古代的家教》，商务印书馆，2013。

[61] 党明德、何成主编《中国家族教育》，山东教育出版社，2005。

[62] 徐梓：《家范志》，上海人民出版社，1998。

[63] 王长金：《传统家训思想通论》，吉林人民出版社，2006。

[64] 朱明勋：《中国家训史论稿》，巴蜀山社，2008。

[65] 符得团、马建欣：《古代家训培育个体品德探微——以〈颜氏家训〉为例》，中国社会科学出版社，2012。

[66] 康世昌：《汉魏六朝家训研究》，花木兰出版社，2009。

[67] 林素珍：《魏晋南北朝家训之研究》，花木兰出版社，2008。

[68] 刘欣：《宋代家训与社会整合研究》，云南大学出版社，2015。

[69] 曾礼军：《江南望族家训研究》，中国社会科学出版社，2017。

[70] 戴素芳：《传统家训的伦理之维》，湖南人民出版社，2008。

[71] 周俊武：《激扬家声——曾国藩家庭伦理思想研究》，湖南师范大学出版社，2011。

[72] 费成康：《中国的家法族规》，上海社会科学院出版社，1998。

[73] 朱勇：《清代宗族法研究》，湖南教育出版社，1987。

[74] 王子今：《"忠"观念研究—一种政治道德的文化源流与历史演变》，吉林教育出版社，1999。

[75] 肖群忠：《孝与中国文化》，人民出版社，2001。

[76] 李朝祥：《嬗变与整合：公民政治意识和国家意识形态》，世界图书出版广东有限公司，2013。

[77] 黄书光主编《中国社会教化的传统与变革》，山东教育出版社，2005。

[78] 张怀承：《中国的家庭与伦理》，中国人民大学出版社，1993。

[79] 萧公权：《中国乡村——论19世纪的帝国控制》，张皓、张升译，联经出版事业股份有限公司，2014。

[80] 沈大明：《〈大清律例〉与清代的社会控制》，上海人民出版社，2007。

[81] 鞠春彦：《教化与惩戒：从清代家训和家法族规看传统乡土社会控制》，黑龙江教育出版社，2008。

[82] 丁钢主编《近世中国经济生活与宗族教育》，上海教育出版社，1996。

[83] 陈支平：《近五百年来福建的家族社会与文化》，中国人民大学出版社，2011。

[84] 黄宽重、刘增贵主编《家族与社会》，中国大百科全书出版社，2005。

[85] 陈其南：《家族与社会：台湾与中国社会研究的基础理念》，台湾联经出版公司，1990。

[86] 高达观：《中国家族社会之演变》，上海书店，1991。

[87] 陶希圣：《婚姻与家族》，上海书店，1992。

[88] 张国刚主编《中国家庭史》，人民出版社，2013。

[89] 冯尔康等：《中国宗族史》，上海人民出版社，2009。

[90] 冯尔康、阎爱民：《宗族史话》，社会科学文献出版社，2012。

[91] 常建华：《宗族志》，上海人民出版社，1998。

[92] 徐杨杰：《中国家族制度史》，武汉大学出版社，2012。

[93] 徐杨杰：《宋明家族制度史论》，中华书局，1995。

[94] 王玉波：《中国家长制家庭制度史》，天津社会科学院出版社，1989。

[95] 朱凤瀚：《商周家族形态研究》，天津古籍出版社，2004。

[96] 谢维扬：《周代家庭形态》，黑龙江人民出版社，2005。

[97] 阎爱民：《汉晋家族研究》，上海人民出版社，2005。

[98] 王善军：《宋代宗族和宗族制度研究》，河北教育出版社，2000。

[99] 萧启庆：《元代的族群文化与科举》，联经出版事业股份有限公司，2008。

[100] 常建华：《明代宗族研究》，上海人民出版社，2005。

[101] 黄宽重：《宋代的家族与社会》，国家图书馆出版社，2009。

[102] 冯尔康：《18世纪以来中国家族的现代转向》，上海人民出版社，2005。

[103] 王玉波：《中国古代的家》，商务印书馆，1995。

[104] 岳庆平：《中国古代的家与国》，吉林文史出版社，1990。

[105] 梁方仲编著《中国历代户口、田地、田赋统计》，中华书局，2008。

[106] 阎爱民：《凑聚之道　古代的家族与社会群体》，天津古籍出版社，2012。

[107] 冯尔康编《中国古代的宗族与祠堂》，商务印书馆，1996。

[108] 何龄修：《封建贵族大地主的典型——孔府研究》，中国社会科学出版社，1981。

[109] 李文治等：《中国宗法宗族制和族田义庄》，社会科学文献出版社，2000。

[110] 杨际平等：《5～10世纪敦煌的家庭与家族关系》，岳麓书社，1997。

[111] 钱杭：《血缘与地缘之间——中国历史上的联宗与联宗组织》，上海社会科学院出版社，2001。

[112] 科大卫：《皇帝和祖宗　华南的国家与宗族》，卜永坚译，江苏人民出版社，2009。

[113] 陈瑞：《明清徽州宗族与乡村社会控制》，安徽大学出版社，2013。

[114] 李卿：《秦汉魏晋南北朝时期家族、宗族关系研究》，上海人民出版社，2005。

[115] 张研：《清代族田与基层社会结构》，中国人民大学出版社，1991。

[116] 郑振满：《明清福建家族组织与社会变迁》，中国人民大学出版社，2009。

[117] 《中华文化通志》编委会编《中华文化通志》，上海人民出版社，1999。

[118] 范文澜、蔡美彪：《中国通史》，人民出版社，2008。

[119] 吕思勉：《中国通史》，中州古籍出版社，2015。

[120] 钱穆：《国史新论》，九州出版社，2011。

[121] 李泽厚：《中国古代思想史论》，天津社会科学院出版社，2003。

[122] 梁启超：《先秦政治思想史》，中华书局，2015。

[123] 萧公权：《中国政治思想史》，中国人民大学出版社，2014。

[124] 吕思勉:《中国政治思想史》,中华书局,2014。

[125] 刘泽华总主编《中国政治思想通史》,中国人民大学出版社,2014。

[126] 吕思勉:《中国制度史》,中国和平出版社,2014。

[127] 李亚农:《中国封建领主制与地主制》,上海人民出版社,1961。

[128] 陈顾远:《中国法制史》,中国书店,1988。

[129] 冯友兰:《中国哲学史》,中华书局,2014。

[130] 胡适:《中国哲学史大纲》,中华书局,2015。

[131] 方立天:《中国古代哲学》,中国人民大学出版社,2014。

[132] 蔡元培:《中国伦理学史》,中国社会科学出版社。2008。

[133] 罗国杰主编《中国伦理思想史》,人民出版社,2008。

[134] 陈瑛主编《中国伦理思想史》,湖南教育出版社,2003。

[135] 罗国杰主编《中国传统道德(理论卷)》,中国人民大学出版社,2012。

[136] 罗国杰主编《中国传统道德(规范卷)》,中国人民大学出版社,2012。

[137] 焦国成:《中国伦理学通论》上册,山西教育出版社,1997。

[138] 王炳照总主编《中国教育通史》,北京师范大学出版社,2013。

[139] 王炳照、阎国华:《中国教育思想通史》,湖南教育出版社,1994。

[140] 李国钧、王炳照:《中国教育制度通史》,山东教育出版社,2000。

[141] 黄绍箕、柳诒徵:《中国教育史》,中国和平出版社,2014。

[142] 程舜英编《中国古代教育制度史料》,北京师范大学出版社,2011。

[143] 黄昭:《中国古代德育思想史论》,中国社会科学出版社,2011。

[144] 张世欣:《中国古代思想道德教育史》,浙江大学出版社,2010。

[145] 王树荫:《中国共产党思想政治教育史》,高等教育出版社,2016。

[146] 詹世友:《道德教化与经济技术时代》,江西人民出版社,2002。

[147] 冯尔康:《中国社会史概论》,高等教育出版社,2005。

[148] 冯尔康:《中国社会结构的演变》,河南人民出版社,1994。

[149] 毛汉光:《中国中古社会史论》,上海书店出版社,2002。

[150] 瞿同祖：《汉代社会结构》，邱立波译，上海人民出版社，2007。

[151] 乔志强主编《中国近代社会史》，人民出版社，1992。

[152] 李治安、孙立群：《社会阶层制度志》，上海人民出版社，1998。

[153] 葛承雍：《中国古代等级社会》，陕西人民出版社，1992。

[154] 蒙思明：《元代社会阶级制度》，上海人民出版社，2006。

[155] 李季平：《唐代奴婢制度》，上海人民出版社。1986。

[156] 韦庆远等：《清代奴婢制度》，中国人民大学出版社，1982。

[157] 经君健：《清代社会的贱民等级》，浙江人民出版社，1993。

[158] 刘泽华：《士人与社会》，天津人民出版社，1992。

[159] 毛汉光：《两晋南北朝士族政治之研究》，中国学术著作奖助委员会出版，1966。

[160] 田余庆：《东晋门阀政治》，北京大学出版社，1988。

[161] 陈瑛主编《中国古代道德生活史》，中国社会科学出版社，2012。

[162] 唐凯麟主编《中华民族道德生活史》，东方出版中心，2014~2015。

[163] 方行：《中国古代经济论稿》，厦门大学出版社，2015。

[164] 康有为：《康有为全集》，姜义华、张荣华编校，中国人民大学出版社，2007。

[165] 梁启超：《新大陆游记》，商务印书馆，2014。

[166] 费孝通：《乡土中国　生育制度　乡土重建》，商务印书馆，2011。

[167] 梁漱溟：《中国文化要义》，上海人民出版社，2011。

[168] 梁漱溟：《东西方文化及其哲学》，上海人民出版社，2006。

[169] 梁漱溟：《中国民族自救运动之最后觉悟》，上海书店，1992。

[170] 冯友兰：《新事论：中国到自由之路》，北京大学出版社，2014。

[171] 贺麟：《文化与人生》，上海人民出版社，2011。

[172] 辜鸿铭：《中国人的精神》，广西师范大学出版社，2001。

[173] 楼宇烈：《中国文化的根本精神》，中华书局，2016。

[174] 李泽厚：《说文化心理》，上海译文出版社，2012。

[175] 孙隆基：《中国文化的深层结构》，广西师范大学出版社，2011。

[176] 杨国枢：《中国人的心理与行为：本土化研究》，中国人民大学出版社，2004。

[177] 瞿同祖：《中国法律与中国社会》，中华书局。2003。

[178] 焦国成：《对中国传统文化反思的反思》，上海人民出版社，1990。

[179] 唐凯麟、张怀承：《成人与成圣　儒家伦理道德精粹》，湖南大学出版社，1999。

[180] 李景林：《教化儒学论》，孔学堂书局有限公司，2014。

[181] 朱义禄：《儒家理想人格与中国文化》，复旦大学出版社，2006。

[182] 唐凯麟、曹刚：《重释传统——儒家思想的现代价值评估》，华东师范大学出版社，2000。

[183] 殷海光：《中国文化的展望》，中华书局，2016。

[184] 韦政通：《伦理思想的突破》，中国人民大学出版社，2005。

[185] 韦政通：《中国思想传统的创造性转化：韦政通自选集》，云南人民出版社，2002。

[186] 林毓生：《中国传统的创造性转化》，生活·读书·新知三联书店，2011。

[187] 陈瑛珣：《清代民间妇女生活史料的发掘与运用》，天津古籍出版社，2010。

[188] 靳诺：《德治法治与高校思想政治教育》，光明日报出版社，2004。

[189] 郑永廷等：《社会主义意识形态研究》，中山大学出版社，1999。

[190] 王伟光：《纵论意识形态问题》，社会科学文献出版社，2016。

[191] 侯惠勤：《马克思主义的意识形态批判与当代中国》，中国社会科学出版社，2010。

[192] 李辽宁：《当代中国思想政治教育意识形态功能研究》，武汉大学出版社，2006。

[193] 樊浩等：《中国大众意识形态报告》，中国社会科学出版社，2012。

[194] 樊浩等：《中国伦理道德报告》，中国社会科学出版社，2012。

[195] 国家卫生计生委家庭司编《中国家庭发展报告（2016）》，中国人口出版社，2016。

[196] 陈明主编《中华家训经典全书》，张舒、丛伟注释，新星出版社，2015。

[197] 张艳国编《家训辑览》，武汉大学出版社，2007。

[198] 陈君慧编《中华家训大全》，北方文艺出版社，2013。

[199] 包东波编注《中国历代名人家训精粹》，安徽文艺出版社，2010。

[200] 谢宝耿编《中国家训精华》，上海社会科学院出版社，1997。

[201] 翟博主编《中国家训经典》，海南出版社，2002。

[202] 李金旺主编《清代十大名臣家书》，外文出版社，2012。

[203] 成晓军主编《帝王将相家训》，重庆出版社，2008。

[204] 成晓军主编《名臣名儒家训》，重庆出版社，2008。

[205] 成晓军主编《慈母家训》，重庆出版社，2008。

[206] 史孝贵主编《历代家训选注》，华东师范大学出版社。1988。

[207] 余秉颐、李季林主编《家训金言》，安徽人民出版社，2009。

[208] 〔日〕守屋美都雄：《中国古代的家族与国家》，钱杭、杨晓芬译，上海古籍出版社，2010。

[209] 〔日〕尾形勇：《中国古代的"家"与国家》，张鹤泉译，中华书局，2010。

[210] 〔日〕滋贺秀三：《中国家族法原理》，张建国、李力译，商务印书馆，2013。

[211] 〔日〕首藤明和：《中日家族研究》，王向华、宋金文编，浙江大学出版社，2013。

[212] 〔日〕增渊龙夫：《中国古代的社会与国家》，吕静译，上海古籍出版社，2017。

[213] 〔日〕铃木虎雄：《中国诗论史》，许总译，广西人民出版社，1989。

[214] 〔美〕马克·赫特尔：《变动中的家庭——跨文化的透视》，宋践、李茹等译，浙江人民出版社，1988。

[215] 〔美〕许烺光：《宗族·种姓·俱乐部》，薛刚译，尚会鹏校，华夏出版社，1990。

[216] 〔英〕莫里斯·弗里德曼：《中国东南的宗族组织》，刘晓春译，上海人民出版社，2000。

期刊类

[217] 习近平：《习近平在全国宣传思想工作会议上强调　胸怀大局把握大势着眼大事　努力把宣传思想工作做得更好》，《党建》2013年第9期。

[218] 靳诺：《关于加强思想政治教育学科建设的几点思考》，《思想理论教育导刊》2013年第4期。

[219] 陈先达：《论坚持马克思主义意识形态的指导地位》，《马克思主义与现实》2011年第11期。

[220] 陈先达：《论核心价值的社会制度本质》，《中国特色社会主义研究》2012年第5期。

[221] 陈先达：《中国传统文化的创造性转化和发展》，《前线》2017年第2期。

[222] 刘建军：《多维视野中的马克思主义指导思想》，《思想政治教育研究》2013年第4期。

[223] 王易、黄刚：《探求中华传统美德的创造性转化》，《思想理论教育导刊》2015年第5期。

[224] 王易：《大德育观视角下中国德育的特色》，《学校党建与思想教育》2013年第8期。

[225] 杨威、关恒：《传统家训文化存在与存续的合理性探究》，《中州学刊》2016年第8期。

[226] 张静莉、钱海婷：《中国传统家训的当代论域及其启示》，《求索》2013年第3期。

[227] 赵忠祥：《家训文化与古代意识形态建设及有益启示》，《学术论坛》2005年第3期。

[228] 杨建宏：《论宋代家训家范与民间社会控制》，《船山学刊》2005年第1期。

[229] 马玉山：《"家训""家诫"的盛行与儒学的普及与传播》，《孔子研究》

1993 年第 4 期。

[230] 陈新传、符得团:《传统家训道德培育的当代启示》,《甘肃社会科学》2011 年第 5 期。

[231] 陈晓龙、赵兴虎:《古代个体品德培育的价值目标及实现理路》,《甘肃社会科学》2011 年第 5 期。

[232] 符得团:《〈颜氏家训〉对古代个体品德培育基本道德规范的具体化》,《甘肃社会科学》2011 年第 5 期。

[233] 马建欣:《古代家训培育个体品德的方式和途径》,《甘肃社会科学》2011 年第 5 期。

[234] 陈延斌:《中国传统家训研究的学术史梳理与评析》,《孔子研究》2017 年第 5 期。

[235] 陈延斌:《论传统家训文化对中国社会的影响》,《江海学刊》1998 年第 2 期。

[236] 陈延斌:《论传统家训文化与我国家庭道德建设》,《道德与文明》1996 年第 5 期。

[237] 陈延斌:《中国传统家训教化与公民道德素质的养成》,《高校理论战线》2002 年第 7 期。

[238] 潘玉腾:《传统家训濡化社会核心价值观的经验及启示》,《福建师范大学学报》(哲学社会科学版) 2017 年第 4 期。

[239] 吴潜涛、刘函池:《中华优秀传统家风的主要表征及其当代转换与发展》,《中国高校社会科学》2018 年第 1 期。

[240] 戴素芳:《论传统家训伦理教育的实践理念与当下价值》,《学术界》2007 年第 2 期。

[241] 刘颖:《论中国传统家训文化与社会主义核心价值观的相融性》,《理论月刊》2016 年第 7 期。

[242] 田旭明:《修德齐家:中国传统家训文化的伦理价值及现代建构》,《江海学刊》2016 年第 1 期。

[243] 郭长华:《传统家训的文化功能论略》,《河南社会科学》2008 年

第4期。

[244] 张艳国：《简论中国传统家训的文化学意义》，《中州学刊》1991年第5期。

[245] 赵小华：《论唐代家训文化及其文学意义——以初盛唐士大夫为中心的考察》，《贵州社会科学》2010年第7期。

[246] 陈桂榕：《民间家训的社会伦理功能及其启示》，《道德与文明》2015年第4期。

[247] 宋光宇：《试论明清家训所蕴含的成就评价与经济伦理》，《汉学研究》1989年。

[248] 徐少锦：《试论中国历代家训的特点》，《道德与文明》1992年第3期。

[249] 郭长华：《传统家训的教化特色初论》，《教育理论与实践》2011年第12期。

[250] 林锦香：《中国家训发展脉络探究》，《厦门教育学院学报》2011年第4期。

[251] 徐少锦：《周公开中国传统家训之先河》，《学海》1999年第2期。

[252] 刘建康：《论中国家训的起源——兼论儒学与传统家训的关系》，《求索》2000年第2期。

[253] 傅元琼、史为栋：《〈尚书·盘庚上〉与传统家训的起源》，《安徽文学》2008年第1期。

[254] 周法高：《家训文学源流》，《大陆杂志》1961年第2、3、4期。

[255] 佘双好：《我国古代家庭教育优良传统和方法探析——从家训看我国古代家庭教育传统和方法》，《武汉大学学报》（社会科学版）2001年第1期。

[256] 李佳芯：《近现代国家权力下的修身教育——基于家训与修身教科书的文本分析》，《教育学术月刊》2015年第3期。

[257] 肖群忠、吕莹莹：《传统家训中的"廉洁""廉政"道德及其时代价值》，《学术交流》2017年第1期。

[258] 宣璐、余玉花：《传统家训文化中的诚信教育及当代启示》，《中州学刊》2015年第6期。

[259] 王长金：《传统家训的德育观》，《南京林业大学学报》（人文社会科学版）2005年第6期。

[260] 王长金：《论传统家训的家庭发展观》，《浙江社会科学》2005年第2期。

[261] 王长金：《论传统家训敬畏生命的理念》，《宁波大学学报》（人文科学版）2005年第5期。

[262] 王长金：《传统家训的环境伦理教育》，《北京林业大学学报》（社会科学版）2005年第2期。

[263] 段文阁：《古代家训中的家庭德育思想初探》，《齐鲁学刊》2003年第4期。

[264] 周铁项：《家训文化中的德治思想及其现代审视》，《史学月刊》2002年第7期。

[265] 马婷：《古代家训自立教育的启示》，《内蒙古师范大学学报》（教育科学版）2005年第6期。

[266] 徐少锦：《中国古代商贾家训对商德建设的价值》，《审计与经济研究》1998年第3期。

[267] 程时用：《历代帝王与我国传统家训的发展》，《河南社会科学》2010年第2期。

[268] 刘欣：《论宋代家训的文体表现》，《北京理工大学学报》（社会科学版）2011年第6期。

[269] 甘肃图书馆：《敦煌"童蒙"、"家训"写本之考察》，《敦煌学辑刊》1993年第1期。

[270] 吕耀怀：《〈国语〉家训思想探微》，《湖湘论坛》1995年第3期。

[271] 徐少锦：《〈战国策〉中的家训思想》，《南京师范专科学校学报》1999年第1期。

[272] 尹旦萍：《〈周易〉的生存智慧与中国家训文化》，《孔子研究》2002

年第2期。

[273] 罗安宪：《论中国文化学意义上的家》，《中国人民大学学报》2017年第3期。

[274] 向世龄：《儒家视域中的"天下一家"观》，《中国人民大学学报》2017年第3期。

[275] 潘小慧：《荀学视域中的"天下"和"国（家）"》，《中国人民大学学报》2017年第3期。

[276] 洪元植、林海顺：《"家的发现"与儒学中"家"的特殊性》，《中国人民大学学报》2017年第3期。

[277] 冯尔康：《中国传统家族文化的当代意义》，《江海学刊》2003年第6期。

[278] 张岱年：《中国哲学中"天人合一"思想的剖析》，《北京大学学报》（哲学社会科学版）1985年第1期。

[279] 方行：《封建社会地主的自给经济》，《中国经济史研究》1988年第4期。

[280] 刘建军：《试论意识形态的基本结构》，《思想政治工作研究》2007年第12期。

[281] 刘建军：《论意识形态工作的三个策略》，《北京教育（德育）》2013年第9期。

[282] 刘建军：《关于当代中国马克思主义大众化的若干问题》，《思想理论教育》2008年第7期。

[283] 张雷声：《论社会主义社会主流意识形态》，《马克思主义研究》2008年第4期。

[284] 秦宣：《意识形态工作是党的一项极端重要的工作——学习习近平总书记8·19重要讲话体会之一》，《前线》2013年第9期。

[285] 陈秉公：《马克思主义意识形态理论与社会主义核心价值体系建构》，《马克思主义研究》2008年第3期。

[286] 邱柏生：《推进当代中国马克思主义大众化的路径和过程》，《思想理

论教育》2008 年第 5 期。

[287] 孙功：《论中国社会主义意识形态的结构与功能》，《社会主义研究》2010 年第 10 期。

[288] 孔德永：《当代我国主流意识形态认同建构的有效途径》，《马克思主义研究》2012 年第 6 期。

[289] 邱吉：《中国社会核心价值观的变迁》，《中国人民大学学报》2015 年第 11 期。

[290] 陈金美：《论整体主义》，《湖南师范大学社会科学学报》2001 年第 4 期。

[291] 刘景旭、刘治华：《集体主义和封建整体主义的本质区别》，《东北师大学报》1993 年第 1 期。

[292] 刘晓虹：《试论中国传统价值体系中的整体主义及其在近代的变革》，《兰州大学学报》2000 年第 5 期。

[293] 张正江：《培养道德上独立自主的人：论道德事实教育》，《教育科学研究》2015 年第 3 期。

[294] 罗国杰、夏伟东：《古为今用 推陈出新——论继承和弘扬中华传统美德》，《红旗文稿》2014 年第 7 期。

[295] 刘辉：《理解公民道德建设的三种维度》，《理论月刊》2017 年第 2 期。

[296] 马奇柯：《社会公德、职业道德、家庭美德、个人品德关系论析》，《学术交流》2008 年第 2 期。

[297] 李兰芬：《国家认同视域下的公民道德建设》，《中国社会科学》2014 年第 12 期。

[298] 余源培：《关于传统文化创造性转化的思考》，《中共宁波市委党校学报》2014 年第 3 期。

[299] 葛晨虹：《弘扬中华优秀传统文化 重在做好创造性转化和发展》，《人民教育》2014 年第 11 期。

[300] 郗戈、张梧：《弘扬核心价值观要实现传统文化创造性转化》

273

[N],《光明日报》2015年2月26日。

[301] 鞠忠美:《论中华传统文化的创造性转化》,《理论学刊》2017年第4期。

[302] 李军:《坚持"创造性转化、创新性发展"方针 弘扬中华传统文化》[N],《光明日报》2014年10月10日。

[303] 王艺霖:《习近平对中国传统文化的创造性转化和创新性发展——以知行关系为例》,《党的文献》2016年第1期。

[304] 陈来:《二十世纪思想史研究中的"创造性转化"》,《中国哲学史》2016年第4期。

[305] 晏振宇、孙熙国:《传统文化创造性转化路径的思考》,《中国特色社会主义研究》2015年第6期。

[306] 颜炳罡:《当代儒学创造性转化的四种方式与路径》,《国际儒学研究(第二十三辑)》2014年第9期。

[307] 周斌:《实现传统家训创造性转化的原则与策略——基于培育和践行社会主义核心价值观的视角》,《探索》2016年第1期。

报纸类

[308] 习近平:《在会见第一届全国文明家庭代表时的讲话》,《人民日报》2016年12月12日。

[309] 习近平:《在2015年春节团拜会上的讲话》,《人民日报》2015年2月18日。

[310] 习近平:《在中共中央政治局第十三次集体学习时的讲话》,《人民日报》2014年2月24日。

[311] 习近平:《在纪念孔子诞辰2565周年国际学术研讨会暨国际儒学联合会第五届会员大会开幕会上的讲话》,《人民日报》2014年9月24日。

[312] 习近平:《在文艺工作座谈会上的讲话》,《人民日报》2015年10月15日。

[313] 习近平:《从小积极培育和践行社会主义核心价值观——在北京市海淀区民族小学主持召开座谈会时的讲话》,《人民日报》2014年5月31日。

[314] 习近平:《在2017年春节团拜会上的讲话》,《人民日报》2017年1月27日。

[315] 习近平:《青年要自觉践行社会主义核心价值观》,《人民日报》2014年5月5日。

[316] 刘建军:《核心价值观统领具体价值规范》,《中国社会科学报》2014年12月1日。

[317] 徐梓:《传统家训的发展、类型与特征》,《中国社会科学报》2017年10月30日。

[318] 商志晓:《中华传统文化创造性转化创新性发展的哲学审思》,《光明日报》2017年1月9日。

[319] 高国权:《包拯遗风今犹存》,《解放日报》1994年9月21日。

后 记

家不仅是个体生存发展的第一场所和终身场所,还是社会稳定、国家长治久安的重要基石。自人类进入文明社会以来逐渐产生了家,自家产生之后逐渐有了代际传递生活生产经验、传播文化知识、传承家风家学家艺的需要,家庭教育随之产生。家庭德育是家庭教育的主要方面,具有治理家庭、教育子女、维系社会稳定等重要的教化功能。我国自古以来重视家庭、重视家教、重视家风,形成了形式多样、内容丰富的家训文本以及相应的家训教化活动。传统家训是我国古代家长、族长、师长在家庭、家族、家塾中对家人、族人、子弟的训示教诫,既包括家训教化实践形成的学理化成果,又涵盖具体的家训教化实践。它从产生之初,就带有传播社会主流意识形态的意蕴,在以后的历史发展过程中逐渐获得相应的理论支持和国家支撑,进而形成了规范化的运行机制,在古代社会教化中发挥了重要作用。

本书是在博士论文的基础上修改而成的。博导靳诺教授立足思想政治教育史领域,建议从国家意识形态传播的高度和视角研究传统家训在我国古代社会教化中的作用,推荐并赠予诸多相关图书,受益实多。从意识形态教化的研究视角出发,系统探讨传统家训推进古代社会主流意识形态民间化、生活化、日常化的基本经验与现实启示等问题,既有利于深化古代思想政治教育家族教化路径的研究,从而丰富古代思想政治教育的理论与实践,又能够为深化思想政治教育基础理论、应用理论、比较研究提供资源支撑。基于此,本书着力探讨了传统家训在古代社会教化中的地位、传统家训教化功能得以有效发挥的理论基础和国家支撑,并且从内容呈现、方式方法、运行机制方面深入研究了传统家训如何助力古代社会主流意识形态实现有效传播。最后,对传统家训的历史作用和当代价值予以辩证评析。同时,愈畅游于传

后 记

统文化的海洋，愈深感传统文化的博大精深。书中如有不当之处，后亦将循序修订完善。

在博士论文写作过程中，尤其感谢靳老师精心传道授业、谆谆教导。求学路漫漫，感谢硕导王易教授、博后导师秦宣教授多方指导，感谢吴潜涛教授、刘建军教授、冯刚教授、庞士让教授、邱吉教授等在博士论文开题和答辩过程中提出的诸多宝贵意见和建议，感谢学院、学校的悉心栽培。同侪的鼓励和帮助给予我前行的动力，感谢师兄弟姐妹、同学们、同事们无私的关怀。同时，感谢学人前辈在传统家训研究方面做出的贡献，使本研究有了一个较高的起点。从孜孜求学到踏上工作岗位，离不开父母家人一直以来的鼓励支持，对家人的感恩、感激始终深藏于心。最后，论文能够以著作的样貌呈现出来，离不开社会科学文献出版社对本研究价值的肯定与支持。付梓之际感谢责任编辑王小艳同志的详尽修改。此外，本书出版得到教育部人文社会科学研究青年基金项目、中国人民大学马克思主义学院图书出版资助项目的共同支持，一并感谢。

有涯之生，白驹过隙。寻兮伺兮，觉兮观兮，迷兮悟兮，嗟兮叹兮。觅心无心，当下安心。自觉觉他，完成人格。传道授业，职业事业。文化接续，当尽吾力。书不尽言，言不尽意，惟当精进，以报诸恩。

辛丑季秋初五，亦即
二零二壹年十月十日
于中国人民大学人文楼

图书在版编目(CIP)数据

传统家训与中国古代社会教化/安丽梅著.--北京：社会科学文献出版社，2021.10
 ISBN 978-7-5201-8373-4

Ⅰ.①传… Ⅱ.①安… Ⅲ.①家庭教育-研究-中国-古代 ②社会教育-研究-中国-古代 Ⅳ.①G78 ②G779.2

中国版本图书馆CIP数据核字（2021）第089707号

传统家训与中国古代社会教化

著　　者 / 安丽梅

出 版 人 / 王利民
责任编辑 / 王小艳
责任印制 / 王京美

出　　版 / 社会科学文献出版社·马克思主义出版分社（010）59367004
　　　　　　地址：北京市北三环中路甲29号院华龙大厦　邮编：100029
　　　　　　网址：www.ssap.com.cn
发　　行 / 市场营销中心（010）59367081　59367083
印　　装 / 三河市东方印刷有限公司

规　　格 / 开　本：787mm×1092mm　1/16
　　　　　　印　张：18.25　字　数：278千字
版　　次 / 2021年10月第1版　2021年10月第1次印刷
书　　号 / ISBN 978-7-5201-8373-4
定　　价 / 128.00元

本书如有印装质量问题，请与读者服务中心（010-59367028）联系

▲ 版权所有 翻印必究